福建省社会科学规划项目： "一带一路"背景下闽台水产品对东盟市场出口变动及渔业发展战略研究（项目批准号：FJ2017C020）

国家自然科学基金群重点项目： 农业产业组织体系与农民合作社发展：以农民合作组织发展为中心的农业产业组织体系创新与优化研究（项目批准号：71333011）

国家自然科学基金国际（地区）合作与交流项目： 变化市场中农产品价值链转型及价格、食品安全的互动关系——以蔬菜、渔产品和乳制品为例（项目批准号：71361140369）

国家自然科学基金项目： 有害生物风险防控中的农业组织形式选择（项目批准号：71703023）

海峡两岸
渔业国际竞争力
比较及合作对策研究

FISHERY INTERNATIONAL COMPETITIVENESS IN
CHINESE MAINLAND AND TAIWAN: COMPARISON AND
COLLABORATIVE STRATEGIES

郑思宁 著

ZHEJIANG UNIVERSITY PRESS
浙江大学出版社

图书在版编目(CIP)数据

海峡两岸渔业国际竞争力比较及合作对策研究 / 郑
思宁著. —杭州:浙江大学出版社,2019.1
ISBN 978-7-308-18908-8

Ⅰ.①海… Ⅱ.①郑… Ⅲ.①海峡两岸—渔业—国际
竞争力—对比研究 Ⅳ.①F326.4

中国版本图书馆 CIP 数据核字(2019)第 009599 号

海峡两岸渔业国际竞争力比较及合作对策研究
郑思宁　著

责任编辑	樊晓燕	
责任校对	杨利军　陈逸行	
封面设计	雷建军	
出版发行	浙江大学出版社	
	（杭州市天目山路 148 号　邮政编码 310007）	
	（网址:http://www.zjupress.com）	
排　　版	浙江时代出版服务有限公司	
印　　刷	浙江省良渚印刷厂	
开　　本	710mm×1000mm　1/16	
印　　张	16.75	
字　　数	301 千	
版 印 次	2019 年 7 月第 1 版　2019 年 7 月第 1 次印刷	
书　　号	ISBN 978-7-308-18908-8	
定　　价	52.00 元	

序

纵观世界农业发展史,人类经历了从采集业到种植业、从狩猎业到畜牧业的发展历程,但渔业的状况较为特殊,2012 年世界水产品有 50.57% 来自捕捞业,仍然占据主导。为此,研究渔业国际竞争力问题具有一定的理论和现实意义。另外,海峡两岸水产品贸易占到农产品贸易的 70% 以上,是两岸农产品贸易的主体。为此,在比较研究两岸渔业国际竞争力的基础上,探讨两岸渔业合作问题具有重要的现实意义。

郑思宁副教授的书稿《海峡两岸渔业国际竞争力比较及合作对策研究》是在我主持的国家自然科学基金项目"农业产业组织体系与农民合作社发展:以农民合作组织发展为中心的农业产业组织体系创新与优化研究"(编号:71333011)以及他自己主持的福建省社会科学规划项目"'一带一路'背景下闽台水产品对东盟市场出口变动及渔业发展战略研究(编号:FJ2017C020)"等科研项目资助下完成的。

该研究是在他的另一本专著《闽台水产品国际竞争力比较研究》一书的基础上,把研究扩展到"两岸渔业国际竞争力"和"两岸渔业合作"上,并做了更为全面而深入的研究。本书的重要贡献有:(1)以国际贸易理论和产业竞争力理论为依托,融合渔业的产业特点,以"竞争业绩、竞争实力、竞争潜力与竞争环境"为分析框架,构建了渔业国际竞争力的理论分析框架和评价方法体系,具有一定的理论创新意义。(2)根据构建的评价体系,利用翔实的数据对海峡两岸渔业国际竞争力状况进行了全面而细致的分析,并在两岸融合背景下,提出了两岸渔业合作的政策思考,具有强烈的现实意义和鲜明的时代特色。(3)以翔实的数据对两岸渔业生产与贸易状况进行了全面阐释,有一定的学术贡献。(4)从"市场份额、净出口和出口结构"三个方面评价两岸渔业的竞争业绩,有一定新意。

总体而言,该研究逻辑结构较清晰,研究方法较恰当,具有理论意义、现实意义和时代特色。这与郑思宁副教授在浙江大学中国农村研究院从事博士后研究期间的勤奋好学和刻苦钻研是分不开的。希望郑思宁副教授在未来的研究工作中能将研究的重点进一步集中在两岸渔业组织结构的比较、渔业组织治理结构的创新、水产养殖业绿色生产、养殖户生产行为、水产养殖户疫病防控行为上，为两岸渔业合作、我国渔业供给侧改革乃至世界渔业的生产方式调整提供智力支持。

2018 年 9 月 23 日于浙大华家池

前　言

目前,国内外关于国际竞争力问题研究的著作、论文颇多,但有关渔业领域国际竞争力问题的研究则较少,尚没有形成成熟的理论分析框架。中国大陆与台湾都是世界上渔业很发达的经济体,但两岸有着不同的渔业发展战略、产业结构和生产要素条件。为此,比较研究两者水产品国际竞争力的状况对于丰富国际竞争力理论有着重要的意义。另外,2010 年 ECFA(《海峡两岸经济合作框架协议》)的签订为两岸渔业的共同发展带来了前所未有的契机。海峡两岸渔业资源要素禀赋和产业结构的互补是两地渔业合作的基础,分析评价两岸渔业国际竞争力及影响因素,探讨在 ECFA 下通过合作提升两者的国际竞争力具有理论与现实意义。

本书对两岸渔业国际竞争力进行全面系统的研究,并提出提升两岸渔业国际竞争力的建议。主要成果如下。

(1)本书应用翔实的数据对海峡两岸水产品生产与贸易特征进行全面阐述,得出以下主要结论:一是,世界水产品贸易流向主要从发展中国家流向发达国家,生鲜产品占据着重要地位,养殖业在世界渔业中的地位越来越重要。二是,依靠水产养殖业的发展,大陆水产品产量迅速增长,水产品出口额不断上升,出口结构表现出产品均匀化和市场集中度下降的特征。三是,台湾以远洋捕捞业为主,水产品产量与出口额均增长缓慢,出口结构表现出产品结构高度集中于生鲜鱼类产品而市场结构均匀化的特征。四是,两岸水产品贸易互补性较强,并以产业间互补为主。

(2)本书依托国际贸易理论和产业竞争力理论,基于两岸渔业实际情况,以竞争业绩、竞争实力、竞争潜力与竞争环境为国际竞争力的理论分析框架,对海峡两岸渔业国际竞争力状况和影响因素进行分析。

(3)从市场份额、净出口和出口结构三个方面评价两岸渔业的竞争业绩,结果表明:无论从哪个角度分析,大陆渔业国际市场竞争力不断提升,具备竞争优势的水产品种类逐步增多,而台湾渔业的国际市场竞争力则不断下降,具备竞争力的水产品种类较少,主要集中在鱼类产品上。总体上,大陆渔业的国际竞争力要强于台湾。

(4)从价格和质量两个角度分析两岸渔业国际竞争力的直接因素,结果表明:虽然大陆和台湾相比具备价格优势的水产品种类较多,但其价格优势正在逐步丧失,质量优势则日趋明显,而台湾的价格优势进一步增强,质量优势则逐步丧失。

(5)在波特理论的指导下,本研究以翔实和权威的数据,应用定量分析和计量研究相结合的方法研究两岸渔业国际竞争力的影响因素,得出以下主要结论:高级生产要素、相关与支持性产业、渔业发展战略对两岸渔业国际竞争力提升的促进作用明显;水产品的初级生产要素的提升作用不大;而渔业人才的匮乏是两岸渔业国际竞争力提升的重要阻碍;国际市场需求变化和贸易壁垒对两岸渔业国际竞争力的影响巨大。

(6)总体上,大陆渔业国际竞争力要强于台湾。这主要是由两者不同的渔业发展战略造成的,以水产养殖业为主的发展战略较以远洋捕捞业为主的产业结构在生产上具备更强的可控性,品种选择更为丰富。同时,发展水产养殖业更便于水产品的深加工,使产品种类更为多样化。为此,大陆较台湾更能及时有效地根据国际市场的需求调整产品结构,在提高单价的同时提升水产品品质。而自然资源的匮乏是阻碍台湾渔业产业结构调整的主要原因。

(7)全书的研究结果表明,两岸渔业存在着广泛的合作空间,主要表现在以下几个方面:第一,两岸水产品贸易存在很强的产业间互补关系。第二,大陆在初级生产要素和渔业发展战略上较台湾有竞争优势,而台湾则在高级生产要素上远优于大陆各省份,两岸渔业存在生产要素的互补。第三,大陆消费者更注重水产品的消费数量,而台湾消费者则注重水产品的质量和风味,两者在消费水平上互补。第四,大陆渔业以水产养殖业为主要生产方式,而台湾以远洋捕捞业为主,两者在渔业产业结构上互补。第五,大陆各省份渔业发展状况不仅相同,各省可根据自身的实际情况开展对台渔业合作。

(8)最后,本书在新时代背景下,根据前文的研究结果,结合两岸渔业合作的现状与存在问题,提出共同提升两者水产品国际竞争力的渔业合作建议,包括水产品贸易、渔业投资、渔业人才培养、水产养殖业、远洋捕捞业、近海捕捞业、水产品加工业及水产品国际市场营销等领域的合作。

本书是在《闽台水产品国际竞争力比较研究》一书的基础上,就"两岸渔业国际竞争力"和"两岸渔业合作"做了更为深入和全面的研究,主要创新点有:第一,较为完整地构建了渔业国际竞争力的理论分析框架和评价体系,并根据评价体系对两岸渔业国际竞争力状况进行了量化研究;第二,比较研究了处在不同的经济发展阶段、地理位置较为接近、渔业生产要素和生产结构有较大差别的两个地区的渔业国际竞争力状况;第三,提出同一国家内不同关税区的渔业合作方式,全面和系统地考察了两岸渔业合作问题。

目　录

第1章 导 论

20 世纪 90 年代初,国内学界开始关注国际竞争力问题。迄今为止,国内涉及各个产业经济领域的国际竞争力研究的著作、论文颇多。但有关渔业领域国际竞争力问题的研究则较少,尚没有形成成熟的理论分析框架。海峡两岸都有丰富的渔业资源,但有着不同的渔业产业结构、组织结构和生产要素条件。为此,比较研究两者水产品国际竞争力的状况对于完善国际竞争力理论有着重要的意义。

2010 年 6 月 29 日,海峡两岸关系协会会长陈云林和台湾海峡交流基金会董事长江丙坤在重庆签署了《海峡两岸经济合作框架协议》(Economic Cooperation Framework Agreement,ECFA)。同年 9 月 11 日,双方通报已完成相关的准备工作,并确认该协议于 9 月 12 日生效。ECFA 的签署是两岸关系史上具有里程碑意义的事件,将大大促进两岸经贸关系的发展。为此,通过比较研究两岸水产品国际竞争力的变化,找出两者在国际市场上的合作空间,为在 ECFA 下共同开发世界水产品消费市场、提升双方水产品国际市场竞争力提出相应的政策参考,是本研究的重点。

世界金融危机后,发展海洋经济成为各国新一轮经济发展战略部署。2013 年 2 月,我国国务院常务会议研究确定促进海洋渔业持续健康发展的政策措施,并通过了《关于促进海洋渔业持续健康发展的若干意见》。虽然,2016 年民进党上台后,两岸关系出现反复,但两岸融合乃大势所趋。2017 年 6 月 18 日,俞正声在出席第九届海峡论坛时强调,"深化融合发展,需要进一步提升两岸经济合作水平,厚植两岸共同利益"。此外,两岸渔业在生产方式、生产技术上存在差异,两岸还同样面临着海洋争端、远洋渔业的配额等问题。为此,比较研究海峡两岸水产品的国际竞争力,并在 ECFA 框架下构建两岸渔业合作新模式,有着重要的现实意义。

1.1 概念界定

在展开渔业国际竞争力研究之前,本书首先对渔业和水产品进行概念界定。

1.1.1 渔业范围的界定

在产业经济学研究中,"产业"的概念一般有狭义和广义之分。狭义的产业概念是指"同类产品及可替代品"的集合;广义的产业概念是指总体上的产业,它不仅包括狭义上的产业,同时也包括产业结构、产业组织方面的内容。同样,对渔业的定义也有狭义和广义之分,狭义的渔业是指利用各种可利用的水域或开发潜在水域(包括低洼地、废坑、古河道、坑塘、沼泽地、滩涂等),以采集、栽培、捕捞、增殖、养殖具有经济价值的鱼类或其他水生动植物产品的行业。其包括采集水生动植物资源的水产捕捞业和养殖水生动植物的水产养殖业两部分。广义的水产业还包括水产品的贮藏、加工、综合利用、运输和销售等产后部门,渔具、渔船、渔业机械、渔用仪器及其他生产资料的制造、维修、供应等产前部门,以及渔港的建设等辅助部门,它们与捕捞、养殖和加工部门一起,构成统一的生产体系。本书所指的渔业是狭义的渔业(捕捞和养殖渔业),即广义渔业的第一产业。

1.1.2 水产品范围的界定

产品口径问题是研究水产品对外贸易必须面对的问题。目前常用的水产品口径包括联合国粮食及农业组织(FAO)制订的《水生动物和植物国际标准统计分类目录》(ISSCAAP)、《渔产品国际标准统计分类目录》(ISSCFC),联合国统计委员会编订的《联合国国际贸易标准分类目录》(SITC),世界海关组织设定的《商品名称及编码协调制度》(HS),以及中国水产学会发布的《中国水产品进出口贸易统计年鉴》。各种分类均有其优点和缺点,其中 FAO 制订的《渔产品国际标准统计分类目录》(ISSCFC)定义的水产品范围较有权威性,具有产品分类详细、数据时间长的优点,但也存在在其他统计资料中较少使用,数据获取不方便的缺点。

在研究工作中,不同学者采用不同产品口径的问题普遍存在。例如:刘李锋等(2006)采用 HS 第 3 章的水产品口径,许安心(2009)则使用《中国水产品进出口贸易统计年鉴》的水产品统计数据,而张玫(2007)、胡求光(2008)采用

SITC 第 3 章的水产品口径,胡求光(2008)还将 SITC 和 HS 的水产品统计口径进行对齐。另外,段媛媛、万荣(2009),郑思宁(2102)以 ISSCFC 为基准,将水产品分为 10 类,并对 SITC 和 HS 的水产品范围进行了界定(见表 1-1)。

表 1-1　水产品分类目录(郑思宁,2012)

ISSCFC 类别	ISSCFC 编码	SITC 编码	HS 编码
鲜活冷藏冻鱼	034	034	0301
			0302
			0303
			0304
干熏腌鱼	035	035	0305
鲜冷等甲壳软体类	036	036	0306
			0307
鱼制品	037.1	037.1	1604
甲壳软体制品	037.2	037.2	1605
鱼油脂	411	411.1	1504
鱼粉浆渣	081.42	081.42	2301.20
珊瑚贝壳和海绵	291.1.5	291.15	0508.00
	291.9.7	291.97	0509.00
水生植物及产品	292.9.1.1	ex 292.96	1302.31
	292.9.1.2	292.97	1212.20
	292.9.1.9		
不可食用品	291.9.6	291.96	0511.91
	291.9.9		

注:表中"ex C"含义为 C 商品中的一部分

综合相关研究所采用的水产品口径,本书采用 ISSCFC 的分类系统将水产品分为 10 大类:"鲜活冷藏冻鱼""干熏腌鱼""鲜冷等甲壳软体类""鱼制品""甲壳软体制品""鱼油脂""鱼粉浆渣""珊瑚贝壳和海绵""水生植物及产品""不可食用品"。考虑到数据的可获得性,本书采用 HS 编码的数据,并根据郑思宁(2012)的方法对齐口径。

1.2　研究的目的

本书的研究目的是根据海峡两岸渔业发展的实际情况以及国际竞争力理论构建渔业国际竞争力的理论分析框架和评价方法体系,并通过实证研究考察海峡两岸渔业国际竞争力状况,为 ECFA 背景下通过合作提升两岸渔业国际竞争力提供决策参考依据。研究目标可以具体细化为如下三个:

第一,运用规范分析方法构建一个渔业国际竞争力的理论分析框架和评价方法体系,为本书的实证分析提供依据,奠定基础。

第二,进行实证研究,先运用相关贸易指标比较分析两岸渔业国际竞争力的结果(竞争业绩)和市场直接因素(竞争实力),再通过数据分析、统计分析、比较分析等方法研究海峡两岸渔业国际竞争力的内部产业因素和外部环境因素。

第三,基于相关研究结果,提出政策思考,为提升两岸渔业国际竞争力提供相应的决策参考依据。

1.3　研究方法和技术路线

1.3.1　研究方法

1. 单因素评价、多因素评价和比较案例研究相结合的竞争力评价方法

竞争力评价方法包括单因素评价、多因素评价方法和比较案例研究等。基于这些评价方法的特点,本书对渔业国际竞争力的竞争业绩和竞争实力的评价用的是单因素的评价方法,对竞争潜力的评价用的是多因素的评价方法,而对机遇和政策这两个环境因素的评价则用的是比较案例研究方法。

2. 专家经验法

由于国内关于渔业经济的研究尚处于起步阶段,许多有价值的经验、观点仍然停留在实践部门,有待于上升到理论高度,尤其是相关部门、企业等对两岸的渔业经济、渔业产业十分熟悉,挖掘专家的知识、智慧是本书的一个重要内容,所以本书对海洋渔业管理部门、渔业生产企业等进行了专家调查,以保证理论与实践的一致。

3. 数据收集与整理法

本研究涉及大量的数据,包括贸易和产业的数据。本研究的数据来源主要包括以下几个。(1)世界各国水产品生产与贸易的数据:这部分的数据主要来源于联合国粮农组织数据库(FAO Statistics Database)和联合国统计署建立的贸易统计数据库(UN Comtrade Database)。(2)大陆与台湾水产品贸易数据:采用历年《中国海关统计年鉴》、台湾"行政院农委会"网站、台湾"国际贸易局"网站的数据。(3)产业方面的数据:来源于《中国渔业统计年鉴》、《中国统计年鉴》,台湾"行政院渔业署"《渔业统计年报》、《台湾统计年鉴》、《台湾"农委会"年报》、《台湾农产品统计年报》,台湾"行政院主计处"。(4)其他统计资料来源:世界银行、FSC、PEFC、美国的 *Fish and Fishery Product Hazards and Control Guidance*、中国技术性贸易措施网、台湾"行政院卫生署食品资讯网"、台湾"中华经济研究院"、台湾"经济部水利署"、中华人民共和国农业部等统计资料。

4. 实地调研法

要对两岸渔业经济形成整体认识,并且提出两岸合作提高渔业竞争力的对策,就必须对政府主管部门、渔业生产部门、渔业交通运输部门、渔业产品交易部门以及两岸渔业合作的试点区等进行调查,本书将通过对有关部门的调研,力求得到第一手资料进行研究、分析。

5. 定量分析法

本书将使用定量分析工具,从调查数据中得出相关结论。具体来说,除表现特征、趋势的期望值、方差、协方差等计量工具外,还将使用显示性比较优势指数、出口分散度指数以及结构变化指数等相关指标分析工具,比较大陆与台湾水产品国际市场竞争力状况;以波特的竞争力理论为基础,研究两岸水产品国际市场竞争力的影响因素,并应用主成分回归的计量分析方法定量研究各变量的权重。

6. 文献法

为保证研究的新颖性、有效性,笔者一直坚持对历史文献、适时文献进行收集分析,借鉴已有研究成果,完成了本著作的研究工作。

1.3.2　技术路线

本书以比较优势理论、竞争优势理论、区域经济一体化理论作为理论依据;以波特理论模型为理论方法的依据;以两岸及国际水产业贸易的现状和历史以及相关国际协议为现实依据。在逻辑上以实证分析的范式进行推进(见图1-1)。

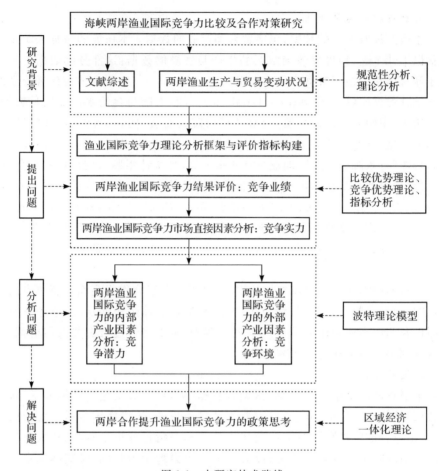

图 1-1　本研究技术路线

1.4　研究总体框架

本书的具体研究内容主要有 10 个部分,各部分概述如下。

第 1 章"导论",主要阐述研究的意义、研究目标、研究内容、研究方法、研究框架、研究的技术路线、数据来源以及本研究的创新和不足,并界定渔业和水产品的范围。

第 2 章"文献综述",对国内外国际竞争力的研究、水产品贸易及海峡两岸水产品贸易的相关研究成果进行回顾、整理和评述。

第 3 章"海峡两岸渔业生产与贸易状况分析",分析世界、中国大陆(包括各省)与中国台湾水产品生产历程与现状,出口贸易流量、贸易结构,并在此基础上应用产业内贸易指数、贸易互补性系数明确其互补关系。

第 4 章"渔业国际竞争力理论分析框架与评价方法体系的构建",在上一章经验事实的基础上,基于国际贸易理论、竞争优势理论,构建渔业国际竞争力的理论分析框架和评价方法体系。

第 5 章"海峡两岸渔业国际竞争力结果评价:竞争业绩",通过相关指标,从市场份额、净出口以及出口结构三个角度分析大陆与台湾水产品在国际市场上的竞争业绩,明确大陆与台湾水产品国际竞争力的变化和优势水产品种类以及沿海各省国际市场竞争业绩。

第 6 章"影响海峡两岸渔业国际竞争力的市场直接因素分析:竞争实力",通过两岸水产品出口价格与世界市场水产品价格的比较考察两者的价格优势;通过质量升级指数分析两者的质量竞争优势。

第 7 章"海峡两岸渔业国际竞争力内部产业因素分析:竞争潜力",根据波特模型,从生产要素、内部需求、产业结构和组织结构、相关及支持性产业四个方面比较分析两岸水产品国际市场竞争力的决定因素,并通过构建数学模型定量分析各因素对海峡两岸渔业国际竞争力的综合影响,为共同提升两岸水产品国际竞争力提供依据。

第 8 章"海峡两岸渔业国际竞争力外部环境因素分析:竞争环境",应用比较案例研究方法,以东盟市场为例,通过构建 CMS 模型考察外部市场需求对两岸水产品国际竞争力的影响,明确机遇因素对国际竞争力的影响。此外,比较研究两岸水产品质量安全管理与法规体系的差异,并以出口受阻率最高的鱼药残留问题为例,比较两者鱼药残留标准的差异,明确政府作用对两岸水产品国际竞争力的影响。

第 9 章"两岸合作提升渔业国际竞争力的政策思考",在上文研究的基础上,提出在新时代背景下两岸通过合作提升渔业国际竞争力的政策思考。

第 10 章"主要结论与展望",在总结前文研究的基础上,提出在今后的研究中所需要关注的问题。

1.5　本书的特色和创新之处

本书的特色和创新处包括以下几个方面。

1. 有一定的理论创新

这主要体现在两个方面:(1)本书尝试性地提出渔业国际竞争力的理论分

析框架与评价方法体系。本研究根据两岸渔业的实际情况尝试性地提出了渔业国际竞争力的理论分析框架和评价方法体系,并根据该体系进行实证研究。
(2)两岸渔业合作是一种特殊的区际合作形式,它是一国国内的区域合作形态,但又带有鲜明的国际区域合作的特征,有其特殊性,因此,对两岸渔业合作模式的研究实质上也是对国际区域经济一体化理论的充实。两岸渔业合作是一国内不同关税区间的特殊的合作形态。在比较研究海峡两岸水产品国际竞争力的基础上,从要素禀赋和产业结构互补的角度,以共同提升国际竞争力为目标,分析两岸渔业合作的现状和基础,并在 ECFA 框架下提出双方合作的策略,既是对这一特殊区域产业合作现象的解释和检验,也是对区域经济一体化理论和农业区位理论的一种充实。

2.具有鲜明的时代特色

ECFA 的签署是两岸关系史上具有里程碑意义的事件,将大大促进两岸经贸关系的发展。两岸在水产品贸易乃至渔业产业上具有互补的特征。为此,在 ECFA 框架下探讨两岸渔业的合作,借以提升双方渔业国际市场竞争力,是本研究的特色。

第2章　文献综述

国内外对海峡两岸水产品国际竞争力的研究比较少见。本书的文献述评分为三部分,分别是对国际竞争力的研究动态、对水产品贸易的研究和对海峡两岸渔业合作研究的评述。其中,对国际竞争力的研究动态和水产品贸易的研究的评述又分为对国外研究和国内研究的评述,但关于两岸渔业合作研究的国外文献鲜有见到,因此该部分的评述以国内学者的研究为主。国内外丰富的国际竞争力和水产品贸易的研究文献能为本书提供足够多的参考依据。

2.1　国际竞争力及农产品国际竞争力的研究动态

2.1.1　国外研究动态

美国是最早关注与研究国际竞争力问题的国家。20 世纪 70 年代末,受到日本制造业崛起的竞争压力,美国政府部门开始从国家宏观层面研究国际竞争力问题。1978 年美国技术评价局开始着手研究该问题,并于 1983 年成立了"关于工业竞争力的总统委员会"。该委员会由 30 名专家组成,专门研究国际竞争力问题。后来,美国其他学术和商业机构也纷纷介入相关研究。如纽约证券所和美国工程研究院分别开展了题为"美国高技术产业竞争能力之评价"和"国际竞争能力的技术发展"的研究。

20 世纪 80 年代中叶,英国、日本、德国等西方国家及一些国际经济组织也开始着手研究国际竞争力问题,其中最具代表性的是瑞士洛桑国际管理与发展学院(IMD)和世界经济论坛(WEF)。IMD 着眼于国家整体实力与发展水平,从国家与企业竞争力的关系出发,建立了国际竞争力模型。

1. 关于竞争力来源的研究

从学术的角度来看,最早系统地、全面地研究竞争力问题的学者是美国哈佛大学教授迈克尔·波特(Michael E. Porter),他在其著名的竞争三部曲《竞争战略》《竞争优势》和《国家竞争优势》中分别从微观、中观、宏观三个角度论述了竞争力问题,形成了颇具影响的国家竞争优势理论。波特从生产要素、国内需求、相关和支持产业、企业的战略结构和竞争、机遇和政府等六要素出发分析了一国如何获取国际竞争力,建立了著名的"钻石模型"。

波特的竞争优势理论也引发了不少批评和质疑,如格瑞威(Greenway,1993)认为:"他所提出的模型既没用规范的经济学语言来表达,也没用规范的数学推导来证明,根本不能被称为理论。"鲁格曼等人(Rugman & D'Cruz,1993)和邓宁(Dunning,1992)认为:"波特所提出的决定因素不是什么新东西,可以说是比较优势理论各种观点的旧调新弹,因为他没有注明其模型中各个观点的出处,因此很难说他的模型和解释是其原创作品。"

另外,不少学者对波特的"钻石模型"进行了一些修订和改进。如美国学者约翰·邓宁(Dunning,1992)将"跨国经营"作为第三个辅助因素纳入波特的"钻石"模型进行分析。另外,鉴于小国经济的竞争优势的来源不能在"钻石模型"中得到很好的解释,鲁格曼(Rugman,1993)等人根据加拿大经济发展的实际情况,通过纳入跨国经营分析(美国对加拿大国际竞争力的影响),构建了双重钻石模型(double diamond model)。此外,针对韩国经济发展的事实,韩国学者乔东逊(Cho,1994)构建了九要素模型(the nine-factor model)。他将九要素分为两大类:一类是物质要素;另一类是人力要素。此外,机遇作为一个外部要素与以上八要素共同构成产业国际竞争力的九要素模型。

2.关于竞争力的评测方法的研究

竞争力问题被提出来之后,摆在经济学家和管理学家面前的一个重要问题是,如何通过指标来评测竞争力,也就是如何将竞争力量化,使之具有可比性。目前国际上对国际竞争力的评价方法主要体现在两个方面:一是以竞争结果为基础的国际竞争力评价方法;二是以竞争力影响因素为基础的评价方法。

以竞争结果为基础的国际竞争力评价方法主要有两种。

(1)产业产出的购买力评价方法。代表性的研究有荷兰格罗林根大学"产出和生产率国际比较研究组"(International Comparison of Out-put and Productivity Project,ICOP)所提出的"生产法"(approach of origin)(Jorgenson & Kuroda,1992)。他们通过产业来源法计算出世界主要大国和强国(地区)自1983年以来产业产出的购买力平价数据,同时根据该数据计算出各国(地区)全员劳动生产率、单位劳动成本、全要素生产率等指标来对多国(地区)进行比较(Ark,1996)。(2)使用进出口指标数据进行国际竞争力比较。目前使用的指标较多,例如,Carmichael(1978)使用贸易竞争指数(TCI)来作为国家竞争力的评价指标；而 Lundberg(1988)在进行国际竞争力评价时则使用相对国际竞争力指数(某个产品的内部市场生产与消费之差和整个内部市场生产总额与消费总额之差的比值)。然而，各指标的准确性和解释力是不完全相同的。例如，相比较而言，相对国际竞争力指数比贸易竞争指数更为精准，因为前者考虑了内部市场消费的影响。

以竞争力影响因素为基础的评价方法在国际上较为流行的是将影响国际竞争力的各个因素综合起来的综合评价。如 IMD 的《世界竞争力年鉴》、世界银行(WBG)的国家竞争力数据库对国际竞争力的评价以及 WEF 的《全球竞争力报告》就主要采取该综合评价方法。另外，波特对产业(企业)竞争力的分析评价方法也是既考虑产业内部因素又考虑外部环境(包括机遇和政策)因素的综合评测方法。多因素综合法的优点是分析比较全面，但其也有缺点。由于各个因素及因素间的关系难以直观观测，在确定每个因素的影响权重时必然会带上某些主观成分。还有一些学者使用了历史分析方法对一国(地区)产业和企业竞争力进行评价。例如，哈特(Hart)从产业投资、产业规模、技术变革、危机频率及企业家精神等多方面对美国、欧洲及日本的钢铁业、汽车业及半导体业的竞争力状况进行比较 (Hart，1992)。

总的来看，国外关于竞争力的研究由最初源于贸易竞争力的变化研究，即竞争力结果的评测，到目前已形成不但考虑市场竞争力的结果还考察市场竞争力背后的产业因素的更深层次的研究。

3.关于农产品(农业)国际竞争力的研究

IMD 将农业国际竞争力定义为一个国家和地区的综合生产能力，包括创造和增加农产品产量的能力，即生产率水平。国际上关于农产品国际竞争力的研究主要包括对国际竞争力状况的比较和影响因素的分析两方面，以下将从这两个方面对具有代表性的文献进行梳理。

(1)对农产品国际竞争力的实证比较

世界上有诸多学者曾利用计量模型对比较优势理论在农业领域的适用性进行验证。他们有的选取几个部门进行研究，有的针对某一部门进行细分，然后验证其贸易流向是否符合比较优势理论。其中，IMD 每年出版的《世界竞争力研究报告》设计了评价一国(地区)农业国际竞争力的六项指标：农业生产率、水稻产量、小麦产量、大豆产量、玉米产量及粮食产量增加量。而部分学者从资源禀赋角度考察农产品国际竞争力问题，认为要素禀赋差异可以解释部分大宗农产品贸易格局的差异。其中具有代表性的有 Leamer(1984)和 Wesley 等(2000)的研究。大多数学者利用市场份额、竞争力指数以及产业内贸易等指数对不同国家农产品的国际竞争力进行比较分析。如 Duren 等(2010)利用利润和市场份额两个指标实证分析了加拿大和美国的麦类、水果和蔬菜、家禽、肉类和奶制品等五个食品加工产品的竞争力。Salvacruz(2009)采用国际市场份额、国际市场份额获利指数和出口比重三种指标,比较分析美国和东盟成员国在世界农产品市场上的竞争力。也有学者运用生产成本高低来比较各国(地区)的国际竞争力,如 Hayenga 等(1998)运用猪肉生产和加工成本所构成的总成本比较分析了美国、丹麦、加拿大、荷兰猪肉出口的竞争力。近些年,更多学者倾向于运用贸易指数和产业指标综合分析方法分析农产品国际竞争力问题,如 Fischer 和 Sebastian(2007) 构建了一个包含生产力、盈利性和产出增长等多维的产业竞争力指数,实证考察了 1995—2002 年 13 个欧盟国家饮料和食品行业的竞争力状况。Wijnands 等(2007)基于国际经济学方法提出了五个衡量竞争力的指数:国际市场占有率、Balassa 指数、劳动生产力、特定产业实际增加值以及整个区域经济的增加值。他们基于该评价体系比较研究了欧盟食品产业和美国、加拿大、澳大利亚和巴西四个竞争对手的现实竞争力,并采用全球贸易分析模型(GTAP)模拟分析了未来食品产业竞争力的发展。

(2)农产品国际竞争力的影响因素实证研究

国际上大多数相关学者都运用计量经济学的方法研究农产品国际竞争力的影响因素问题,具有代表性的有 Salvacruz(2009)和 Metcalfe(2009)的研究。前者通过回归分析讨论了农产品国际竞争力的影响因素。结果表明,竞争力受利率、劳动力可得性和由对外援助、FDI 以及农场规模驱动的内生技术进步的影响。而后者则将环境规制作为亚变量纳入一个复杂的计量模型中,讨论了美国和加拿大环境规制对两者猪肉贸易竞争力的影响。结果表明,美国的环境规制并不会显著地影响美国的国际竞争力,而欧盟相对更加严厉的环境规制短期内实际上有助于提高美国猪肉生产者的国际竞争力。

2.1.2　国内研究概况

1.关于国际竞争力的研究动态

20 世纪 90 年代初,国内学界开始关注国际竞争力问题的研究。到目前为止,国内涉及各个产业经济领域的国际竞争力研究的著作、论文颇多。这些研究主要就国际竞争力的内涵、分析框架及评价指标体系等进行深入探讨。这里介绍一些有代表性的文献。

早在 1991 年就有学者就国际竞争力的概念和度量方法进行了研究,并设立了评测指标(狄昂照、吴明录等,1991)。此后,陆续有学者开始研究并评价中国工业和工业品的国际竞争力状况(任若恩,1996;1998;金碚,1996;2003;2006)。还有学者就竞争力问题发表了自己不同的看法。如林毅夫、李永军

(2003)认为应该要将比较优势和竞争优势统一起来考察竞争力问题,他们指出,竞争优势的确立离不开比较优势的发挥,发展中国只有通过充分依靠和发挥自己的比较优势,才能建立自己的竞争优势。赵洪斌(2004)则将产业竞争力内涵分为三个层次:产业绝对竞争力、产业相对竞争力、产业差别竞争力。

2. 关于农产品国际竞争力的研究

中国加入 WTO 前,对于农产品国际竞争力的研究在国内形成了一个高潮,时至今日关于农产品国际竞争力的研究仍然是备受关注的热点。李双元和王征兵(2005)较为详细地综述了 2005 年前国内关于中国农业和农产品竞争力问题的研究状况,主要探讨了有关中国农产品竞争力研究的文献,为我们提供了一个中国农产品国际竞争力问题的研究脉络。

(1)关于农产品国际竞争力的评测方法与分析框架

黄祖辉、张昱等(2003)将产业竞争力的评价分为静态竞争力评价、竞争力潜在变动趋势估计以及竞争力影响因素对竞争力变动的贡献分析三个层面。钟甫宁、徐志刚、傅龙波(2001)用 DRC(domestic resource cost)、DRCC(domestic resource cost coefficient)、RDRCC(ratio domestic resource cost coefficient)对中国粮食生产的地区比较优势进行了测定,认为要充分利用比较优势就应当将土地和其他资源部分地从其他作物(如小麦、大豆和玉米等)转向粳稻、高粱、籼稻和谷子等这些在生产上具有强比较优势的作物上。有些学者则从比较优势和竞争优势出发,研究农产品的国际竞争力问题,具有代表性的有李崇光、于爱芝(2004)及庄丽娟(2004)的研究。李崇光、于爱芝对中国农产品的比较优势进行了研究。庄丽娟把比较优势和竞争优势结合起来建立了一个拓展的农业国际竞争力分析框架:在不完全竞争和规模经济条件下,价格竞争优势决定比较优势,非价格竞争优势决定竞争优势,在政府的推动下,价格优势和非价格优势有机结合起来共同决定农业的国际竞争力水平。还有一些学者应用贸易指数评价中国农产品国际竞争力,如屈小博、霍学喜(2007)用 RCA指数、TCI 指数以及国际市场份额等评价了我国农产品的国际竞争力。

另一些学者则系统地提出农产品国际竞争力的理论分析框架及评测指标体系。陈卫平(2005)将钻石模型作为理论参照系,对该模型做了一些调整后运用于农业国际竞争力的分析,提出一个农业国际竞争力的理论分析框架,即在"钻石模型"基础上增加食品安全因素和制度因素,尝试性地将 7 大要素和 38项指标作为农业国际竞争力综合评价体系。赵美玲、王述英(2005)研究农业国际竞争力的评价指标体系和模型,设计了显示竞争力、产品竞争力、要素竞争力和环境竞争力四个方面水平的 40 项指标。还有学者从生产要素成本、生产效率、流通效率以及人民币升值等汇率因素出发研究中国主要土地密集型农产品

（包括稻谷、玉米、小麦、棉花和大豆等）国际竞争力的影响因素（辛毅、李宁，2007）。

（2）对某一特定产业农产品竞争力的研究

早在 20 世纪 90 年代末，国内一些学者就对某一特定产业农产品的竞争力进行了研究。如王秀清（1998）研究了中国生猪生产的国际竞争力；乔娟（2002；2004）分别在其博士学位论文和博士后科学基金资助项目中研究了中国家畜肉类和大豆国际竞争力的变动；赵海燕（2003）、刘雪（2002）分别在其专著和博士学位论文中研究了中国蔬菜产业的国际竞争力。近些年，对某一特定产业农产品竞争力的研究包括：许咏梅（2005）采用定量的分析方法对中国制茶业国际竞争力的影响因素进行实证研究；秦泰（2007）和张玫（2007）分别在其博士论文中就中国苹果汁和水产品的国际竞争力问题进行系统的研究。

（3）中外农产品竞争力对比研究

在 21 世纪初就有学者对国内外的农产品竞争力进行比较研究，其中最有代表性的是：钟甫宁、羊文辉（2000）研究了中国与欧盟主要农产品的比较优势，结果表明，无论从总体上来看，还是按照相对应的各种农产品来看，中国主要农产品相对于欧盟国家的绝对优势均在下降。近些年越来越多的学者对中外农产品竞争力进行对比研究。如潘伟光（2005）以苹果和柑橘为例比较研究了中国与韩国的水果产业竞争力问题；余子鹏（2006）通过显性竞争力指标比较分析了中美农产品国际竞争力；胡非凡、施国庆（2007）通过对比分析研究世界各国主要粮食贸易国的粮食国际竞争力，发现中国粮食产品在国际市场上总体已不具备比较优势。

（4）提升农产品国际竞争力的对策

国内许多学者对提高我国农产品国际竞争力提出了政策建议，如唐仁健（2001），尹成杰（2001，2003），赵美玲、王述英（2002），胡海燕（2008）等。这些建议大体有以下几个方面：加大政府的支持力度、推进农业结构战略性调整、积极发展农业产业化经营、加快农业科技进步、加快农产品质量标准体系建设、加强农产品流通管理创新等。

此外，也有一些学者从我国加入 WTO、农产品贸易壁垒角度分析中国农产品的国际竞争力，如翁鸣（2003）和程国强（2005）等。翁鸣提出，应理顺农产品质量安全监管体系，加强有关农产品质量安全的法律法规建设，加强质量标准、认证、检测体系建设等建议。程国强从国际的角度考虑，认为中国农业发展将面临极其复杂的国际竞争环境，参与国际竞争，既要积极争取相对公平的多边环境，也要考虑发展和建立平等互利的双边和多边的地区关系。

2.2　水产品贸易的研究

2.2.1　国外研究动态

1. 水产品贸易的研究

国外学者针对水产品贸易领域的研究起步较晚,较早的研究见日本的清光照夫和岩崎寿男的《水产经济学》(1996)。该书系统论述了日本水产品的价格形成、市场机制及对外贸易结构等问题,并对日本渔业的生产函数、价格变动趋势和水产品需求弹性进行了较为完整的分析,奠定了水产品市场研究的理论基础。美国斯坦福大学教授 Scott Rozell 和中国学者黄季锟(1998)在《迈向 21 世纪的中国粮食经济》中,测算了水产品的价格、生产、需求等因素的变化弹性及其与替代品的交叉弹性。另外,由于 2000 年以来渔业在农业中所占的比例越来越大,FAO 于 2001 年开始在渔业委员会中成立了水产养殖小组委员会,以便于各国、各地区交流发展水产养殖的经验,讨论推动水产养殖可持续发展的途径等。

在水产品贸易及其结构的研究方面,更多研究者关注水产品的生产与消费的相互关系。James L. Anderson 所著的《水产品》(2004)一书,在介绍水产业的发展情况和动态的基础上,对水产品市场链中的各个环节做了全面的介绍,并探讨了目前世界水产业面临的主要问题。由于各国(地区)都有其备具特色的优势水产品,为此部分学者就本国(地区)的某类或几类水产品贸易状况做了相应的研究(Sproul & Queirolo,1994;Lem & Marzio,1996)。

2. 水产品国际竞争力的研究

世界上关于水产品国际竞争力的研究较其他农产品要少,研究主要集中在用比较优势和竞争优势来衡量水产品的国际竞争力,且主要针对某类水产品国际竞争力进行研究。主要研究成果如下。

Cai 和 Leung(2007)认为比较优势可以为水产业发展的商业决策和政策制定提供富有价值的信息。他们评价了两种常用的比较优势研究方法,分别是比较优势指数法和国内资源成本法。Asche 和 Tveteras(2004)指出,水产品养殖业的快速发展带来了水产品价格的降低,进而提高了水产品的竞争力。

还有部分学者从食品安全、营销等多个角度研究水产品的国际竞争力问题。如 Josupeit 等(2000)认为,随着水产品贸易的不断发展,水产品的质量和食品安全成为一个重要的要求。他们还指出,切实有效的营销体系、关税和可持续发展等是实现水产品贸易长期发展的需要。而 Spencer Henson 等讨论了印度喀拉拉邦水产品主要出口市场的食品安全标准以及其他标准,指出喀拉拉邦水产品主要市场之一——欧盟严格的食品安全标准对喀拉拉邦水产品的粗加工部门影响最为严重。

世界各地不同学者根据不同国情对本国水产品的国际竞争力进行了评价。如 Hong 和 Kim(2010)运用竞争力指数评价了韩国水产养殖业的竞争力;M. Teweldemedhin(2008)从比较竞争优势角度讨论了厄立特里亚的渔业;Lee 等(2003)运用净盈利率(NPP)和国内资源成本(DRC)这两个指标衡量和比较了我国台湾与大陆以及我国与日本的鳗鱼产业竞争力;Love 和 Langenkamp(2002)对澳大利亚进口水产品竞争力进行了评价;Pavlovich 和 Akoorie(2005)从产业集群角度分析了北美小镇纳尔逊的海产品加工业,运用波特的理论框架建立了纳尔逊海产品加工业的多部门框架。

2.2.2　国内研究动态

国内对水产品相关领域的研究远远比不上对其他大宗农产品(如粮食)及其他领域的研究,因而水产品相关研究的早期文献不多,主要有李彦亮(1993)的《水产商贸企业管理实务》和胡笑波(1995)的《渔业经济学》。前者对 20 世纪 90 年代我国水产品的流通进行了阶段性的总结,而后者则是中国第一部有关渔业经济贸易的专著,比较充分地论述了中国渔业经济与管理、水产品市场与贸易等方面的研究成果。还有些学者简要介绍了世界水产品生产与贸易的状况,主要有钱志林和吴万夫 (1996)、王士刚(2002)和刘雅丹(2003)的研究。前两者主要介绍了世界水产品生产与消费的状况,而后者比较全面地评述了全球的水产品总体贸易情况。近几年,国内对水产品贸易及其结构的相关理论研究才逐渐丰富起来。以下,本书根据本研究的需要分别对水产品贸易和水产品国际竞争力的国内研究状况做一个简要回顾。

1. 水产品生产与贸易的研究

由于中国水产品的出口市场主要集中在日本、美国、韩国、欧盟和东盟,所以针对这些主要出口市场的双边贸易的研究文献相对较多。

谢静华和高健(2005)从进出口规模、品种、价格等方面讨论了中挪水产品贸易的基本状况,指出了中国在中挪贸易中出现的严重逆差等问题。郭淼(2008)从两国水产品的消费、劳动力资源、生物资源和环境资源禀赋特征角度,分析了中美两国的水产品贸易特征,发现中美水产品贸易呈现不断增长的趋势,贸易价格仍有上升空间,以及加工贸易占有重要地位。

许多学者探讨了中国水产品的出口结构,大多学者认为中国水产品出口存在结构性风险。孙琛和车斌(2007)结合世界水产品贸易格局对中国水产品出口形势进行了分析,其中涉及对贸易结构问题的研究。他们认为,中国水产品出口频频受阻的主要原因之一是出口大幅增长所导致的国际水产品贸易结构的变化。另外,张玫(2006,2007)、胡求光和霍学喜(2007)及许安心(2009)应用不同的方法考察了中国水产品出口的结构风险,并得出了相似的结论:中国水产品的产品集中度和区域集中度均比较高,贸易结构不尽合理。

　　国内许多学者应用恒定市场份额模型(CMS 模型)从需求、产品结构、出口竞争力三个方面对我国水产品出口进行了实证研究。研究结果表明,出口竞争力和世界水产品市场的需求增长对我国水产品出口增长起到最为关键的促进作用(胡求光和邱晓红,2008;王静和陆迁,2010)。另外,邱晓红和胡求光(2007)基于该模型对中国对日本的水产品出口进行了分析,结果表明,中国水产品在日本市场上虽然仍有竞争力,但竞争力有所下降。产生这种下降的部分原因是日本不断提高贸易壁垒,但根本原因还是中国水产品的质量不高等内部因素。

　　国内很多学者对中国与他国水产品的互补性进行了研究,其中有代表性的研究有以下这些。杨进一(2008)运用贸易互补性指数(TC 指数)以及 RCA 指数对中澳两国水产品贸易关系进行研究后认为,中国和澳大利亚之间的水产品贸易有着以合作为主、竞争为辅的特征。孙琛(2008)从贸易规模和品种结构上对中国与东盟成员国间的水产品贸易现状、贸易互补和相似性进行了分析,对中国加入自由贸易区之后双方的水产品贸易趋势进行了预测。李梨梨(2009)通过测算中韩两国水产品的出口相似度指数(ESI 指数)分析两者的竞争性,研究表明,两者的水产品出口相似度较低,且随着时间的推移,这种竞争性还表现出不断下降的走势。徐春祥和李梨梨(2010)利用贸易互补指数(TC 指数)和产业内贸易指数(GL 指数),分析了中韩水产品贸易的互补关系,发现中韩水产品贸易总体上呈现较强的互补性,且在一定时期内呈稳定态势。

　　2.水产品国际竞争力的研究

　　鉴于比较优势和竞争优势是衡量水产品国际竞争力的重要评价指标,国内大多数学者常使用显示性比较优势指数(RCA)、贸易竞争力指数(TCI)、市场占有率(MS)和竞争优势指数(CA 指数)等相关指标分析中国水产品的国际竞争力问题。

　　多数学者认为,中国水产品总体竞争力较强,不同种类产品的竞争力存在差异。孙琛和谭向勇(2001)分析了 1990—1997 年中国水产品对外竞争力的变化趋势,发现总体竞争力较强,但鲜甲壳类则不具有对外竞争力。骆乐等(2004)运用 RCA 指数和净出口指数(EN)研究后发现,我国的活家畜、水果和蔬菜及水产品等劳动密集型农产品具有比较优势。

国内也有学者认为中国水产品的竞争优势正趋于下降。如山世英和杨学成(2004)通过测算 1997—2003 年中国水产品的显性比较优势指数和贸易竞争指数等指标,发现中国贸易竞争指数呈下降趋势。山世英和姜爱萍(2005)用资源禀赋系数(EF 指数)和 RCA 指数分析中国水产品的资源享赋状况及比较优势,得出中国水产品在国际贸易中的比较优势远小于其资源享赋优势的结论。吴迪(2007)认为,中国虽然在水产品生产上具有比较优势,但是这种比较优势并没有转化为竞争优势。刘学忠等(2008)采用 MS 指数、RCA 指数、TCI 指数以及 CA 指数等指标测算和比较分析了中国、挪威、泰国、美国等四大水产品出口国的国际竞争力状况。结果表明,尽管中国水产品国际市场占有率居世界第一位,但其 RCA 和 TC 指数皆呈下降趋势,其中 RCA 指数在四大出口国中最低。

另外一些研究表明,中国水产品国际竞争力在不断提高,如董楠楠(2005)、李晓娜和包特力根白乙(2009)的研究。其中,董楠楠通过对主要水产品出口国的 GL 指数和 RCA 指数的测算(2000—2003 年),发现欧美发达国家普遍存在的产业内贸易为我国水产品出口提供了机遇,使得中国各类水产品的国际竞争力均在不断提高。而李晓娜等则运用 SWOT 分析法系统地分析了中国对欧盟(EU)水产品出口贸易优劣势。研究表明,中国对 EU 水产品出口虽然受到外部威胁和自身条件的影响,但优势大于劣势,机遇大于挑战,存在着较强的贸易结构互补性。

上述研究结论大多表明,比较优势和竞争优势是国内外研究水产品国际竞争力问题的主要手段,养殖渔业是促使水产品国际竞争力提升的关键,但同时也带来了食品安全问题。中国水产品总体竞争力较强,不同种类产品之间存在差异,但由于中国水产品贸易结构存在问题,致使中国水产品的比较优势(资源禀赋优势)没有转化为竞争优势,水产品出口竞争力下降趋势会影响长期的出口增长。

2.3　关于两岸渔业合作的研究

渔业是两岸农业合作中最重要的组成部分,两岸渔民在台湾海峡渔场上共同撒网捕鱼,交流经验,互传技艺,危难相助,结下了深厚的情谊。两岸水产品贸易占农产品贸易的 50% 以上,且近年来比重越来越大,2009 年达到 72%,但有关两岸渔业合作的研究却很少。

2.3.1　台湾海峡渔业资源研究

大陆仅有一篇有关台湾海峡渔业资源研究的文献,即卢振彬等(2000)应用 Schaefer 和 Fox 剩余产量模式以及由此衍生的生物经济模式和 Gulland 最适产量 Y01 模式,分别估算了台湾海峡及其邻近海域渔业资源的最大持续产量、最大持续捕捞力量,最大经济产量、最大经济捕捞力量、最佳经济效益,最适产量、最适捕捞力量,并对各模式计算的诸项经济指标进行比较,讨论了渔业管理方案,确定了近期适合国情、省情的管理目标。

2.3.2　海峡两岸渔业合作动因与方式

赵玉蓉(2006;2007)从台湾渔业产能出发研究闽台(或两岸)渔业合作动因,认为,台湾渔业面临着养殖环境恶化、资源枯竭、远洋渔业受重创等困境,加强两岸合作是台湾渔业摆脱困境的出路,而大陆渔业发展进入转型期为台商投资提供了机遇,两岸在渔业的生产、贸易、技术以及渔业关联产业等方面有着广阔的合作空间。

近些年越来越多学者对两岸渔业合作的方式进行了探讨。如王德芬(2009)介绍了两岸合作的历史和现状,通过分析认为,加强渔业管理和经贸合作是未来两岸渔业合作的发展趋势。李非和吴凤娇(2009)通过钻石模型分析了台湾渔业竞争力的影响,指出台湾渔业竞争力受资源恶化、劳动力匮乏和岛内需求饱和等因素的影响,出现了弱化的趋势,而两岸合作可以使台湾摆脱困境。未来两岸渔业应在相互投资、开展科研合作与交流,构建资源共同保护和管理机制及建立多样化的经济合作区等方面加强合作。Huan-Sheng Tseng 和 Ou(2010)综述了台湾和大陆渔业发展的关系史,并分析我国台湾、大陆、香港、澳门之间以及我国与日本之间的渔业政策,认为台湾在技术、器材和市场手段上优于大陆,而大陆在资源、成本、劳力上优于台湾,因此两岸在渔业上存在互补的需要,但特殊的政治关系限制了渔业的合作。因此,他们提出只有两岸在政治上进行合作,达成共同的协议,大陆给予台湾帮助,台湾为大陆提供经验,才有助于两岸渔业的可持续发展。

福建与台湾隔海相望,地理位置和气候条件相近,2010 年闽台水产品贸易总额高达 4.71 亿美元,占到两岸水产品贸易总额的 73.61%。为此,近些年,一些学者从闽台渔业合作的角度出发研究海峡两岸的渔业合作问题(黎元生,2011;王健、王友丽,2011;郑思宁,2012;郑思宁,2013),其中最具代表性的是郑思宁(2012)的博士论文。该论文在构建水产品国际竞争力理论分析框架的基础上系统分析了福建与台湾的水产品国际竞争力状况,并在此基础上提出了闽台渔业合作的策略。该研究指出,福建与台湾在渔业产业结构、自然资源、劳动力资源以及消费需求方面存在着诸多互补,这些都可成为闽台渔业合作的基础。

2.4　文献简评

上述研究结果表明,国内外关于国际竞争力和水产品贸易领域的研究成果已比较丰富,大量的研究成果将对本研究起到借鉴作用。

2.4.1　已有研究对本书的启示

(1)国内外关于竞争力的研究成果已相当丰富,关于农产品国际竞争力的研究也较为丰富,研究集中在有关农产品竞争力的评价、农产品竞争力的影响因素、国内外农产品国际竞争力等方面,甚至对某一特定农产品的竞争力都有一定程度的研究,并取得了很大的进展。

(2)基于比较优势的古典贸易理论和新古典贸易理论从供给角度对促进国际贸易发展的解释力在减弱,而研究逐步转向基于相互需求学说的偏好相似理论(包括食品安全)来说明国外需求结构与规模的变动影响本国出口贸易的增长。

(3)已有研究在竞争力指标测算、水产品的比较优势、影响因素、贸易竞争性和互补性等方面的实证研究方法上微观化、定量化方面为本论文研究建立实证计量模型、数据分析与处理、指标测定、影响因素的选择、对实证结果的解释和预测提供了可借鉴的方法选择和理论工具。

(4)关于海峡两岸水产品国际竞争力的研究已逐步展开,特别是郑思宁(2012;2013)的研究已对福建与台湾这一特殊地缘经济区的渔业国际竞争力问题进行了较为系统的探讨,为本研究提供了很好的研究背景,是本研究开展的基础。

2.4.2　已有研究所忽略的问题

(1)关于水产品国际竞争力问题的研究虽然已较为丰富,郑思宁(2012)的研究已初步建立了理论分析框架,但该框架还存在不够丰富与细化、支撑该框架的理论基础和经验数据还不够有力等问题。

(2)郑思宁(2012)的研究仅探讨了福建与台湾水产品国际竞争力问题,对于两岸这一更大范围内的渔业国际竞争力的研究还未进行。

（3）虽然张玫（2007）研究了中国水产品国际竞争力问题，但没有更为深入地探讨中国水产品国际竞争力问题及其影响因素。

因两岸统一问题、世界经济区域一体化趋势和中国加入 WTO 对两岸农业发展产生的影响，海峡两岸的专家学者对"两岸渔业合作"予以高度重视。大陆学者发表的关于"两岸渔业合作"的文章虽然较少，但大部分的研究均表明两岸渔业具有互补的特点。但也有台湾学者认为，与大陆进行水产品贸易无法解决台湾的水产业问题，台湾要实现水产业升级，重要的是解决本岛渔民转业问题。

本书在郑思宁（2012）研究的基础上，将研究的视角放大到海峡两岸的范围，从全方位比较研究海峡两岸渔业国际竞争力入手，探索进一步深化海峡两岸渔业合作的模式和途径，借以提升双方的渔业国际竞争力，为两岸渔民谋福祉。

第3章　海峡两岸渔业生产与贸易状况分析

在系统研究海峡两岸渔业国际竞争力前,有必要全面了解世界、中国大陆以及台湾地区渔业生产与贸易的状况,为下一章的理论分析框架和指标体系的构建奠定经验依据。

3.1　世界渔业生产与贸易变动状况分析

3.1.1　世界渔业生产状况

长期以来,世界捕捞渔业产量保持持续增长状态,是世界渔业生产的主要来源(见图 3-1)。1980 年世界捕捞渔业总产量增长到 6824.65 万吨,是 1950 年的 3.55 倍,占世界渔业总产量的 90.28%。但随着世界渔业资源日益贫乏以及人们对海洋资源保护的呼声高涨,1994 年以来捕捞量维持在较为恒定的水平。1994 年世界捕捞渔业总产量为 9318.41 万吨,而到 2011 年仍然维持在 9457.41 万吨。但捕捞渔业的产量比重则由 1994 年的 77.02%下降到 2011 年

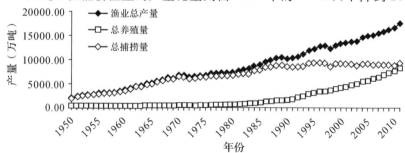

图 3-1　1950—2011 年世界渔业产量变化趋势

资料来源:根据 FAO 渔业统计数据库资料整理。

的 53.04%。

同时,养殖渔业的产量增长迅速。1950 年世界养殖渔业产量为 68.86 万吨,仅占渔业总产量的 3.22%,1970 年以后该产量开始持续稳定快速增长,2011 年该产量增长到 8372.93 万吨,年平均增长率为 8.47%,是 1950 年的 131.12 倍,占该年水产品总产量的 46.99%。

发展中国家是世界水产品的主要来源,并保持持续的增长(见图 3-2),1950 年发展中国家渔业总产量为 502.81 万吨,2011 年增长到 14925.35 万吨,后者是前者的 29.68 倍。

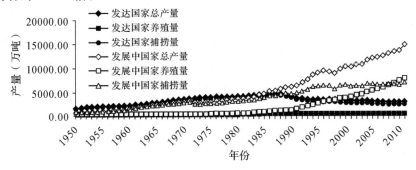

图 3-2　1950—2011 年发达国家和发展中国家渔业产量变化趋势
资料来源:根据 FAO 渔业统计数据库资料整理。

20 世纪 80 年代以前,发展中国家渔业主要依赖于捕捞业的发展,而 1980 年以后,水产养殖业逐渐占据主导地位。1950 年捕捞业产量为 475.70 万吨,占渔业总产量的 94.60%。1990 年以后,捕捞产量趋于平缓。2011 年发展中国家捕捞产量仅为 1990 年的 1.49 倍。同时,随着养殖技术的进步,1980 年后,发展中国家水产养殖业呈现快速增长势头,1980 年其养殖业产量为 514.92 万吨,仅占其渔业总产量的 14.68%,而到 2011 年产量激增至 7935.20 万吨,是 1980 年的 15.41 倍,占渔业总产量的 46.83%。

20 世纪 50 年代至 70 年代,发达国家渔业处于不断发展的状态,渔业总产量从 1950 年的 1483.27 万吨增长到 1990 年的 4236.95 万吨,后者是前者的 2.86 倍。然而,20 世纪 90 年代以来,发达国家渔业产量出现明显下滑,从 1990 年的 4237.78 万吨下降到 2011 年的 2904.99 万吨,后者仅为前者的 68.55%。

捕捞渔业是发达国家渔业生产的主导。1950 年发达国家捕捞渔业产量为 1446.52 万吨,占渔业总产量的 97.52%,到 2011 年捕捞产量为 2467.26 万吨,占总产量的 84.93%,虽有所下降,但仍是其渔业生产的主要来源。同时,发达国家养殖产量在稳定攀升,由 1950 年的 36.75 万吨增长到 2011 年的 437.73 万吨,是 1950 年的 11.91 倍,占总产量的比重也由 2.48% 上升到 15.06%,但养殖渔业始终不是发达国家渔业的主导产业。

3.1.2　世界水产品贸易状况

1. 世界水产品贸易规模不断扩大，占产量的比重不断上升

20 世纪 70 年代以来，世界水产品贸易进入平稳快速发展时期（见图 3-3）。水产品出口量从 1976 年的 792.07 万吨上升到 2009 年的 3254.02 万吨，年均增长率达 4.59%。此外，出口量在产量的比重也从 1976 年的 11.04% 上升到 2009 年的 19.82%，上升了近 9 个百分点。可见，世界水产品贸易在生产中的地位也越来越重要。

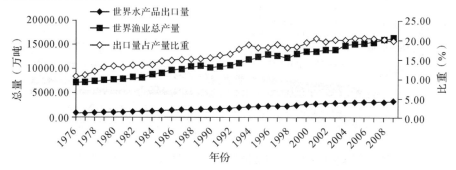

图 3-3　1976—2009 年世界水产品出口量及其在产量中的比重变动

2. 水产品贸易主要由发展中国家流向发达国家

1976 年以来，发达国家的水产品进出口都呈增长趋势（见图 3-4），但进口增长速度快于出口，进出口额分别从 1976 年的 76.57 亿和 50.36 亿美元上升到 2009 年的 775.08 亿和 478.18 亿美元，年平均增长率分别为 7.27% 和 7.06%。此外，发达国家是水产品的净进口地区，2009 年发达国家水产品的贸易逆差达 296.90 亿美元。

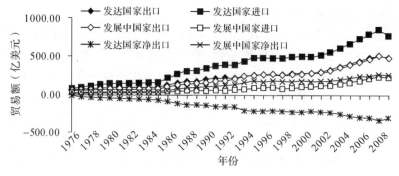

图 3-4　1976—2009 年发达国家和发展中国家水产品贸易额变动

发展中国家水产品进出口同样都表现为增长趋势,但某些发展中国家是水产品的净出口地区。2009 年发展中国家的贸易顺差达 252.87 亿美元。

可见,世界水产品贸易是由发展中国家流向发达国家的。产生这一现象的主要原因在于:首先,发达国家相对富裕,水产品的消费需求不断增长;其次,养殖业、捕捞业以及水产品现代加工业的发展为发展中国家水产品产量的增长提供了支持。

3.世界生鲜水产品的贸易地位最为重要,深加工品的地位不断上升

根据 ISSCFC 的分类,水产品可分为 10 个大类,1995—2011 年世界各类水产品的出口额及比重变动如图 3-5 与图 3-6 所示。

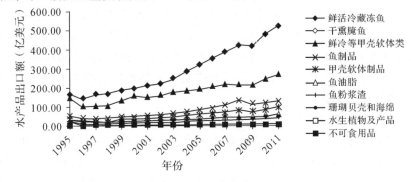

图 3-5　1995—2011 年世界水产品分种类出口额变动

从出口额的角度看,各类水产品的出口额均呈现不断上升的走势,如"鲜活冷藏冻鱼"、"鱼制品"和"鱼油脂"的出口额分别从 1995 年的 168.10 亿、51.32 亿、30.06 亿和 4.17 亿美元上升到 2011 年的 524.47 亿、131.01 亿、97.45 亿和 15.63 亿美元,年平均增长率分别达到 7.37%、6.03%、7.63%和 8.61%。

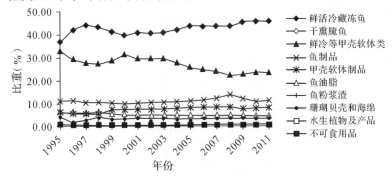

图 3-6　1995—2011 年世界水产品分种类出口额比重变动

出口比重排名前 5 位的水产品是"鲜活冷藏冻鱼"、"鲜冷等甲壳软体类"、"鱼制品"、"甲壳软体制品"和" 干熏腌鱼"(见图 3-6)。2011 年这 5 类水产品出

口比重分别为 40.80％、23.42％、11.44％、8.51％以及 4.65％。另外,作为制作鱼饲料的原料,"鱼粉浆渣"的出口比重也较高,2011 年达到 3.50％。在出口比重的变动方面,"鲜活冷藏冻鱼"的出口比重呈现上升的走势,由 1995 年的 36.84％上升到 2011 年的 45.80％,而其深加工品"鱼制品"的出口比重较稳定,始终保持在 10％～13％。"鲜冷等甲壳软体类"产品比重排名第二,但绝对值却不断下降,从 1995 年的 32.59％下降到 2011 年的 23.42％。"甲壳软体制品"的出口比重有所上升,由 1996 年的 5.52％上升到 2011 年的 8.17％。此外,水产品的初级加工品"干熏腌鱼"的出口比重则不断下降,由 1995 年的 5.69％下降为 2011 年的 4.65％。其他类产品所占出口比重较小。

可见,生鲜水产品仍然在世界水产品贸易中占据着重要地位。但随着加工技术的进步和世界消费水平的不断提升,消费者对水产品风味的要求越来越高,深加工品的地位不断上升,而初级加工品"干熏腌鱼"的贸易地位有所下降。"鱼粉浆渣"作为鱼饲料的原料在世界水产品中占有相当大的比重,足见世界水产养殖业发展之迅速。

4.世界水产品的出口市场相对分散,进口市场相对集中

由表 3-1 可以看出,2009 年世界水产品前 5 大出口市场为欧盟、中国、挪威、泰国和越南,占世界水产品出口的 52.69％。其中,欧盟出口额达 227.02 亿美元,市场占有率达 23.66％,其次为中国,出口额达 102.46 亿美元,市场占有率达 10.68％。其他 3 大市场的市场份额均在 10％以下。

表 3-1　2009 年世界水产品主要市场出口(进口)额及比重

国家 (地区)	出口额 (亿美元)	国际市场占有率 (％)	国家 (地区)	进口额 (亿美元)	占世界进口额 比重(％)
欧盟	227.02	23.48	欧盟	355.41	35.16
中国	104.73	10.83	美国	139.92	13.84
挪威	71.07	7.35	日本	132.58	13.36
泰国	62.36	6.50	中国	49.76	4.99
越南	43.01	4.48	韩国	26.94	2.70
美国	41.45	4.32	中国香港	25.46	2.55
智利	36.06	3.76	加拿大	20.13	2.02
加拿大	32.40	3.38	俄罗斯	19.91	2.00
俄罗斯	23.17	2.41	泰国	19.79	1.98
印尼	22.47	2.34	挪威	11.69	1.17

国家 (地区)	出口额 (亿美元)	国际市场占有率 (%)	国家 (地区)	进口额 (亿美元)	占世界进口额 比重(%)
秘鲁	22.09	2.30	澳大利亚	10.58	1.06
冰岛	17.26	1.80	新加坡	8.07	0.81
厄瓜多尔	16.11	1.68	中国台湾	7.69	0.77
日本	15.83	1.65	巴西	7.22	0.72
中国台湾	15.58	1.62	马来西亚	6.72	0.67
摩洛哥	15.48	1.61	乌克兰	5.41	0.54

　　资料来源:根据 FAO 渔业统计数据库资料整理,欧盟数据为欧盟 27 国(2009 年)出口额的总和。

　　5.世界主要水产品进口国家(地区)进口额不断上升,但比重却在下降

　　与出口市场相比,进口市场更为集中。2009 年世界水产品前 5 大进口市场分别为欧盟、美国、日本、中国和韩国,占世界进口额的 70.05%。其中,欧盟是主要进口市场,占世界进口额的 35.16%,之后为美国和日本,分别占世界水产品进口额的 13.84% 和 13.36%。

　　世界水产品出口市场相对分散、进口市场相对集中,表明水产品由较多的出口国流向较少的进口国,出口国之间的竞争较为激烈。

　　从以上分析可知,世界主要水产品进口国为欧盟、美国和日本,2009 年这三个地区水产品总进口额占世界的 62.36%。其水产品总进口额和进口比重的变动见图 3-7 和图 3-8。

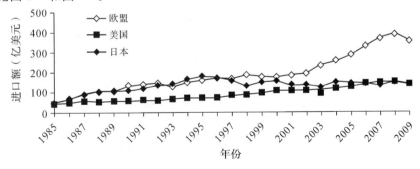

图 3-7　1985—2009 年世界主要水产品进口国(地区)水产品进口额变动
　　资料来源:根据 FAO 渔业统计数据库资料整理,欧盟数据为欧盟各成员国出口额的总和。

　　由图 3-7 可以看出,欧盟、美国的水产品进口额呈增长态势。其中欧盟水产

品进口的增长速度最快,由 1985 年的 50.44 亿美元增长到 2009 年的 355.41 亿美元,年平均增长率为 8.48%。美国水产品进口增长也较快,进口额由 1985 年的 40.52 亿美元上升到 2009 年的 139.92 亿美元,年平均增长率达 5.30%。美国进口水产品品种和欧盟类似,以虾类、大西洋鲑鱼和罐装金枪鱼等为主,主要来源市场包括加拿大、泰国、中国以及南美国家等。日本水产品进口额则呈现先上升后下降的走势,先由 1985 年的 48.52 亿美元上升到 1995 年的 181.47 亿美元,再下降到 2009 年的 135.09 亿美元。长期以来,日本一直是亚洲水产品的主要进口国,但 20 世纪 90 年代中叶日本经济出现"滞胀",日本的水产品进口随着消费水平的下降而减少。

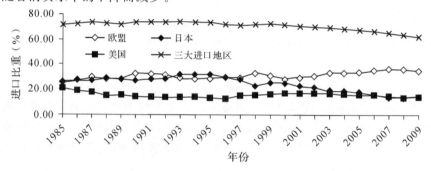

图 3-8　1985—2009 年世界主要水产品进口国(地区)水产品进口比重变动

　　从进口比重看(如图 3-8 所示),欧盟的水产品进口比重表现出上升的趋势,分别从 1985 年的 25.88% 上升到 2009 年的 35.16%;美国和日本水产品进口比重则呈现下降状态,分别由 1985 年的 20.79% 和 24.90% 下降到 2009 年的 13.84% 和 13.36%。三大水产品进口国(地区)的水产品进口额占世界水产品总进口额的比重始终保持在 60% 以上,这表明世界水产品进口市场较为集中,且主要集中在西方发达国家,但该集中度呈现逐步下滑趋势,由 1985 年的 71.56% 下降到 2009 年的 62.83%。这主要是由于世界其他新兴国家的经济不断发展,导致其对水产品的需求不断提高,水产品进口市场逐步呈现多元化。

　　6.世界主要水产品出口国家(地区)出口额不断上升

　　世界主要水产品出口国(地区)为欧盟、中国、挪威和东盟。据 FAO 的统计,2009 年这四个水产品出口国(地区)水产品出口额达 552.68 亿美元,占世界水产品出口总额的 57.16%。1985—2009 年这四大水产品出口国(地区)的水产品出口额以及国际市场占有率的变动见图 3-9 和图 3-10。

　　由图 3-9 可以看出,四大水产品出口国(地区)的水产品出口额都呈增长状态。欧盟、中国、挪威和东盟的水产品出口额分别由 1985 年的 32.29 亿、2.68 亿、9.22 亿和 14.15 亿美元上升到 2009 年的 227.02 亿、104.73 亿、71.07 亿和

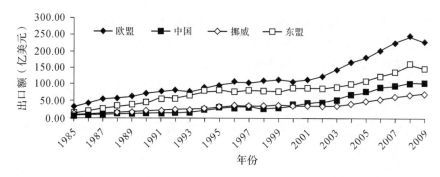

图 3-9　1985—2009 年世界主要水产品出口国(地区)水产品出口额变动

149.86 亿美元,年均增长率分别为 8.47%、16.50%、8.89%和 10.33%。

从国际市场占有率的角度考察(见图 3-10),各大出口市场的国际市场占有率均呈现不断上升的走势,分别从 1985 年的 18.85%、1.56%、5.38%和 8.26%上升到 2009 年的 23.48%、10.83%、7.35%和 15.50%。四大出口市场的国际市场占有率也由 1985 年的 34.05%上升到 2009 年的 51.16%。

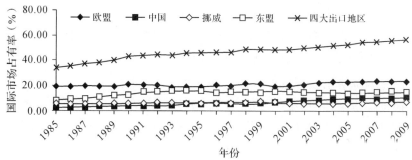

图 3-10　1985—2009 年世界主要水产品出口国(地区)水产品国际市场占有率变动

3.2　海峡两岸渔业生产与贸易状况比较

在宏观上把握世界渔业生产与贸易的基本状况后,本研究将注重阐述 1996—2012 年两岸及各省渔业生产与贸易状况。

3.2.1　海峡两岸渔业生产状况比较

1. 得益于水产养殖业的快速发展,大陆水产品产量增长迅速

由图 3-11 可以看出,新中国成立初期大陆水产品产量较低,仅为 100.82 万吨。但随着捕捞与养殖技术的提升,大陆水产品产量不断增加。1980 年大陆水产品总产量达到 480.11 万吨,是 1950 年的 4.76 倍。在该阶段,大陆的捕捞水

产品的产量要大大高于养殖量,1978年大陆捕捞水产品产量达349.12万吨,而养殖水产品产量仅为154.89万吨,前者是后者的2.25倍。改革开放以来,大陆水产养殖业迅猛发展,1986年养殖水产品产量达445.23万吨,首次超过捕捞水产品产量。伴随水产养殖业的快速发展,大陆水产品产量实现了跨越性增长。2012年大陆水产品总产量高达5677.89万吨,是1980年的11.83倍。其中养殖水产品产量达4288.36万吨,是1980年的25.54倍,而捕捞水产品产量为1389.53万吨,仅为1980年的4.45倍。

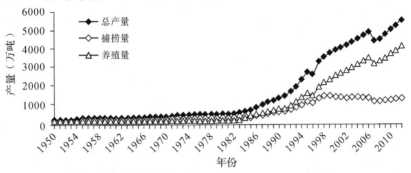

图3-11   1950—2012年大陆水产品总产量、捕捞量和养殖量变化趋势
资料来源:《中国渔业统计年鉴》(1950—2013)。

2. 台湾水产品以捕捞品为主,近年来产量趋于平稳

据台湾"渔业署"的统计,1950年到1990年,台湾水产品的产量一直处于增长状态(见图3-12),从1950年的10.20万吨增长到1990年145.45万吨,后者是前者的14.27倍,年均增长率达6.44%。但1990年后台湾水产品总产量处于稳定且略有下滑的状态,2011年其产量为122.26万吨,仅为1990年的84%。

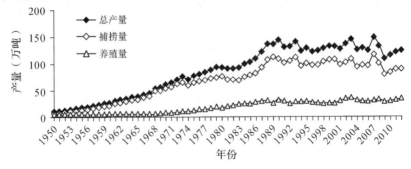

图3-12   1950—2012年台湾水产品总产量、捕捞量和养殖量变化趋势

远洋捕捞业是台湾渔业的主导产业,捕捞产品在台湾水产品总产量中的比重始终维持在70%以上,和总产量保持同步波动的态势。从1990年到2012

年,随着公海渔业的管理和限制日趋严格,台湾捕捞产品产量维持恒定,并略有下滑,从 1990 年的 111.12 万吨缓慢下滑到 2012 年的 90.81 万吨,后者仅为前者的 81.72%。

　　而 20 世纪 50 年代至 90 年代,台湾水产品养殖产量一直处于平稳增长状态,从 1950 年的 2.61 万吨增长到 1990 年的 34.40 万吨,后者是前者的 13.18 倍。但 1990 年后台湾养殖环境开始恶化,1990 年到 2011 年台湾养殖水产品产量呈现在波动中维持平稳的态势,1990 年产量为 34.43 万吨,而到 2012 年仍然为 31.93 万吨。由于台湾的捕捞渔业面临着巨大困境,1980 年后,养殖水产品的比重一直处于缓慢上升状态。2012 年台湾养殖水产品比重达 27.70%,比 1990 年高出近 4 个百分点。

　　3. 沿海省份中,山东、广东、福建水产品产量最高,台湾位列第九

　　由对海峡两岸各省渔业生产情况的分析可知(见表 3-2),2012 年水产品产量排在前三的省份分别是山东、广东和福建,2012 年这三个省份水产品总产量分别高达 841.89 万吨、789.50 万吨和 628.68 万吨。另外,浙江、江苏和辽宁的渔业产量也较高,2012 年的产量分别为 539.58 万吨、493.74 万吨和 478.63 万吨,分别排在第 4 至 6 位。从增长率的角度考察,海南和广西的增长率最高,从 1996 年的 46.63 万吨和 122.78 万吨增长到 2012 年的 172.73 万吨和 393.87 万吨,年平均增长率高达 8.58% 和 7.56%,远高于其他省份。另外,得益于淡水养殖业的快速发展,内陆省份的水产品总量快速增长,从 1996 年的 629.86 万吨增长到 2012 年的 1366.22 万吨,年增长率为 4.96%。其他增长率较高的省份还包括河北、福建、天津和江苏,1996—2012 年其年平均增长率分别达 5.55%、5.07%、5.02% 和 5.01%。2012 年台湾水产品总量为 125.61 万吨,在中国沿海各省份中处在第 9 位,仅高于上海、天津和河北,处在末尾的位置。另外,1996—2011 年台湾水产品总产量出现了负增长,年平均增长率为 -0.09%。

表 3-2　1996—2012 年海峡两岸各省份渔业总产量比较　　　(单位:万吨)

省份	1996 年	2001 年	2008 年	2009 年	2010 年	2011 年	2012 年
山东	415.58	435.90	730.30	753.59	783.83	813.83	841.89
江苏	225.77	320.85	425.00	443.22	460.44	475.97	493.74
福建	284.79	765.69	542.00	567.52	586.96	603.74	628.68
广东	395.08	609.67	680.41	702.60	729.03	762.53	789.50
辽宁	231.43	350.76	377.65	400.61	430.38	451.47	478.63
浙江	336.90	472.85	418.79	440.31	477.95	515.81	539.58

续表

省份	1996年	2001年	2008年	2009年	2010年	2011年	2012年
海南	46.63	122.58	139.40	145.49	149.48	160.24	172.73
广西	122.78	248.38	249.98	262.28	275.51	289.23	393.87
河北	50.69	84.89	96.64	100.41	106.33	106.71	116.32
上海	28.04	29.77	32.34	30.90	28.97	28.73	29.71
天津	16.68	26.46	32.25	33.40	34.49	35.21	36.50
内陆省份	629.86	896.02	1146.03	1214.36	1287.70	1336.09	1366.22
台湾	123.96	129.63	134.16	109.02	116.98	122.26	125.61

　　台湾水产品之所以在两岸各省份中排在末尾是因为其海水养殖的产量过低。由表3-3可以看出,2011年台湾海水养殖产量仅为0.01万吨,不到排名第一的山东的十万分之二,也仅为排名末位的天津的0.52%。可见,提高海水养殖的产量成为台湾提升渔业竞争力的关键。然而,台湾在远洋捕捞上独具优势,2011年其远洋捕捞产量高达70.21万吨,位居两岸各省的首位,是排名第二的浙江的3倍。可见,两岸在渔业领域存在巨大的合作空间。

表3-3　2011年海峡两岸各省渔业产量比较　　　　（单位:万吨）

省份	海洋捕捞	内陆捕捞	海水养殖	内陆养殖	远洋渔业
山东	238.44	13.54	413.48	135.57	12.80
江苏	56.81	33.37	84.24	300.51	1.03
福建	191.66	8.48	316.15	69.10	18.36
广东	145.26	12.84	265.57	331.47	7.39
辽宁	106.16	4.59	243.52	81.08	16.12
浙江	303.02	9.85	84.49	94.97	23.47
海南	105.03	2.10	19.01	34.10	0.00
广西	66.53	12.33	92.38	117.59	0.41
河北	25.18	9.93	31.15	40.46	0.00
上海	2.15	0.57	0.00	16.01	10.01
天津	1.71	1.10	1.33	30.28	0.80
内陆省份	0.00	114.53	0.00	1220.81	0.75
台湾	20.11	3.81	0.01	28.12	70.21

3.2.2　海峡两岸水产品贸易状况比较

为了了解海峡两岸水产品的贸易状况,本书从海峡两岸水产品国际贸易的总体特征、贸易的种类结构特征、贸易的市场结构特征以及两岸各省份的进出口状况四个角度进行分析。

1. 海峡两岸水产品国际贸易总体特征

(1)海峡两岸水产品国际贸易都呈现上升趋势,大陆上升速度快于台湾

如图 3-13 所示,1996—2012 年大陆与台湾的水产品贸易总额都呈现上升走势。其中,大陆水产品贸易总额上升明显,从 1996 年的 41.71 亿美元上升到 2012 年的 261.39 亿美元,后者是前者的 6.27 倍。台湾水产品贸易总额增长则较为平缓,2012 年台湾水产品贸易总额为 31.47 亿美元,仅是 1996 年的 1.62 倍,年平均增长率仅为 3.06%。可见,台湾水产品贸易已发展到较为稳定的水平。

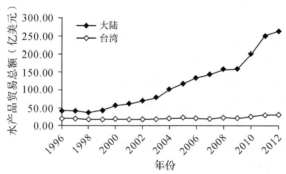

图 3-13　1996—2012 年海峡两岸水产品贸易额变动

(2)大陆水产品进出口增长迅速,台湾则增长较为缓慢

自 1996 年以来,海峡两岸水产品进出口均呈现增长趋势(见图 3-14),两岸均是水产品的净出口地区。

大陆水产品进出口增长迅速,其中,出口额由 1996 年的 29.69 亿美元增长到 2012 年的 184.45 亿美元,增长至 6.21 倍;进口额从 1996 年的 12.03 亿美元增长到 2012 年的 76.95 亿美元,增长至 6.4 倍。大陆水产品始终保持着贸易顺差,顺差从 1996 年的 17.66 亿美元扩大到 2012 年 107.50 亿美元。

台湾方面,其水产品出口额在近 17 年内增长缓慢,由 1996 年的 12.84 亿美元增长到 2012 年的 20.02 亿美元,年均增长率仅 2.82%。台湾水产品进口增长要快于出口增长,由 1996 年的 6.58 亿美元增长到 2012 年的 11.45 亿美元,年平均增长率是 3.52%。长期以来,台湾水产品虽然保持着贸易顺差,但顺差不断缩小(从 1996 年的 6.26 亿美元缩小到 2010 年的 5.00 亿美元)。近几年

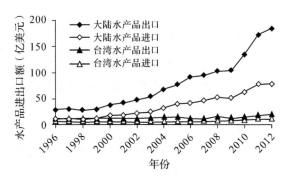

图 3-14　1996—2012 年海峡两岸水产品进出口额变动

随着两岸关系的缓和以及东盟市场对水产品需求量的增加,台湾水产品贸易顺差从 2010 年的 5.00 亿美元上升到 2012 年的 8.58 亿美元。

（3）海峡两岸水产品国际贸易依存度不断提高,台湾依存度高于大陆

水产品国际贸易依存度是指水产品进出口总值占水产品生产总值的比重,表明一国或地区水产品生产和消费依赖国际（地区）水产品贸易取得产销与供求平衡的程度。贸易依存度又可分为进口依存度和出口依存度。这里的进口依存度反映大陆或台湾水产品对外的开放程度,出口依存度则表明大陆或台湾水产品对对外贸易的依赖程度。一般来说,贸易依存度越高,表明渔业产业发展对外贸的依赖程度越大,同时也表明对外贸易在两岸渔业经济中的地位越重要。

本书根据大陆与台湾水产品国际贸易以及渔业产值数据,计算出大陆与台湾对水产品国际市场的贸易依存度,如表 3-4 所示。

表 3-4　1996—2012 年海峡两岸水产品国际贸易依存度　　　　（单位:%）

年份	大陆			台湾		
	总依存度	出口依存度	进口依存度	总依存度	出口依存度	进口依存度
1996	16.52	11.76	4.76	54.80	36.23	18.57
1997	15.09	10.82	4.27	68.30	43.47	24.83
1998	12.40	9.06	3.34	56.62	38.07	18.54
1999	14.28	10.09	4.19	57.95	36.83	21.12
2000	16.51	11.12	5.39	66.19	44.52	21.66
2001	16.91	11.67	5.24	64.60	44.96	19.64
2002	18.27	12.30	5.97	65.66	46.65	19.02
2003	19.51	13.41	6.10	63.59	46.24	17.35

年份	大陆			台湾		
	总依存度	出口依存度	进口依存度	总依存度	出口依存度	进口依存度
2004	21.77	14.82	6.95	66.51	49.70	16.80
2005	23.02	15.07	7.96	75.25	55.15	20.10
2006	23.35	15.99	7.37	68.48	46.30	22.19
2007	22.76	15.29	7.47	61.82	40.70	21.11
2008	20.82	13.79	7.03	81.29	53.24	28.05
2009	19.04	12.78	6.26	73.48	43.02	30.47
2010	21.09	14.30	6.79	81.10	49.61	31.48
2011	21.50	14.82	6.69	82.33	51.51	30.81
2012	19.33	13.64	5.69	86.37	54.95	31.42

　　总体上看,台湾水产品对国际市场的贸易依存度要大于大陆。2012 年大陆水产品国际贸易依存度为 19.33%(出口和进口依存度分别为 13.64%和 5.69%),而台湾则高达 86.37%(出口和进口依存度分别高达 54.95%和 31.42%)。可见,台湾水产品对国际市场开放和依赖程度都要远大于大陆,台湾水产品贸易已经跻身中等贸易依存度地区行列,即贸易依存度集中在 30%～100%。这主要是由于一方面台湾市场的开放时间要早于大陆,且开放程度要大于大陆;另一方面大陆内部强大的消费能力致使其水产品对外贸易依存度不高。

　　从变化趋势上看,两岸水产品国际贸易依存度都呈现不断增长的趋势。大陆水产品贸易依存度由 1996 年的 16.52%上升到 2012 年的 19.33%,其中出口依存度从 11.76%上升到 13.64%,进口依存度则由 4.76%上升到 5.69%,出口上升速度较进口快。台湾水产品国际贸易依存度则由 1996 年的 54.80%上升到 2012 年的 86.37%,其中进出口依存度分别由 1996 年的 18.57%和 36.23%上升到 2012 年的 31.42%和 54.95%。可见,台湾水产品生产和消费越来越离不开国际市场。

　　2.海峡两岸水产品进出口种类结构比较

　　在比较研究海峡两岸水产品总体贸易特征的基础上,本书将进一步研究两者进出口种类结构变动特征。

（1）海峡两岸水产品进口种类结构比较

1）大陆进口以生鲜水产品及饲料用"鱼粉浆渣"为主,进口额增长迅速

由图 3-15 可知,大陆进口水产品以生鲜水产品（"鲜活冷藏冻鱼"和"鲜冷等甲壳软体类"）和"鱼粉浆渣"为主,前两者主要用于食用消费,而后者主要作为鱼饲料的原料。

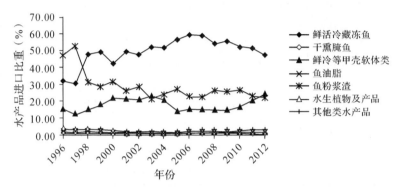

图 3-15　1996—2012 年大陆分种类水产品进口比重变动

随着人民生活水平的提高,中国大陆对生鲜水产品的需求与日俱增,"鲜活冷藏冻鱼"和"鲜冷等甲壳软体类"两类产品的进口额从 1996 年的 3.81 亿和 1.82 亿美元上升到 2012 年的 36.38 亿和 18.35 亿美元,后者分别是前者的 9.55 和 10.08 倍。另外,自 20 世纪 90 年代中叶以来,由于水产养殖业的迅速发展,大陆对鱼饲料的原料需求量也大幅度增加,"鱼粉浆渣"在计算期内始终保持迅速增长势头,由 1996 年的 5.69 亿美元上升到 2012 年的 16.93 亿美元,后者是前者的 2.98 倍。另外,15 年中,大陆对"鱼油脂"和"水生植物及产品"等产品的进口额增长也很迅速,2012 年的进口额分别是 1996 年的 5.87 倍和 46.81 倍(见图 3-16)。

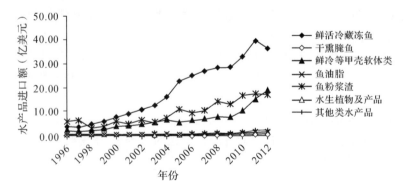

图 3-16　1996—2012 年大陆分种类水产品进口额变动

2)台湾水产品进口以食用水产品为主,2006 年后进口额增长迅速

台湾水产品进口种类分布较为分散(见图 3-17),但总的来看与大陆相同,以"鲜活冷藏冻鱼""鲜冷等甲壳软体""鱼粉浆渣"类产品为主要进口产品,2012年这 3 大类水产品的进口额分别为 3.45 亿、3.16 亿和 2.18 亿美元,分别占水产品进口额比重的 30.12%、27.58%和 19.06%。近几年这,这 3 类水产品进口额增长迅速(见图 3-18),分别从 2006 年的 1.30 亿、1.47 亿和 1.84 亿美元上升到 2012 年的 3.45 亿、3.16 亿和 2.18 亿美元。

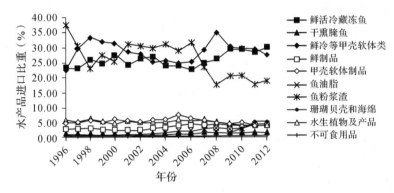

图 3-17　1996—2012 年台湾分种类水产品进口比重变动

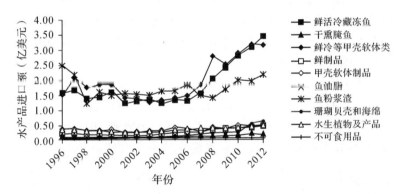

图 3-18　1996—2012 年台湾分种类水产品进口额变动

类两岸水产品进口结构变动特征表明,随着人们生活水平的不断提高,两岸居民逐渐热衷于鲜活水产品的消费,两岸水产品的进口动力主要源于居民对生鲜水产品的消费需求。

(2)海峡两岸水产品出口种类结构比较

1)大陆水产品出口类结构较为均衡,"鲜活冷藏冻鱼"类产品比重逐步上升

大陆水产品出口主要以"鲜活冷藏冻鱼"、"鲜冷等甲壳软体类"、"鱼制品"及"甲壳软体制品"为主(见图 3-19)。2010 年,这 4 类产品分别占福建水产品出

口总额的 41.38%、19.74%、15.19% 以及 19.32%,总体占到水产品出口额
的 95.64%。

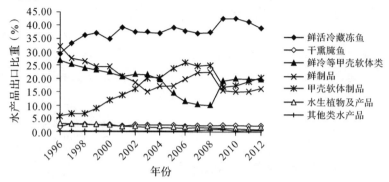

图 3-19　1996—2012 年大陆分种类水产品出口比重变动

从比重的变化上看,随着保鲜技术的不断进步,以及世界水产品需求偏好
的变化,"鲜活冷藏冻鱼"类产品比重逐步增大,从 1996 年的 29.19% 上升到
2012 年的 39.00%,同时"鱼制品"的比重逐步下滑,从 1996 年的 32.13% 下降
至 2012 年的 16.38%。另外,由于"鲜冷等甲壳软体类"产品具有保鲜困难的特
点,该类产品的出口比重下滑明显,2008 年比重下降至 9.90%。但是,随着水
产品保鲜技术的不断进步,该类产品出口比重迅速回升,2012 年该类产品的出
口比重回升至 19.95%。同时,"甲壳软体制品"的出口比重则在近几年有所下
降,从 2007 年的 24.96% 下降到 2012 年的 20.49%。

虽然各类水产品出口比重的变动明显,但从图 3-20 可知,各类产品的出口
额均呈现出上升的走势,其中"鲜活冷藏冻鱼"的上升幅度最大,呈现指数形式
的上升势头,其出口额从 1996 年的 8.67 亿美元上升到 2012 年的 71.92 亿美
元。同时,其他各类产品的出口额也表现为波动上升的走势,如"干熏腌鱼"、

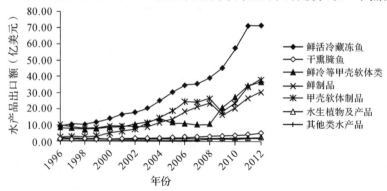

图 3-20　1996—2012 年大陆分种类水产品出口额变动

"鲜冷等甲壳软体类"、"鱼制品"、"甲壳软体制品"和"水生植物及产品"的出口
额分别从 1996 年的 0.76 亿、7.95 亿、9.45 亿、1.77 亿和 0.94 亿美元上升到
2012 年的 4.51 亿、36.80 亿、30.22 亿、37.79 亿和 1.92 亿美元。

　　2)台湾水产品出口高度集中于"鲜活冷藏冻鱼"类产品,出口比重不断上升

　　台湾水产品出口种类则高度集中于"鲜活冷藏冻鱼"类产品(见图 3-21)。
2012 年台湾该类产品出口比重高达 91.27%,且总体上保持上升走势,该类产
品比重从 1996 年的 76.15% 上升到 2012 年的 91.27%。该类产品的出口额呈
现波动上升趋势(见图 3-22),近几年上升趋势更为明显,从 1996 年的 9.97 亿
美元直线上升到 2012 年的 18.27 亿美元,后者是前者的 1.83 倍。

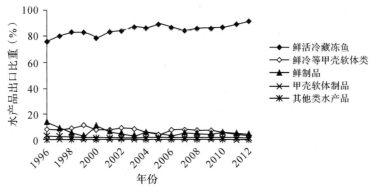

图 3-21　1996—2012 年台湾分种类水产品出口比重变动

　　另外,"鲜冷等甲壳软体类"和"鱼制品"在台湾水产品出口中也占据重要地
位。但这两类水产品在台湾水产品出口比重总体趋势是下降的,分别从 1996
年的 12.62% 和 8.33% 下降到 2012 年的 3.32% 和 3.09%。这两类产品比重的
下降是由其自身出口额的下降所引发的(见图 3-22),两者出口额分别由 1996

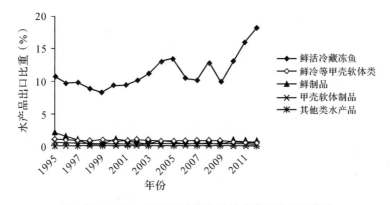

图 3-22　1996—2012 年台湾分种类水产品出口额变动

年的 1.07 亿美元和 1.62 亿美元下降到 2012 年的 0.66 亿美元和 0.62 亿美元。

（3）海峡两岸水产品出口市场结构比较

以上比较研究了海峡两岸水产品的出口种类结构，可见大陆水产品出口种类结构较为分散，而台湾则高度集中于"鲜活冷藏冻鱼"类产品。那么，两岸水产品的出口市场结构又如何呢？两岸目标市场是否一致？以下，本书将予以探讨。

1）两岸出口目标市场较相近，两者均为对方的重要出口目标市场

表 3-5 所示为 2012 年大陆与台湾水产品对主要市场的出口额和出口市场集中度。出口市场集中度（CI）是某产品出口到一国或地区的出口额占该产品出口总额的比重，用公式表示为

$$CI = \frac{一国（地区）对某国（地区）的某产品出口额}{该国（地区）该产品出口总额} \times 100\%$$

由表 3-5 可见，2012 年中国大陆水产品主要输往日本、美国、欧盟和东盟市场，对这四大市场的出口额分别达到 41.47 亿、29.25 亿、22.03 亿和 21.24 亿美元，分别占到中国大陆水产品出口总额的 22.48%、15.86%、11.94 和 11.52%。此外，出口额超过 10 亿美元的输往地还包括中国香港和韩国，出口额分别达 17.81 亿和 14.76 亿美元，占出口总额的 9.65% 和 8.00%。同样，日本、东盟和美国市场也是台湾水产品的主要出口市场，2012 年的出口额分别达 6.13 亿、5.35 亿和 1.49 亿美元，出口比重分别为 30.59%、26.73% 和 7.46%。中国台湾的其他主要出口目标市场还包括中国的大陆、香港，以及韩国等。

表 3-5　2012 年海峡两岸水产品主要出口市场

大陆			台湾		
出口市场	出口额/亿美元	CI/%	出口市场	出口额/亿美元	CI/%
日本	41.47	22.48	日本	6.13	30.59
美国	29.25	15.86	东盟	5.35	26.73
欧盟	22.03	11.94	美国	1.49	7.46
东盟	21.24	11.52	中国大陆	1.73	8.63
中国香港	17.81	9.65	中国香港	0.82	4.12
韩国	14.76	8.00	韩国	0.71	3.52
中国台湾	10.06	5.45	欧盟	0.11	0.56
小计	156.62	84.91	小计	16.34	81.61

2)大陆水产品出口市场集中度逐渐下降

总的来看,大陆水产品的主要出口市场是日本、美国、韩国、东盟和欧盟,以及我国香港、台湾市场(见表 3-6)。2006 年以前,大陆水产品对这 7 大出口市场的出口集中度都在 90% 以上,后有所下降,2012 年下降到 84.91%,但仍然很高。可见,大陆水产品出口市场结构较为集中,但近几年来出口结构有所优化。

表 3-6　1996—2012 年大陆水产品主要出口市场结构变化　　（单位:%）

年份	日本	美国	韩国	中国香港	中国台湾	东盟	欧盟	合计
1996	65.15	7.95	7.41	9.07	0.90	1.45	3.56	95.50
1997	60.19	8.85	8.70	9.23	0.90	1.71	5.36	94.94
1998	56.45	10.27	6.52	9.53	0.88	1.38	10.11	95.14
1999	56.51	11.37	12.29	6.46	1.68	1.33	8.52	98.17
2000	53.44	13.88	11.46	5.89	1.21	1.40	10.04	97.32
2001	48.82	13.67	15.13	5.04	1.00	1.52	11.69	96.88
2002	48.40	17.63	14.90	5.54	0.94	2.63	5.80	95.85
2003	40.65	18.80	14.15	6.91	0.85	3.50	9.83	94.69
2004	41.73	14.27	14.45	6.33	1.09	5.14	10.26	93.28
2005	37.92	16.74	12.78	5.20	1.22	4.53	13.74	92.13
2006	33.29	19.35	12.33	3.93	1.27	4.30	15.67	90.14
2007	30.86	18.73	11.92	4.21	1.76	4.02	16.46	88.00
2008	26.59	19.80	10.56	4.37	1.93	6.15	17.18	86.58
2009	25.32	19.63	9.63	5.10	3.62	7.32	16.85	87.48
2010	23.81	19.27	9.88	5.43	4.60	7.65	15.52	86.17
2011	23.21	16.74	9.15	7.35	4.64	9.91	14.12	85.14
2012	22.48	15.86	8.00	9.65	5.45	11.52	11.94	84.91

1996 年大陆水产品出口集中于日本、美国、韩国和我国香港市场,特别是日本市场,集中度高达 65.15%。但是,大陆水产品出口市场结构逐步呈现均匀化的特征,其中对日水产品出口比重 2012 年下降到 22.48%,对其他市场的出口比重均有不同程度的上升,上升最为明显的是美国、我国台湾、东盟和欧盟市场,市场集中度分别从 1996 年的 7.95%、0.90%、1.45% 和 3.56% 上升到 2012 年的 15.86%、5.45%、11.52% 和 11.94%。

从贸易额的增长来看(见图 3-23),大陆水产品对这 7 大市场的出口额均表现为上升的走势,分别从 1996 年的 19.34 亿、2.36 亿、2.20 亿、2.69 亿、0.27 亿、0.43 亿以及 1.06 亿美元上升到 2012 年的 41.47 亿、29.25 亿、14.76 亿、17.81 亿、10.06 亿、21.24 亿和 22.03 亿美元。其中,对日本市场的年均增长率最低,仅为 4.88%,而对台湾和东盟市场的年均增长率最高,分别高达 25.41% 和 27.60%。可见,2008 年两岸"大三通"的启动、2010 年 ECFA 的签署以及 2005 年中国—东盟《货物贸易协议》降税计划的实施使得中国大陆对东盟与台湾市场的出口额迅速上升。

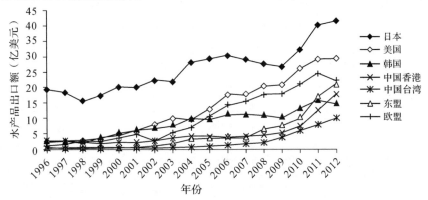

图 3-23　1996—2012 年大陆水产品主要出口市场出口额变化

3)我国台湾水产品出口市场主要集中于日本市场,但近些年市场结构有所优化

表 3-7 所示为台湾水产品对主要出口目标市场的结构变动状况。总的来看,与大陆的情况相似,台湾水产品主要出口市场同样为日本、东盟、美国、欧盟、韩国以及我国香港市场。1996 年以来,台湾水产品出口市场结构较为稳定,主要集中在这 6 大市场,1996 年台湾对这 6 大市场的出口集中度高达 94.59%,但集中度不断下降。而随着两岸关系的缓和,大陆市场逐渐成为台湾水产品的又一大出口市场,2012 年台湾对大陆水产品出口额占到其出口比重的 5.45%。

表 3-7　1996—2012 年我国台湾水产品主要出口市场结构变化　（单位:%）

年份	日本	美国	韩国	中国香港	中国大陆	东盟	欧盟	合计
1996	65.15	7.95	7.41	9.07	0.90	1.45	3.56	95.50
1997	60.19	8.85	8.70	9.23	0.90	1.71	5.36	94.94
1998	56.45	10.27	6.52	9.53	0.88	1.38	10.11	95.14
1999	56.51	11.37	12.29	6.46	1.68	1.33	8.52	98.17

续表

年份	日本	美国	韩国	中国香港	中国大陆	东盟	欧盟	合计
2000	53.44	13.88	11.46	5.89	1.21	1.40	10.04	97.32
2001	48.82	13.67	15.13	5.04	1.00	1.52	11.69	96.88
2002	48.40	17.63	14.90	5.54	0.94	2.63	5.80	95.85
2003	40.65	18.80	14.15	6.91	0.85	3.50	9.83	94.69
2004	41.73	14.27	14.45	6.33	1.09	5.14	10.26	93.28
2005	37.92	16.74	12.78	5.20	1.22	4.53	13.74	92.13
2006	33.29	19.35	12.33	3.93	1.27	4.30	15.67	90.14
2007	30.86	18.73	11.92	4.24	1.76	4.02	16.46	88.00
2008	26.59	19.80	10.56	4.37	1.93	6.15	17.18	86.58
2009	25.32	19.63	9.63	5.10	3.62	7.32	16.85	87.48
2010	23.81	19.27	9.88	5.43	4.60	7.65	15.52	86.17
2011	23.21	16.74	9.15	7.35	4.64	9.91	14.12	85.14
2012	22.48	15.86	8.00	9.65	5.45	11.52	11.94	84.91

　　总体上看,台湾对这 7 大市场的出口结构也日趋分散。1996 年台湾水产品出口主要集中在日本和美国市场,对这两个市场的出口比重分别达 65.15% 和 7.95%。随后,台湾对日本的出口比重持续下降,2012 年台湾对日本市场的出口比重下滑至 22.48%。而台湾对东盟和中国大陆市场的出口比重则持续上扬,由 1996 年的 1.45% 和 0.90% 的上升到 2012 年的 11.52% 和 5.45%。总的来看,台湾的出口市场结构有所优化,但集中度仍然较高,主要集中在日本、东盟和美国市场。

　　台湾水产品出口市场结构不断优化主要得益于其对日、美市场出口额的波动下滑以及对东盟出口额的不断上升(见图 3-24)。台湾对日出口额呈现波动下滑的走势,先由 1996 年的 8.69 亿美元上升到 2004 年的 10.45 亿美元,后持续下降,并在 2009 年到达 3.84 亿美元的低点,之后,台湾对日出口额又回升到 2012 年的 6.13 亿美元。台湾对美国市场的出口额也呈平稳下降走势,由 1996 年的 1.70 亿美元下降到 2012 年的 1.49 亿美元。而其对其他市场的出口额均表现上升态势。其中,上升最为显著的是东盟市场,出口额由 1996 年的 1.24 亿美元上升到 2012 年的 5.35 亿美元,增长了 3.30 倍。另外,随着 ECFA 的签署,台湾水产品对大陆市场的销售额呈现爆发性增长势头,从 2010 年的 0.55 亿美元上升到 2012 年的 1.73 亿美元,后者是前者的 3.15 倍。

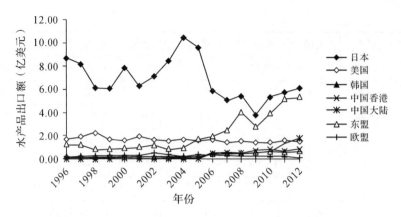

图 3-24   1996—2012 年台湾水产品主要出口市场出口额变化

3. 大陆沿海各省份水产品贸易状况比较

以上比较了两岸水产品的贸易状况,但大陆各省份水产品贸易状况又如何？以下将对此进行分析,为各省份与台湾渔业合作的研究奠定基础。

表 3-8 给出了 2008—2012 年大陆各省份水产品进口额和进口比重。从表中可知,大陆水产品进口主要集中在沿海各省份,2012 年的进口额达到 72.72 亿美元,占到大陆水产品进口额的 90.93%。其中,山东、广东、辽宁、上海和福建 5 省为中国大陆水产品主要进口省份,2012 年这 5 省的水产品进口总额为 65.62 亿美元,占到全国水产品进口总额的 82.05%。

表 3-8   2008—2012 年大陆各省份水产品进口状况

省份	2008 年		2009 年		2010 年		2011 年		2012 年	
	进口额（亿美元）	比重（%）	进口额（亿美元）	比重（%）	进口额（亿美元）	比重（%）	进口额（亿美元）	比重（%）	进口额（亿美元）	比重（%）
全国	54.06	100.00	52.64	100.00	65.36	100.00	80.17	100.00	79.98	100.00
山东	21.69	40.13	19.22	36.51	23.74	36.31	29.17	36.39	26.22	32.78
江苏	0.84	1.56	0.66	1.25	0.71	1.09	0.92	1.14	1.24	1.56
福建	4.73	8.75	4.56	8.66	4.67	7.15	5.92	7.38	6.36	7.95
广东	5.98	11.06	6.83	12.98	8.12	12.42	9.13	11.38	10.87	13.59
辽宁	9.91	18.33	10.71	20.34	11.81	18.06	15.70	19.59	13.93	17.41
浙江	2.42	4.47	1.56	2.96	2.00	3.06	2.85	3.55	3.29	4.12
海南	0.13	0.24	0.17	0.32	0.21	0.32	0.46	0.57	0.49	0.61
广西	0.16	0.30	0.09	0.17	0.14	0.21	0.18	0.23	0.15	0.19

续表

省份	2008 年		2009 年		2010 年		2011 年		2012 年	
	进口额 (亿美元)	比重 (%)	进口额 (亿美元)	比重 (%)	进口额 (亿美元)	比重 (%)	进口额 (亿美元)	比重 (%)	进口额 (亿美元)	比重 (%)
河北	0.02	0.04	0.03	0.06	0.12	0.18	0.10	0.12	0.28	0.35
上海	2.77	5.13	2.92	5.54	5.11	7.81	6.84	8.53	8.24	10.31
天津	1.74	3.22	1.79	3.39	1.86	2.84	1.67	2.08	1.65	2.06
沿海省份	50.40	93.23	48.53	92.18	58.46	89.44	72.93	90.97	72.72	93.93
内陆省份	3.66	6.77	4.12	7.82	6.90	10.56	7.24	9.03	7.26	9.07

另外,大陆水产品出口同样主要集中在沿海各省份(见表 3-9),2008—2011 年 4 年的平均出口额达到 128.55 亿美元,占到大陆水产品出口额的 96.85%。其中,山东、福建、广东、辽宁和浙江 5 省为中国大陆水产品主要出口省份,2012 年这 5 省的水产品出口总额为 165.77 亿美元,占到全国水产品出口总额的 87.33%。

表 3-9　2008—2012 年大陆各省份水产品出口状况

省份	2008 年		2009 年		2010 年		2011 年		2012 年	
	进口额 (亿美元)	比重 (%)	进口额 (亿美元)	比重 (%)	进口额 (亿美元)	比重 (%)	进口额 (亿美元)	比重 (%)	进口额 (亿美元)	比重 (%)
全国	106.74	100.00	107.95	100.00	138.38	100.00	177.92	100.00	189.83	100.00
山东	34.96	32.75	33.74	31.26	39.88	28.84	49.26	27.68	48.90	25.76
江苏	2.36	2.21	2.39	2.22	2.71	1.96	3.14	1.76	3.36	1.77
福建	11.64	10.91	15.28	14.16	25.38	18.35	38.49	21.63	45.61	24.03
广东	16.23	15.20	16.95	15.70	21.78	15.75	25.74	14.47	27.36	14.41
辽宁	16.25	15.22	15.86	14.69	18.85	13.63	24.08	13.53	24.35	12.83
浙江	14.26	13.36	12.76	11.82	15.92	11.51	19.75	11.10	19.55	10.30
海南	4.09	3.83	3.60	3.33	4.03	2.91	4.88	2.74	5.21	2.75
广西	1.42	1.33	1.52	1.41	2.43	1.75	3.05	1.72	3.92	2.07
河北	0.96	0.90	1.04	0.96	1.46	1.05	2.33	1.31	2.25	1.19
上海	1.27	1.19	0.92	0.86	0.90	0.65	1.00	0.56	1.00	0.53
天津	0.40	0.38	0.37	0.34	0.33	0.24	0.52	0.29	0.64	0.34
沿海省份	103.85	97.29	104.44	96.74	133.67	96.67	172.23	96.80	182.17	95.96
内陆省份	2.89	2.71	3.52	3.26	4.61	3.33	5.69	3.20	7.67	4.04

本书将在比较两岸水产品国际竞争力的基础上,对大陆沿海各省份与台湾的渔业国际竞争力进行比较研究,以求进一步探析两岸水产品国际竞争力问题。

3.3   海峡两岸水产品贸易的互补关系

在以上的研究中,我们比较分析了海峡两岸水产品的对外贸易特征,那么两岸之间水产品贸易又将如何? 是否存在着一定程度的互补性? 这将是本节需要回答的问题。

3.3.1   海峡两岸水产品贸易变动特征

1. 两岸水产品贸易规模不断扩大

由于特殊的历史原因,两岸水产品贸易自始至终都受到两岸政治因素和经贸政策的影响(见图 3-25)。近 20 年来,两岸水产品贸易大体上可以分为以下 3个阶段。

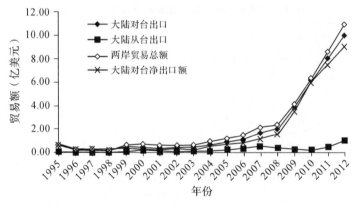

图 3-25   1995—2012 年海峡两岸水产品贸易总体趋势图

第一阶段是 2001 年以前。20 世纪八九十年代,随着两岸关系的缓和,两岸经贸人员往来增多,海峡两岸水产品贸易得到了较快发展,1995 年大陆对台水产品贸易额达到 0.76 亿美元,其中大陆对台出口额达 0.71 亿美元,占两岸水产品贸易额的 93.44%。但李登辉在任期间多次提出分裂祖国的言论,致使原本逐步开放的两岸贸易往来受阻,两岸水产品贸易额从 1995 年的 0.76 亿美元下降到 1999 年的 0.61 亿美元,年均下降 8.59%,其中大陆对台出口额下滑明显,从 1995 年的 0.71 亿美元下滑至 2001 年的 0.41 亿美元,后者仅为前者的

57.75%。为了扭转两岸贸易的颓势,在对台小额贸易的监管方面,大陆采取灵活且有别于一般贸易的模式,按照"发展、严格管理"的原则,着力扶持其健康有序发展。为此,该阶段大陆从台进口出现逆势增长,进口额从 1995 年的 0.05 亿美元上升到 2001 年的 0.17 亿美元,后者是前者的 3.4 倍。

第二阶段是 2001—2008 年。主要的代表事件是 2001 年两岸同时加入 WTO 以及 2007 年 3 月 20 日大陆对台湾 8 种水产品实施进口零关税政策。这两个事件,特别是前者,使得两岸经贸关系开始直接往来,极大地促进了两岸水产品贸易的发展,贸易额从 2001 年的 0.59 亿美元上升到 2008 年的 2.36 亿美元,年平均增长率达 22.02%。另外,由于大陆水产养殖业的迅猛发展,水产品在国际市场上的竞争力日益提升,而随着两岸贸易壁垒的逐步消除,大陆水产品在台湾市场上的竞争力日益显现,为此,大陆水产品对台出口增速要高于从台进口增速,前者从 2001 年的 0.41 亿美元上升到 2008 年的 2.00 亿美元,年均增长率高达 25.27%,而后者则从 0.17 亿美元上升到 0.35 亿美元,年均增长率为 10.90%。

第三阶段是 2008—2012 年。主要代表事件是两岸"三通"全面启动,两岸 ECFA 签署。这两个事件是两岸关系史上具有里程碑意义的重大事件,揭开了两岸关系的新纪元。两岸水产品贸易额呈现爆发式增长,从 2008 年的 2.36 亿美元激增至 2012 年 11.05 亿美元,年均增长率高达 47.15%,其中大陆对台出口额从 2008 年的 2.00 亿美元增长到 2012 年的 10.06 亿美元,年平均增长率达惊人的 49.70%,而从台进口额则从 0.35 亿美元上升到 2012 年的 0.99 亿美元,年平均增长率达 29.37%。

总的来看,两岸政策对两岸水产品贸易产生了极大的影响,逐步开放的两岸市场对两者水产品的贸易促进作用巨大。同时,大陆始终保持着对台贸易顺差,且顺差从 1995 的 0.66 亿美元上升到 2012 年的 9.07 亿美元,有进一步扩大的势头。

(1)大陆水产品对台出口结构日趋分散,进口结构则越来越集中

在产品贸易总额不断扩大的同时,大陆对台出口种类结构也呈现多元化特征(见表 3-10)。总的来看,大陆对台出口水产品主要集中在"鲜活冷藏冻鱼""鲜冷等甲壳软体类""鱼制品""甲壳软体制品""水生植物及产品"这 5 类水产品,2012 年的出口比重分别达 26.34%、30.21%、10.42%、29.12% 和 2.21%,其他水产品在样本期内的绝大多数年份所占的比重很小。而从台进口水产品则主要集中在"鲜活冷藏冻鱼"和"鲜冷等甲壳软体类"两类上,2012 年这两类水产品分别占从台水产品进口额的 87.36% 和 6.55%,超过进口水产品的 90%。

表 3-10　1995—2012 年大陆水产品对台出口结构变动　　（单位:%）

年份	鲜活冷藏冻鱼	鲜冷等甲壳软体类	鱼制品	甲壳软体制品	鱼粉浆渣	水生植物及产品	其他类水产品
1995	36.37	35.48	1.37	4.01	0.09	22.48	0.20
1996	0.14	7.38	1.42	0.00	0.00	90.87	0.20
1997	0.62	7.87	6.17	0.00	0.07	85.13	0.15
1998	0.19	6.25	15.06	0.00	0.88	77.50	0.11
1999	34.05	26.42	7.06	3.28	0.37	28.43	0.41
2000	15.88	39.77	0.50	3.81	0.23	39.48	0.33
2001	33.24	28.01	0.00	3.36	0.22	34.66	0.51
2002	34.26	25.19	0.93	4.02	0.32	34.52	0.77
2003	23.80	38.39	0.60	3.28	0.51	32.68	0.73
2004	27.31	43.83	1.28	6.05	1.17	20.04	0.32
2005	23.50	42.60	6.43	6.23	0.34	19.68	1.22
2006	19.36	34.33	6.69	18.48	3.85	15.91	1.38
2007	22.27	20.97	5.00	31.88	2.30	15.02	2.58
2008	19.71	13.63	16.57	35.44	0.90	12.11	1.63
2009	32.35	33.94	8.92	15.31	0.94	7.51	1.02
2010	31.19	25.31	11.31	27.01	0.20	4.43	0.53
2011	27.68	32.33	6.76	28.09	0.03	3.81	1.30
2012	26.34	30.21	10.42	29.12	0.01	2.21	1.69

　　从变化趋势上看,大陆对台出口结构日趋分散(见表 3-11)。1995 年大陆对台出口水产品主要集中在"鲜活冷藏冻鱼""鲜冷等甲壳软体类""水生植物及产品",3 类水产品占到大陆水产品对台出口额的 94.33%,到 2012 年这 3 类水产品出口额下降到总额的 58.76%,而水产品的深加工品("鱼制品"和"甲壳软体制品")比重上升,占到对台出口额的 39.54%。大陆从台进口水产品越来越集中于"鲜活冷藏冻鱼",比重由 1995 年的 10.60% 升到 2012 年的 87.36%。这很大部分是由于大陆渔业生产方式具有多样化的特征,较以远洋捕捞为主要生产方式的台湾在生产上的可控性更强,产品品种更为丰富。另外,1995 年大陆从台进口水产品主要集中在"鱼粉浆渣"类产品,占到从台进口额的 54.75%,而后比重急剧下滑。该类产品主要作为鱼饲料的原材料,随着大陆水产养殖业的迅

猛发展,台湾的鱼饲料供给滞后于大陆的生产需求,大陆转而向南美大量进口该类产品。

表 3-11　1995—2012 年大陆水产品从台进口结构变动　（单位:%）

年份	鲜活冷藏冻鱼	干熏腌鱼	鲜冷等甲壳软体类	鱼制品	甲壳软体制品	鱼粉浆渣	水生植物及产品	其他类水产品
1995	10.60	5.44	20.31	0.64	0.07	54.75	1.39	6.80
1996	20.09	1.40	42.52	1.40	0.00	0.00	34.58	0.00
1997	76.28	0.95	1.90	0.00	0.00	0.00	20.87	0.00
1998	4.40	0.00	92.75	0.00	0.00	0.40	0.67	1.79
1999	18.43	0.13	74.66	0.20	1.25	2.58	1.14	1.61
2000	10.21	0.70	86.45	0.12	0.04	1.29	0.15	1.04
2001	3.74	0.45	92.01	0.04	0.04	1.10	0.81	1.65
2002	19.03	11.35	64.00	1.93	0.03	0.00	0.77	2.89
2003	22.69	15.44	56.94	0.94	0.09	0.37	0.38	3.16
2004	38.56	26.56	26.55	0.94	0.06	1.32	0.95	5.07
2005	63.41	19.19	14.55	0.86	0.02	0.50	0.40	1.06
2006	42.78	18.61	34.32	1.65	0.03	0.36	0.65	1.59
2007	26.92	11.89	57.32	2.62	0.26	0.00	0.14	0.84
2008	35.27	5.15	54.75	2.92	1.16	0.00	0.20	0.55
2009	58.09	3.33	28.37	3.83	5.14	0.00	0.20	1.05
2010	45.97	0.57	36.17	8.53	8.25	0.00	0.22	0.29
2011	70.45	0.73	19.25	6.81	2.00	0.00	0.21	0.55
2012	87.36	0.21	6.55	3.41	1.18	0.00	0.73	0.56

（2）两岸水产品贸易依存度不断上升,台湾对大陆依存度要远大于大陆对台依存度

水产品贸易依存度指的是一国或地区水产品贸易值占该国或地区水产品总产值的比重。水产品贸易依存度表示一国或地区水产品生产和消费依赖水产品国际贸易取得产销与供求平衡的程度。

由表 3-12 可知,在海峡两岸水产品贸易流量不断上升的同时,两者间的贸易依赖程度也越来越大。其中,台湾水产品对大陆的贸易依存度不断攀升,近几年,该趋势尤为明显,贸易依存度从 2006 年的 5.75% 飙升至 2011 的

24.61％。而大陆水产品对台的贸易依存度也呈现上升趋势,但上升幅度较为平稳,从1995年的0.36％上升至2011年的0.70％。进一步分析可知,台湾水产品对大陆的贸易依存度要远大于大陆水产品对台湾的贸易额依存度。以2011年为例,台湾水产品对大陆的贸易依存度高达24.61％,是大陆对台依存度的35倍多。此外,台湾对大陆的进口依存度也始终大于其对大陆的出口依赖度,近几年这种趋势尤为明显,2011年台湾对大陆的水产品进口依存度高达23.08％,是其出口依存度的15倍。可见台湾对大陆市场的依赖程度要远高于大陆对台湾的依赖程度。

表 3-12　1995—2011 年海峡两岸水产品贸易依存度　　　（单位:％）

年份	大陆水产品对台贸易依存度			台湾水产品对大陆贸易依存度		
	总依存度	出口依存度	进口依存度	总依存度	出口依存度	进口依存度
1995	0.36	0.34	0.02	2.06	0.13	1.92
1996	0.11	0.11	0.00	0.76	0.00	0.76
1997	0.10	0.10	0.00	0.98	0.00	0.97
1998	0.08	0.08	0.00	0.88	0.02	0.86
1999	0.20	0.17	0.03	2.25	0.34	1.90
2000	0.22	0.14	0.08	2.74	1.02	1.72
2001	0.17	0.12	0.05	2.33	0.68	1.65
2002	0.14	0.12	0.03	2.06	0.38	1.68
2003	0.17	0.11	0.05	2.43	0.79	1.64
2004	0.20	0.16	0.04	2.99	0.55	2.44
2005	0.23	0.18	0.04	4.21	0.79	3.42
2006	0.26	0.21	0.06	5.75	1.28	4.47
2007	0.34	0.26	0.08	7.41	1.75	5.66
2008	0.30	0.25	0.04	8.40	1.26	7.14
2009	0.47	0.44	0.03	15.33	1.10	14.23
2010	0.64	0.62	0.02	21.00	0.66	20.34
2011	0.70	0.66	0.04	24.61	1.53	23.08

3.3.2　海峡两岸水产品贸易的互补性

贸易互补的状况主要体现两者在要素禀赋差异基础上的互通有无,为此本研究将利用产业内贸易指数和贸易互补性指数探讨海峡两岸水产品的贸易互补性。

1.海峡两岸水产品产业内贸易分析

产业内贸易是指两个经济体之间既出口又进口同类产品的贸易行为,而产业内贸易又可以分为水平型产业内贸易和垂直型产业内贸易,前者是指相似质量产品的产业内贸易,而后者指不同质量产品的产业内贸易(王晶,2010;Stiglitz,1987)。

(1)Grubel-Lloyd 产业内贸易指数

Grubel-Lloyd 产业内贸易指数(简称 G-L 指数、G-L index 或 GLIIT)是从静态的角度分析一个国家或地区在一段时间内的产业内贸易水平。其计算公式为

$$GLIIT_i = 1 - \frac{|X_i - M_i|}{X_i + M_i} \tag{3-1}$$

式中:GLIIT 表示某一特定产品 i 的产业内贸易指数;X_i、M_i 分别表示产品 i 的出口额和进口额,该指数在 0~1 变动,越接近 1,表明产业内贸易比重越大。国际上把产业内贸易指数在 0.5 以上的商品作为以产业内贸易为主的商品。衡量农产品总体的 G-L 指数为

$$GLIIT = \sum_{i=1}^{n} m_i GLIIT_i \tag{3-2}$$

式中:GLIIT 为一定时期农产品总体产业内的贸易指数;m_i 为第 i 类农产品贸易权重,即 $m_i = (X_i + M_i)/(X + M)$,$X$ 和 M 分别表示农产品出口额和进口额。0.5 是临界点:GLIIT>0.5 表示产业内贸易占优势;GLIIT<0.5 表示产业间贸易占优势。

由式(3-2)可以计算得到 1995—2012 年海峡两岸各种类水产品的 G-L 指数(见表 3-13)。由表 3-13 可知,"鲜冷等甲壳软体类"水产品存在产业内贸易的年份最多(为 7 年),其次为"鲜活冷藏冻鱼"和"干熏腌鱼"(分别为 5 年和 6 年),其余年份为产业间贸易。另外,"不可食用品"在 1999 年、2005 年和 2007 年存在产业内贸易;"鱼制品"在 2002 年、"鱼油脂"在 2002 年、"鱼粉浆渣"在 1999 年以及"珊瑚贝壳和海绵"在 2009 年和 2010 年存在产业内贸易,其余产品种类在其余年份均为产业间贸易。由此可见,海峡两岸水产品贸易存在产业间和产业内贸易并存的现象,但以产业间贸易为主。

表 3-13　1995—2015 年海峡两岸分种类水产品产业内贸易指数

年份	鲜活冷藏冻鱼	干熏腌鱼	鲜冷等甲壳软体类	鱼制品	甲壳软体制品	鱼油脂	鱼粉浆渣	珊瑚贝壳和海绵	水生植物及产品	不可食用品
1995	0.04	**0.55**	0.08	0.06	0.00	0.00	0.04	0.00	0.01	0.09
1996	0.06	**0.91**	0.08	0.01	0.01	0.00	0.01	0.53	0.00	0.00
1997	0.11	0.48	0.13	0.00	0.00	0.00	0.32	0.26	0.01	0.08
1998	0.15	0.06	0.18	0.00	0.00	0.00	0.14	0.26	0.01	0.11
1999	0.18	0.11	**0.67**	0.01	0.13	0.00	**0.89**	0.04	0.00	**0.81**
2000	**0.55**	0.36	**0.87**	0.25	0.01	0.88	0.47	0.07	0.00	0.35
2001	0.09	**0.79**	**0.85**	0.00	0.00	0.00	0.65	0.01	0.02	0.28
2002	0.22	0.28	**0.73**	**0.64**	0.00	**0.87**	0.00	0.16	0.01	0.70
2003	**0.63**	0.13	**0.83**	0.85	0.03	0.00	0.51	0.68	0.03	0.13
2004	0.49	0.06	0.24	0.29	0.00	0.00	0.41	0.76	0.02	0.11
2005	**0.77**	0.40	0.15	0.06	—	0.00	0.51	0.44	0.01	**0.76**
2006	**0.78**	0.39	0.45	0.13	—	0.00	0.05	0.83	0.02	0.21
2007	**0.55**	**0.79**	**0.92**	0.28	0.01	0.00	0.98	0.00	0.01	**0.66**
2008	0.48	**0.92**	**0.83**	0.06	0.01	0.00	0.06	0.00	0.01	0.21
2009	0.24	**0.70**	0.12	0.00	0.00	0.00	**0.81**	0.00	0.00	0.25
2010	0.09	0.08	0.09	0.05	0.02	0.01	**0.64**	0.00	0.00	0.00
2011	0.29	0.11	0.08	0.00	0.00	0.00	0.00	0.49	0.01	0.03
2012	0.49	0.03	0.04	0.06	0.01	0.00	0.00	0.17	0.06	0.10

注:—表示没有贸易,黑体表示贸易形式为产业内贸易。

由式(3-1)和式(3-2)计算得到海峡两岸水产品总体产业内贸易指数如图 3-26所示。可以看出,海峡两岸水产品产业内贸易整体上表现为先上升后下降的走势,其加权的产业内贸易指数从 1995 年的 0.05 上升到 2000 年的 0.58,后波动下滑,2010 年该指数下降到 0.06。ECFA 签署以来,该指数又逐步上升到2012 年的 0.18,表明海峡两岸水产品贸易先以产业间贸易为主,而后产业内贸易的成分不断增加,但产业间贸易仍然为海峡两岸水产品贸易的主要形式。无加权的产业内贸易指数要高于加权的产业内贸易指数,原因在于占进出口份额较大的水产品种类的产业内贸易水平较低,而占进出口份额较小的水产品种类的产业内贸易水平较高。可见,要素禀赋的差异是海峡两岸渔业分工的基础,但随着两岸市场的开放、大陆水产养殖技术的进步,海峡两岸水产品贸易有向产业内贸易演进的趋向。

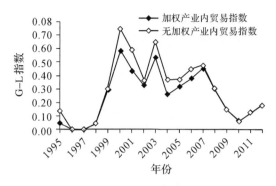

图 3-26　1995—2012 年海峡两岸水产品 G-L 指数变动

（2）水平（HIIT）与垂直（VIIT）产业内贸易指数

一些学者进一步把产业内贸易划分为"水平型"和"垂直型"两类，并建立了指标对其分别进行测度。其中较为著名的是 Stiglitz(1987) 的研究。该研究使用价格数据来区分两种类型的产业内贸易的程度。假设前提是：在完全信息条件下，价格较高的一组产品在质量上一定优于价格较低的产品组。即使在不完全信息条件下，价格的高低也能在一定程度上反映产品在质量上的差距。水平型产业内贸易被定义为同时进口和出口《联合国国际贸易标准分类目录》(*United Nations Standard International Trade Classification*, SITC) 三位数内的产品，该组产品中出口单位价值（按 FOB 价）与相对进口单位价值（按 CIF价）的比率在一定范围内，如果相对值在这个范围之外，此时产业内贸易被定义为垂直型。

在测度方法上，有由 Abd-El-Rahman(1991) 提出，又被 Greenaway 和Milner(1994)、Fontagné 和 Freudenberg(1997) 等学者进一步完善的"门限指数"法，见表 3-14。

表 3-14　产业内贸易划分——"门限指数"测度法

贸易类型		贸易重叠程度	产品的相对单价
产业间贸易		$\dfrac{\text{Min}(X_{i,j}, M_{i,j})}{\text{Max}(X_{i,j}, M_{i,j})} \leqslant 10\%$	
产业内贸易	水平产业内贸易	$\dfrac{\text{Min}(X_{i,j}, M_{i,j})}{\text{Max}(X_{i,j}, M_{i,j})} \leqslant 10\%$	$1-\alpha \leqslant \dfrac{UV_{i,j}^X}{UV_{i,j}^M} \leqslant 1+\alpha$
	垂直产业内贸易	$\dfrac{\text{Min}(X_{i,j}, M_{i,j})}{\text{Max}(X_{i,j}, M_{i,j})} > 10\%$	$\dfrac{UV_{i,j}^X}{UV_{i,j}^M} < 1-\alpha$ 或 $\dfrac{UV_{i,j}^X}{UV_{i,j}^M} > 1+\alpha$

注：$UV_{i,j}^X$ 是指某国或地区出口产品的单位价格；$UV_{i,j}^M$ 是指某国或地区进口产品的单位价格；α 为系数，一般设为 0.25。

经上述"门限指数"标准判断后，依据下列公式可分别计算出各年的海峡两岸水产品水平型产业内贸易指数（horizontal intra-industry trade，HIIT）与垂直型产业内贸易指数（vertical intra-industry trade，VIIT）：

$$\text{HIIT} = \frac{\sum_{k=1}^{H}(X_i^H + M_i^H) - \sum_{k=1}^{H}(X_i^H - M_i^H)}{\sum_{k=1}^{n}(X_i + M_i)} \times 100\% \qquad (3\text{-}3)$$

$$\text{VIIT} = \frac{\sum_{k=1}^{V}(X_i^V + M_i^V) - \sum_{k=1}^{V}(X_i^V - M_i^V)}{\sum_{k=1}^{n}(X_i + M_i)} \times 100\% \qquad (3\text{-}4)$$

式中：X_i^H 与 M_i^H 分别表示海峡两岸水产品水平型产业内贸易产品的出口额和进口额；X_i^V 与 M_i^V 分别表示两岸水产品垂直型产业内贸易产品的出口额和进口额。

　　图 3-27 给出了 1995—2012 年海峡两岸水产品水平和垂直产业内贸易指数。从图中可知，在计算期内的所有年份 VIIT 始终大于 HIIT，且仅有 9 年存在水平型产业内贸易。可见，垂直型产业内贸易在海峡两岸水产品产业内贸易中始终保持着优势地位。这说明海峡两岸水产品产业内贸易存在较强的上下游间的互补，表现为大陆向台湾地区出口价格相对较低的同类水产品，而从台湾地区进口价格相对高的同类水产品，海峡两岸水产品产业内贸易以垂直型产业内贸易为主。

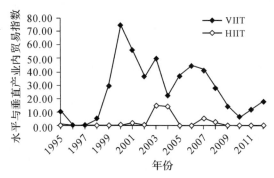

图 3-27　1995—2012 年海峡两岸水产品水平与垂直产业内贸易指数

2.海峡两岸水产品贸易互补性指数分析

　　贸易互补性指数（trade complementary index，TCI）是经济学家 Peter Drys-dale 在 Kojima 研究的基础上提出的一种贸易互补性的测试工具，通常用来衡量两个国家或地区间贸易的紧密程度。该指数大，说明两国或地区互补性越强；反之，说明两国或地区贸易互补性越不明显。贸易互补性指数的计算式为

$$\text{TCI}_{ij}^k = \text{RCA}_{xik} \times \text{RCA}_{mjk} \qquad (3\text{-}5)$$

式中：TCI_{ij}^k 为 i 国或地区和 j 国或地区在 k 类产品的贸易互补性指数；RCA_{xik}

为 i 国或地区 k 类产品的显示性出口比较优势指数;RCA_{mjk} 为 j 国或地区 k 类产品的显示性进口比较优势指数,其公式分别表示为

$$\text{RCA}_{xik} = \frac{X_{ik}/X_{it}}{X_{uk}/X_{ut}}; \qquad \text{RCA}_{mjk} = \frac{M_{jk}/M_{jt}}{M_{uk}/M_{ut}} \qquad (3-6)$$

式中:X_{ik}、X_{it}、X_{uk}、X_{ut} 分别表示 i 国或地区 k 类产品的出口额、i 国或地区所有产品的出口额、世界 k 类产品的出口额、世界所有产品的出口额;M_{jk}、M_{jt}、M_{uk}、M_{ut} 则分别表示 j 国或地区 k 类产品的进口额、j 国或地区所有产品的进口额、世界 k 类产品的进口额、世界所有产品的进口额。

　　根据 1996—2011 年大陆与台湾水产品进出口贸易以及世界水产品进出口贸易的数据分别计算出以大陆为出口方和以台湾为出口方的海峡两岸水产品贸易互补性指数(见图 3-28)。结果显示,无论以大陆为出口方还是以台湾为出口方进行考察,其贸易互补性指数在 1998 年以后的所有年份均小于 1,另外,从变化趋势看,无论以大陆为出口方还是以台湾为出口方,其贸易互补性指数均表现为下降的态势:以大陆为出口方的贸易互补性指数表现为先下降后小幅上升的走势,1995—1997 年该指数在 1.39～1.35 间徘徊,后该指数持续下滑至 2007 年的低点 0.46,之后逐年攀升至 2011 年的 0.70;而以台湾为出口方相对于大陆进口方的贸易互补性指数则表现为持续波动下滑的趋势,该指数从 1995 年的 0.83 下滑至 2011 年的 0.55。两岸水产品贸易互补性系数趋于弱化的主要原因在于两岸水产品出口比较优势的不断下降,大陆水产品出口比较优势的下降主要是由两个方面的因素引起的:第一,中国渔业以水产养殖业为主要生产方式,长期以来受到发达国家技术性贸易措施的影响,这使得中国水产品出口频繁受阻;第二,随着国内人民生活水平的提升,大量水产品由出口转内销,失去了出口比较优势。而台湾水产品出口比较优势的下降主要是由其渔业产业结构造成的。从上文分析可知,台湾是以远洋捕捞为主的渔业产业结构。近年来,随着国际海洋公约的出台,200 海里专属经济区的建立,公海渔业的管理和限制日趋严格。这一变化,使台湾远洋渔业面临着新的挑战。例如,2001—2006 年,台湾远洋渔业受到大西洋鲔鱼保育委员会(ICCAT)的严厉制裁,大目鲔的配额由 2001 年的 16500 吨削减为 2006 年的 14600 吨,这使台湾大目鲔产量减少了 10% 左右。而台湾岛内渔业资源的匮乏是影响其渔业产业结构调整的主要因素。

　　表 3-15 计算出了 1995—2011 年以大陆出口对台湾进口的两岸水产品分种类贸易互补性指数(TCI)。由表 3-15 可知,"水生植物及产品"的该指数在计算期内始终大于 1,"甲壳软体制品"和"珊瑚贝壳和海绵"类水产品的该指数在样本期内的绝大多数年份大于 1,这些产品在海峡两岸水产品贸易中具有互补性(以大陆为出口方的互补)。而其他类水产品的 TCI 在绝大多数年份均小于 1,

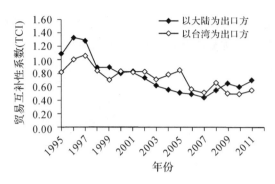

图 3-28　1996—2011 年海峡两岸水产品贸易互补性指数变动

表明这些产品在海峡两岸水产品贸易中缺乏互补性。从变化趋势可知,绝大多数种类水产品的 TCI 都呈现下滑的走势,如"水生植物及产品"的该指数从 1995 年的 23.33 下降到 2011 年的 5.80。但"鲜冷等甲壳软体类"的该指数在近几年表现出上扬的态势,从 2006 年的 0.23 上升到 2011 年的 0.73,可见,该类产品的互补性正不断增强。

表 3-15　1995—2011 年以大陆为出口方计算得出的两岸分种类水产品贸易互补性指数

年份	鲜活冷藏冻鱼	干熏腌鱼	鲜冷等甲壳软体类	鱼制品	甲壳软体制品	鱼油脂	鱼粉浆渣	珊瑚贝壳和海绵	水生植物及产品	不可食用品
1995	0.54	0.06	0.81	0.51	0.76	0.01	0.12	0.73	23.33	0.73
1996	0.54	0.04	0.85	1.02	1.17	0.03	0.27	1.15	29.94	0.44
1997	0.55	0.05	1.12	0.90	1.41	0.04	0.11	2.19	25.11	0.54
1998	0.47	0.04	0.82	0.58	1.13	0.05	0.14	0.42	23.66	0.29
1999	0.47	0.05	0.76	0.54	0.90	0.04	0.08	0.68	21.16	0.31
2000	0.47	0.08	0.56	0.51	1.14	0.21	0.15	0.89	13.09	0.24
2001	0.45	0.05	0.55	0.39	1.28	0.03	0.10	1.44	17.31	0.27
2002	0.41	0.07	0.50	0.30	1.20	0.04	0.13	1.57	14.43	0.19
2003	0.35	0.10	0.39	0.26	1.50	0.03	0.18	1.12	11.12	0.10
2004	0.27	0.08	0.36	0.30	1.28	0.03	0.09	0.62	9.32	0.23
2005	0.25	0.09	0.27	0.31	1.71	0.08	0.06	0.57	9.82	0.36
2006	0.21	0.06	0.23	0.36	1.44	0.09	0.14	0.52	8.90	0.26
2007	0.21	0.08	0.23	0.31	1.19	0.13	0.08	0.78	10.03	0.53
2008	0.26	0.11	0.37	0.35	1.35	0.15	0.15	1.55	7.00	1.18
2009	0.38	0.13	0.74	0.30	1.02	0.36	0.05	4.66	8.53	1.04
2010	0.34	0.12	0.66	0.31	1.02	0.49	0.02	2.84	5.57	0.29
2011	0.38	0.14	0.73	0.31	0.92	0.86	0.01	6.79	5.80	0.34

表 3-16 给出了 1995—2011 年以台湾出口对大陆进口的海峡两岸水产品分种类贸易互补性系数。由表 3-16 可以看出,以台湾为出口方的水产品互补种类较以大陆为出口方的种类少,仅"鲜活冷藏冻鱼"在计算期内 TCI 大于 1,其他各类水产品的贸易互补性指数在样本期内的大多数年份均小于 1。可见,台湾的出口与大陆的进口的互补度不高。

表 3-16 1995—2011 年以台湾为出口方计算得出的两岸分种类水产品贸易互补性指数

年份	鲜活冷藏冻鱼	干熏腌鱼	鲜冷等甲壳软体类	鱼制品	甲壳软体制品	鱼油脂	鱼粉浆渣	珊瑚贝壳和海绵	水生植物及产品	不可食用品
1995	1.69	0.05	0.12	0.08	0.00	0.03	0.60	0.63	0.90	0.22
1996	1.45	0.06	0.14	0.01	0.00	0.22	1.06	1.33	0.59	0.07
1997	1.45	0.09	0.12	0.01	0.01	0.13	0.43	1.36	1.17	0.06
1998	1.86	0.04	0.13	0.01	0.00	0.10	0.22	2.08	1.36	0.04
1999	1.59	0.05	0.15	0.01	0.00	0.01	0.32	1.52	0.74	0.06
2000	1.70	0.04	0.14	0.01	0.00	0.03	0.21	1.22	0.44	0.06
2001	1.89	0.02	0.15	0.01	0.00	0.01	0.27	1.02	0.55	0.06
2002	1.90	0.03	0.17	0.01	0.00	0.01	0.29	0.90	0.44	0.05
2003	1.81	0.02	0.14	0.00	0.01	0.01	0.19	0.74	0.55	0.10
2004	1.91	0.02	0.11	0.01	0.01	0.01	0.20	0.60	0.59	0.08
2005	2.12	0.02	0.08	0.01	0.00	0.01	0.15	0.57	0.39	0.12
2006	1.42	0.02	0.09	0.01	0.01	0.01	0.11	0.33	0.40	0.08
2007	1.22	0.02	0.10	0.01	0.01	0.01	0.07	0.46	0.38	0.08
2008	1.51	0.01	0.13	0.01	0.00	0.04	0.11	0.67	0.59	0.11
2009	1.07	0.01	0.09	0.00	0.01	0.02	0.07	0.46	0.80	0.08
2010	1.01	0.00	0.07	0.01	0.01	0.02	0.05	0.18	0.70	0.11
2011	1.15	0.00	0.09	0.01	0.03	0.01	0.06	0.43	0.43	0.06

3.4 本章小结

本章通过对世界、大陆与台湾水产品生产与贸易状况的分析,得出以下 6 个结论:

(1)从世界水产品生产与贸易的分析可知,发展中国家是水产品的主要生产国,世界水产品产量的增长主要依赖于养殖水产品的增长。世界水产品主要是从发展中国家流向发达国家。从水产品的出口结构看,生鲜水产品占据着重要地位,此外,随着水产加工技术和世界消费水平的不断提高,精深加工产品的贸易地位不断上升,而初加工品的地位不断下降。水产品的进口市场主要集中在发达国家,而出口市场为广大的发展中国家,因此,进口市场必然相对集中,出口市场则较分散,这使得出口国之间的竞争较为激烈。

(2)20 世纪 80 年代以来,随着水产养殖业的快速发展,大陆水产品产量增长迅速。台湾水产品主要来源于远洋捕捞业,近年来出现增长缓慢甚至下滑的迹象。

(3)从两岸各省份比较的角度考察,近年来,山东、广东和福建位列三甲,而台湾近几年渔业总产量一直停滞不前,2012 年仅列第 9 位,位列海峡两岸沿海各省的末位。

(4)大陆水产品出口增长迅速,而台湾则较为缓慢。但台湾渔业的对外贸易依存度要大于大陆。

(5)大陆水产品出口结构表现为产品均匀化的特征,但近几年"鲜活冷藏冻鱼"的比重不断上升。而台湾则表现为出口产品结构高度集中于"鲜活冷藏冻鱼"产品。大陆与台湾水产品出口市场集中度均表现为下降的特征。沿海各省水产品的出口额占到大陆水产品出口额的 96.88%,是水产品的主要出口地域,而山东、福建和广东位列前三。

(6)海峡两岸水产品的贸易规模在不断扩大,特别是 2008 年两岸"三通"以来,这种增长趋势更为明显。从两岸水产品互补性分析中可知,两岸水产品贸易互补性很强,互补形式以产业间互补为主,而垂直型产业内贸易是海峡两岸水产品产业内贸易的主要方式。

第4章 渔业国际竞争力理论 分析框架与评价方法体系的构建

在上一章,本书考察了海峡两岸渔业生产与贸易状况,为两岸渔业国际竞争力的研究提供了经验事实。本章在上一章研究的基础上,通过系统梳理比较优势理论和竞争优势理论,构建渔业国际竞争力理论分析框架和评价体系,为后面的实证研究奠定理论基础和分析框架。

4.1 理论基础

4.1.1 比较优势理论

1. 古典学说

(1)亚当·斯密的绝对优势理论

18 世纪的英国古典经济学家亚当·斯密(Adam Smith,1723—1790)是古典经济学分析框架的奠基人,他的《国富论》首次构建了一个统一和完整的经济学分析体系,而贯穿这一体系的是自由放任的市场经济思想。该思想认为,生产成本和劳动生产率的绝对差别是形成国际分工和国际贸易的基础,即集中生产并出口具有劳动生产率和生产成本"绝对优势"的产品,进口其不具有"绝对优势"的产品,比该国什么都生产更有利。在贸易理论上,这一学说被称为"绝对优势理论"(absolute advantage)。"绝对优势"理论解释了产生贸易的部分原因,也首次论证了国际贸易可以是一个"双赢"的局面而不是一个"零和游戏"。但该理论存在着很大的局限性,因为在现实社会中,一个国家较另一些国家可能不具有任何生产技术上的优势,但是两国之间的贸易仍然在发生。对于这种绝对落后和绝对先进国家之间的贸易,亚当·斯密的绝对优势理论是无法解释的。

（2）大卫·李嘉图的比较优势理论

为了能解释绝对落后和绝对先进国家之间的贸易现象，著名经济学家大卫·李嘉图（David Ricardo，1772—1823）创立了比较优势理论。该理论认为，劳动生产率上的相对差别是国际贸易产生的基础，而非绝对差别。因为劳动生产率的相对差别是生产成本和产品价格的相对差别的源泉，这种相对差别产生了产品上的比较优势，从而促使国际贸易和国际分工的产生。根据该理论，每个国家都应进口具有"比较劣势"的产品，并出口其具有"比较优势"的产品。但在李嘉图的比较优势理论中，劳动是唯一的生产要素，国与国之间由于技术的不同产生劳动生产率的差异。

2. 资源禀赋理论

以上提到在古典比较优势理论中，劳动是唯一的生产要素，但随着技术的进步，资本和自然资源逐渐成为劳动生产率提升的关键。为此，2 世纪 30 年代，以伊·菲·赫克歇尔（Eli F. Heckscher）和博尔蒂·俄林（Bertil G. Ohlin）为代表的经济学家发展了李嘉图的比较优势理论，创立了以资源禀赋理论（H-O理论）为核心的新古典贸易理论。在该理论中，生产要素不仅包括劳动，自然资源和资本资源也被列入生产要素的范畴。总的说来，该理论认为，国际贸易的产品成本差异是由两个原因造成的。第一，各国或地区生产要素禀赋不同，即各国（地区）生产要素的拥有状况不同。一般说来，如果一个国家（地区）拥有较为丰裕的生产要素，其产品价格就便宜，反之，其产品价格就高些。第二，生产各种商品所需投入的生产要素的组合或比例，即商品生产要素的密集度。比较成本的差异来源于各国或地区生产商品所投入的生产要素的组合或比例的不同。因此，在某种商品生产中，如果一个国家（地区）密集使用低廉的生产要素，并对生产要素进行最佳组合，就能在该种商品上拥有较低的比较成本。H-O理论和以李嘉图为代表的比较优势理论在说明比较优势时均使用了相对比较的原则，因此，H-O 理论实质上是李嘉图理论的发展。它们的区别在于：李嘉图仅用劳动生产率之间的差异来说明比较优势的形成，而 H-O 理论则用多种要素禀赋的差异来说明比较优势的形成。

不过，资源禀赋理论存在着局限性，该理论没有考察要素禀赋产生的原因，即要素禀赋是静态的。在经济高速发展的今天，生产要素、自然资源可以在国际流动；随着技术的进步，自然资源可以被改良、再造，也可被新材料代替；此外，经过人力投资，可以克服劳动力数量不足的问题。也就是说"天赋要素并不是固定不变的"（查尔斯·P. 金德尔伯格（Charles P. Kindleberger），1986），物质、人力资本甚至自然资源都会随着时间和技术的进步而变化，要素的变化是动态的。

3.当代贸易理论

20 世纪 60 年代以来,随着发达国家之间的贸易量不断增加、同类产品间的贸易大大增加以及产业领先地位不断转移等国际贸易新倾向的出现,由于技术的进步,生产要素不再仅仅包括劳动、资本和土地,一些新要素,如人力资本、技术和产业集群等,逐渐成为决定一国(地区)比较优势的重要因素,传统的比较优势理论面临着挑战。最具代表性的是,经济学家里昂惕夫(Wassily Leontief)经过实证分析发现,要素禀赋理论无法解释新的贸易现象(著名的"里昂惕夫之谜")。于是,技术差距论、产品周期论、人力资本说以及偏好相似学说应运而生,促进比较优势理论的进一步发展。当代贸易理论主要包括以下几个理论。

(1)产业内贸易理论

各行业内同类不同质的差异产品间的贸易为产业内贸易。二战后,随着商品经济的迅猛发展、垄断寡头以及跨国公司的产生,产品的差异性不断加大,国际贸易,特别是发达国家间的贸易,逐步表现为产业内贸易的成分不断增加。这完全背离了古典和新古典经济理论中贸易应该更多地发生在技术差距较大和要素禀赋差距较大的国家(或地区)之间的基本假定。

在此背景下,格鲁贝尔和劳埃德(Grubel & Lioyd,1975)提出了国际产业内贸易的概念。他们将国际贸易分为两大类:一是在要素禀赋相差比较大的国家(地区)之间的贸易,比如不发达国家用初级品交换发达国家的工业品(即产业间贸易),这类贸易形式可以用传统的 H-O 理论来解释;二是具有相同或相似生产要素的国家(地区)间进行的贸易(即产业内贸易),而同类产品的产品差异性是促使这类贸易产生的源泉。格鲁贝尔和劳埃德又将该差异性分为水平差异性和垂直差异性。水平差异性是指那些由于消费者对产品的态度从而导致对产品的不同偏好,如消费者对不同花色产品的偏好。而垂直差异性是指产品在质量上存在差异性。不完全竞争、规模经济和专业化分工使得产品种类和质量多样化,从而形成产业内贸易。产业内贸易理论将比较优势理论更细化到产品的内部,使比较优势理论得到了进一步的发展。

(2)产品生命周期理论

产业内贸易理论从不完全竞争、规模经济和专业化分工的角度出发,解释了同类产品以及发达国家之间的贸易状况。但怎样解释发达国家间贸易模式的变动和产品领先地位的变动?美国经济学家雷蒙德·弗农(Raymand Vernon)通过分析产品技术的变化对贸易格局的影响,提出了产品周期(product cycle)学说。他将新产品的技术发展分为 3 个阶段:新产品阶段、成熟阶段和标准化阶段。各个阶段对生产要素的需求不同。第一阶段(新产品阶段)所需的生产要素是发达的科学知识和大量的研发经费。第二阶段(成熟阶段)需要的是机器设备和先进的劳动技能。第三阶段(标准化阶段)所需的要素是劳动力成本。可见,该理论认为要素禀赋不再是静态的而是动态的,其随着产品的技术发展周期不同而不断改变。

(3)需求决定理论

产品生命周期理论从技术发展的层面揭示了要素禀赋的动态性。而瑞典经济学家戴芬·伯伦斯坦·林德(Staffan Burenatam Linder)则从收入和需求的变化来解释促使要素禀赋不断变化的动因。林德的理论认为,对同一产品的需求不同会造成价格的差别,从而产生贸易,因此,需求变动是产生贸易的基础,而收入变动又是引起需求变动的重要因素。林德认为,内外部需求的变动实际上促成了生产要素的不断改进。该理论动态地解释了比较优势理论中要素禀赋产生的部分原因,是对比较优势理论的发展和完善。

总体上看,比较优势理论遵循从绝对到相对,即从单一到细分、从静态到动态的发展过程。其从绝对优势学说到单一以劳动生产率为唯一因素的比较优势理论,再到多因素的静态的要素禀赋学说,再到细分到产业内部的产业内贸易理论以及动态的产品生命周期理论和需求决定理论。

4. 比较优势理论对国际竞争力理论的研究意义

(1)古典学说与资源禀赋理论对竞争力理论的研究意义

古典比较优势理论认为,成本是决定产业国际竞争力的唯一因素,拥有生产成本上的优势就拥有更强的竞争力。而新古典贸易理论(资源禀赋理论)则揭示了生产成本的高低是由要素禀赋决定的。

(2)新贸易理论对竞争力理论的研究意义

新贸易理论对竞争力理论研究的意义表现在以下两个方面:第一,产业国际竞争力的决定因素不仅仅是成本,还与该产业的规模经济、专业化分工、交易成本、技术革新等多方面因素有关;第二,先天要素禀赋已不再成为一国(地区)特定产业发展的关键,更为重要的是要注重后天的培育,即要素禀赋并不是绝对的、静止的,而是相对的、动态发展的。

4.1.2　竞争优势理论

与贸易经济学家的研究形成鲜明对比的是,一些来自商学院的管理学家通过一种经验归纳的分析方法,来解释一国(地区)产业在国际竞争中取得成功的原因。其中最具代表性的是美国哈佛商学院教授迈克尔·波特(Michael E. Porter,1990)提出的国家竞争优势理论。

1. 波特理论的核心内容——“国家钻石”模型

迈克尔·波特在《国家竞争优势》一书中系统地提出了以“国家钻石”模型

(national diamond model)为核心的国家竞争优势理论。该理论认为,一个国家(地区)要想在某个特定产业的国际竞争中获得成功,需要从该产业的"生产要素"、"需求条件"、"相关和支持性产业"以及"企业的战略、结构与竞争状况"这四个环境因素中寻找答案。此外,"政府"和"机遇"这两个辅助的外部因素也通过影响上述四个主要因素而间接影响一国(地区)的产业国际竞争力(见图4-1)。该理论认为这六个因素互相影响、相互加强,形成一个有机的总体,构成一国(地区)产业竞争力的源泉。

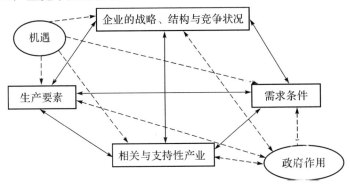

图 4-1　波特"国家钻石"模型

(1)生产要素

波特采用了新古典的比较优势理论中的要素禀赋论的思想,并从两方面进行了改进。

第一,他认为要素禀赋在决定 国(地区)的竞争优势方面所起的作用要比传统所认为的更加复杂。为此,他将生产要素分为初级要素(或基本要素)(basic factor)和高级要素(或推进要素)(advanced factor)。前者是指一国(地区)先天拥有或不需太多投资就能得到的要素,如天然资源、气候、地理位置、非技术工人和半技术工人等。高级要素指需要通过长期投资和培育才能创造出的要素,如技术优势、基础设施、人力资本以及各大学的研究所。另外,根据其专业程度,要素又可分为通用要素(generalized factor)和专用要素(specialized factor)。前者是指适用范围广泛的要素,如交通系统、受过高等教育的员工等。而专用要素是指针对单一产业的专业性生产要素,如专业人才、技术和知识等。波特的研究表明,在产业的国际竞争力中高级生产要素和专业生产要素更加重要。

第二,他认为要素是可创造、可升级的,是动态的。他指出,初级生产要素已不再重要,而可创造、可升级的高级生产要素在竞争中的作用将越来越重要。另外,他还指出,丰裕的初级要素(如丰富的资源或廉价的成本)甚至会造成资源配置没有效率;相反,人工短缺、资源不足、地理气候环境恶劣等初级要素的劣势反而能形成一股刺激产业创新的压力,从而使一国(地区)获得更强的竞争优势。从这点来看,他完全颠覆了要素禀赋作为竞争优势的 H-O 理论思想。但他也指出,在以天然产品或农业为主的产业,以及对技能要求不高或技术已经普及的行业而言,初级生产要素仍有其重要性。

总之,波特认为,生产要素的创造、升级是一个国家(地区)获得强大而持久的竞争力的关键。同时,高级要素和专用要素决定着竞争优势的质量和可持续性。因此,一个国家(地区)拥有创造出生产要素的制度远比拥有生产要素重要。

(2)需求条件

这里的需求是指内部市场需求(即区域内部市场需求)。波特认为,内部市场需求不仅会影响到产业的发展规模,而且对企业的发展与创新也会产生较大的影响,进而影响一国(地区)的发展效率。他还进一步指出了内部市场需求通过三种不同的方式影响着本产业的竞争力:一是内部市场的需求性质,如消费市场的需求形态,超前性、挑剔性等;二是内部市场的大小与成长速度;三是内部市场需求转化为国际市场需求的能力。后两点又是第一点的延伸。

(3)相关和支持性产业

"钻石模型"的第三个重要因素,即与企业有关联的企业和供应商的竞争力。波特认为,相关的支持性产业之间存在着密切的协同效应。一方面,当本国(地区)的支持性产业具备较强的国际竞争优势时,它对下游产业造成的影响是多方面的,它会及早地向下游企业做出反应,快速并有效率,甚至是以最低的投入成本,同时为下游企业提供更合理的价格与更高的服务。另一方面,竞争力强的企业也会通过"提升效应"(pull-through effect)带动相关产业的发展。因为相关产业之间的产业价值相近,可以通过合作、分享信息来促进关联产业提升竞争力。

(4)企业的战略、结构和竞争状态

在国家竞争优势对产业的关系中,第四个关键要素就是企业,这包括该如何创立、组织和管理公司,以及竞争对手的条件如何。波特认为,不同的环境和国情造就不同的企业发展战略、发展目标以及不同的产业结构,这些差异的最佳组合便形成了一个国家(地区)产业独特的竞争优势。他指出,适应地区环境,包括人文、地理环境的管理方式能够提升该国(地区)产业的国际竞争力。

另外,波特的研究还发现,内部市场强有力的竞争对手是创造与保持产业竞争优势的关键。激烈的市场竞争之所以会使企业获得竞争优势,主要原因在于竞争环境会迫使企业不断提高生产率,更新产品的样式,提高产品质量,以取得持久的竞争优势。此外,激烈的内部市场竞争还会迫使企业走出该区域,参与国际市场竞争。企业通过内部激烈竞争的锤炼,往往更加成熟,更有利于在国际竞争中取胜。

(5)机遇

波特认为,偶然事件有时也会影响一国(地区)的产业国际竞争力,其中特别重要的是,基础科技的发明与创新、传统技术出现断层、生产成本突然提高、突然爆发的国际或区域范围的经济危机、全球金融市场或汇率的重大变化、战争、全球或区域市场需求的剧增以及国与国之间政策的变化(如自由贸易区的建立)等。偶然事件之所以会对竞争优势产生影响,是因为它打破了原有的竞争状态,提供了新的竞争空间,这使原来的竞争者优势顿失。

(6)政府作用

波特认为,政府政策的影响力固然很大,但有其局限性。产业发展如果没有其他关键要素的搭配,政府无论怎么帮忙,也是无效的。为此,政府在保持产业竞争优势方面仅能起到辅助的作用,它主要通过制定政策以创造良好的竞争环境,为企业提高生产率提供支撑,从而间接影响产业的国际竞争力。波特指出,政府不能通过其政策扶持创造出有竞争优势的企业,但可以为企业创造一个优良的竞争环境。政府的政策主要包括:通过补贴、教育投资和金融市场的政策影响生产要素,通过制订本地标准和采购行为影响需求,通过制定法律来规范市场的恶性竞争,等等。

2.“国家钻石”模型的缺陷

波特的“国家钻石”模型的问世,顿时引起了西方各界强烈的反响,大多数学者对该理论表示肯定,认为该分析方法突破了比较优势理论的分析方法,建立了一个新的竞争力理论分析范式,R. Ryan 评价“国家钻石”模型为“当代的国富论”(R. Ryan,1993)。然而,该理论也并非完美无缺,它在博得声望的同时也受到一些学者的质疑。一些学者对其研究方法提出了质疑。如格瑞威(Greenway,1993)质疑其没有用经济语言和数学语言进行规范研究,不能称其为理论。而另外一些学者则质疑该理论的原创性,他们认为波特没有在模型中注明各个观点的出处(Rugman 和 D'Cruz,1993;Dunning,1993)。还有一些学者认为美、日、德等发达国家具有良好的国内经济环境,波特模型用于解释这些国家具有说服力,因为发达国家的企业可利用“母国基地”(home base)建立起竞争优势。但是对于欠发达地区来说,它们不具备与“国家钻石”模型相匹配的内部经济环境,波特的“国家钻石”模型并不具备说服力。

3.竞争优势理论的新进展

由于上述原因,国外学者针对“国家钻石”模型的缺陷,并结合不同国家和地区的不同生产力和产业发展水平对"国家钻石"模型进行了拓展。其中最具代表性的是约翰·哈里·邓宁(John Harry Dunning)的波特—邓宁(Porter-Dunning)模型、鲁格曼的双重钻石模型和乔东逊(Dong-sung Cho)的九要素模型。

(1)波特—邓宁模型

美国学者约翰·邓宁通过对英国制造业的实证研究提出了"波特—邓宁模型"(见图4-2)。该模型指出,除了政府和机遇外,外国直接投资和竞争意识也对该国的产业竞争力的各个方面有重要的影响。邓宁的研究结果还表明,外国直接投资在提升一国(地区)的产业竞争力上,与该国或地区所处的经济发展阶段和发展模式有密切的相关。他根据一国(地区)的经济发展状况,将投资情况分为4类:第一,人均GDP低于400美元的最不发达国家,对外直接投资几乎为零,对外直接投资净额为负值;第二,人均GDP在400~2000美元的发展中国家,对外直接投资相对较少,对外直接投资净额为负值,但由于区域投资环境的改善吸引了大量外资,其绝对值有增大的趋势;第三,人均GDP在2000~4750美元的国家,对外直接投资净额依然表现为负值,但由于外资输入不断增加的同时对外直接投资规模也在不断加大,为此,其直接投资净额绝对值有缩小的趋势;第四,人均GDP超过4750美元的国家,对外直接投资的力度明显加强,对外直接投资净额明显表现为正值,并呈逐步扩大的趋势。

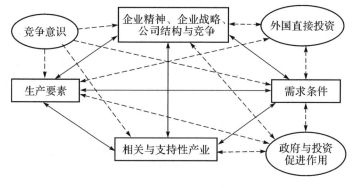

图4-2　波特—邓宁模型

(2)双重钻石模型

穆恩、鲁格曼和沃伯克(Moon,Rugman & Verbeke)根据加拿大、韩国和新加坡的情况创立了双重钻石模型。

鲁格曼的研究发现,北美自由贸易协定的建立,使得经济规模不足美国十分之一的加拿大得以突破"母国钻石"的限制,进一步提升国内产业的国际竞争力。这主要表现在两个方面:第一,由于具备更强竞争优势的美国企业在加拿大投资、生产,加大了加拿大本土企业的竞争压力,客观上促使了加拿大企业竞争力的提升。第二,加拿大可以根据美国市场的需求状况来扩大生产、提高产品质量,从而达到竞争优势的升级。基于此,鲁格曼和穆恩等人根据加拿大企业国际竞争力的来源建立了双重钻石模型,该模型是"加拿大钻石"和"美国钻石"的联合体(见图 4-3)。对于加拿大企业来说,它不仅受到本国国内经济的影响,还受到"美国钻石"的影响。

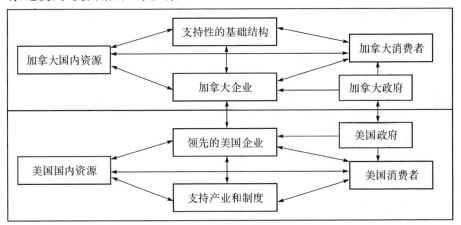

图 4-3　克鲁格曼的双重钻石模型

鉴于此,穆恩等人进一步将以上理论扩展到所有"小国经济"的一般化的双重钻石模型,即"一般双重钻石模型"(the generalized double diamond model)。该理论还吸收了"波特—邓宁模型"的"跨国经营"的影响变量,并将其扩大到"国际钻石"的高度,构建了由"国内钻石(domestic diamond)"和"国际钻石(international diamond)"组成的"一般双重钻石模型",如图 4-4 所示。图 4-4中内部实线代表"国内钻石",它的大小是由国家(地区)的大小和该国(地区)的

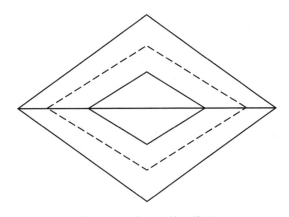

图 4-4　一般双重钻石模型

竞争力影响因素决定的；图中虚线代表纳入邓宁的"跨国经营"这一变量后的
"国际钻石"；另外,图中的外部实线代表"全球钻石"(global diamond),它代表
假定一个国家(地区)完全融入全球经济时该国(地区)产业竞争力的决定因素,
它的大小在可预期的时间内是固定不变的。

　　(3)九要素模型

　　另外,韩国学者乔东逊认为波特的"钻石模型"用来解释发达国家的产业竞
争力较为合适,而对于发展中国家和欠发达国家的解释力度要明显降低。他根
据韩国产业发展的实际状况也进一步发展了"钻石模型",提出了"九要素模型"
(the nine-factor model)(见图 4-5)。他将产业竞争力的决定要素分为"物质"要
素和"人力"要素两大类。其中,"物质"要素包括资源禀赋、相关和支持产业、国
内需求以及商业环境,这四要素共同决定了一国(地区)的竞争力发展水平。而
"人力"要素包括企业家、政治家和官僚、工人以及职业经理人和工程师,他们通
过创造和控制四个"物质"要素促使产业国际竞争力提升。该研究指出,韩国虽
然缺乏"物质"要素,但拥有经过良好教育、充满活力和极富奉献精神的"人力"
要素。韩国经济腾飞的关键在于通过"人力"要素创造"物质"要素。此外,机遇
作为一个外部影响因素与上述八大要素共同组成产业国际竞争力的分析范式。

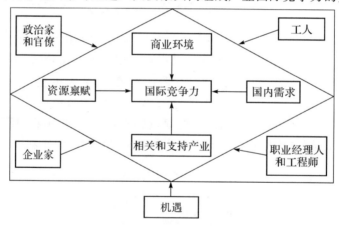

图 4-5　乔东逊的九要素模型

4.2　渔业国际竞争力理论分析框架的构建

　　在 4.1 中我们梳理了国际竞争力理论的形成脉络,分析了国际竞争力理论
的演变过程。但渔业国际竞争力的理论分析框架尚未见相关的系统研究报道,
本部分将在前人研究的基础上提出渔业国际竞争力理论的分析框架。

4.2.1　渔业国际竞争力的内涵

陈卫平在《中国农业国际竞争力：理论、方法与实证研究》一书中将农业国际竞争力的内涵界定在四个要素，即竞争的主体、竞争的对象、竞争的结果和竞争的能力。本研究将以此为依托，考察渔业国际竞争力的内涵。

1. 竞争的主体

从竞争的主体上看，渔业国际竞争力是一国或地区的渔业产业。而在产业经济学研究中，"产业"的概念一般有狭义和广义之分。狭义的产业概念是指"同类产品及可替代品"的集合；广义的产业概念是指总体上的产业，它不仅包括狭义的产业，同时也包括产业结构、产业组织方面的内容。同样，对渔业的定义也存在狭义和广义之分，狭义的渔业是指利用各种可利用的水域或开发潜在水域（包括低洼地、废坑、古河道、坑塘、沼泽地、滩涂等），采集、栽培、捕捞、增殖、养殖具有经济价值的鱼类或其他水生动植物产品的行业。它包括采集水生动植物资源的水产捕捞业和养殖水生动植物的水产养殖业两部分。广义的水产业还包括水产品的贮藏、加工、综合利用、运输和销售等产后部门，渔具、渔船、渔业机械、渔用仪器及其他生产资料的制造、维修、供应等产前部门以及渔港的建设等辅助部门，它们与捕捞、养殖和加工部门一起，构成统一的生产体系。本研究在考察渔业国际竞争力时指的是狭义渔业（捕捞和养殖渔业），即广义渔业的第一产业。

2. 竞争的对象

各个经济体渔业竞争的对象主要体现在两个方面：第一，对渔业生产资源的竞争。近几年来，随着陆地资源的开发殆尽，各国都在争夺宝贵的海洋资源，对渔业生产资源的争夺成为渔业国际竞争力的重要体现。第二，对水产品市场份额的竞争。水产品市场份额的竞争归根结底是要将水产品卖出去，使水产品的价值得以体现。另外，后者较前者更为重要，因为虽然自然资源对渔业生产的作用十分重要，但养殖技术的进步，渔业生产率的提升，可在很大程度上弥补自然资源的缺陷。正如波特所说，生产要素是可创造、可升级的。

3. 竞争的结果

以上的研究表明，对水产品市场份额的竞争是渔业竞争力的主要内容，所以，从竞争的结果看，渔业国际竞争力的最终结果将体现在一国（地区）的水产品在国际市场上的份额，它能体系一国（地区）的水产品在国际市场上是否具有盈利能力。

4. 竞争的能力

渔业竞争能力反映的是各竞争主体之间的实力差距。那么，这种实力差距何在？许多学者认为渔业的竞争能力主要反映为水产品在价格、质量、营销等方面的市场竞争能力。毋庸置疑，水产品国际竞争力的大小最终是要体现在国际市场上，但对于渔业国际竞争力的研究仅限于对水产品国际市场竞争能力的研究是远远不够的，因为水产品的市场竞争能力只反映其竞争力的表现形式，而没有说明渔业国际竞争力的本质，或者说没有分析影响水产品国际竞争力的内部产业因素。为此，产品的国际市场竞争能力只是渔业国际竞争力的表现，而渔业深层次的产业因素则是提升渔业国际竞争力的关键。

4.2.2　渔业国际竞争力影响因素的理论分析范式：基于"国家钻石"模型

前文的分析表明，迈克尔·波特在对 10 个国家 100 个产业的比较研究中提出了"国家钻石"模型。尽管该模型迄今为止还没有得到完整的实证检验，国外也有许多学者根据不同国家和产业的特性对该模型进行了修正和改进，但更多的学者还是将"国家钻石"模型作为产业国际竞争力的分析范式。

鉴于此，本书同样将该模型作为理论参照系，运用于对渔业国际竞争力的分析。但在分析之前，有必要根据渔业的实际情况对模型进行调整。

1. 渔业生产与自然条件密不可分

渔业生产与自然条件的密切关系可以从以下几个方面进行阐述：第一，捕捞渔业的发展与自然条件的关系最为密切。这是显而易见的。世界渔业生产大国无不拥有丰富的自然资源，如挪威之所以成为渔业生产大国主要得益于其拥有渔业资源极为丰富的北海渔场，那里的三文鱼和鳕鱼在国际市场上具有很强的竞争优势。第二，虽然随着技术的进步，养殖渔业成为未来渔业发展方向，但自然条件在水产养殖业发展中仍然起到至关重要的作用。养殖需要优良的养殖环境，如海洋滩涂、海湾与河湾以及优良的水域环境，另外，海洋养殖还受到台风等自然灾害因素的影响。第三，自然条件也影响着水产品种类的分布状况，从而产生水产品的差异性。以水产品出口大国挪威和泰国为例，挪威地处寒带，水产品主要有三文鱼、淡水鳕鱼以及鱼子酱，在国际市场上具有很强的竞争力。而泰国水产品以热带水产品为主，主要来自对周边海域的捕捞，另外，热带观赏鱼也是泰国水产品的一大特色。

2. 将机遇与政府政策归结为外部环境因素

在波特理论里，政府的作用仅是通过制定相应的政策为企业提供一个良好的竞争环境，而不是直接的干预。而机遇因素则同样是打破了原有的竞争状态，提供新的环境。为此，本书将这两个因素归结为两个对国际竞争力产生外部影响的环境因素单独加以考察。

3. 考虑水产品质量安全管理体系和标准体系对渔业国际竞争力的影响

在波特理论体系中，政府在保持产业竞争优势方面仅起到辅助的作用，主要通过制定政策创造良好的竞争环境,为企业提高生产率提供支撑,从而间接影响产业的国际竞争力。上一章的分析表明,世界水产品的主要进口市场为发达国家,而发达国家的居民收入水平较高,对水产品的差异性较为敏感,对水产品的食品质量安全也更加关注。另外,有研究表明,如果出口国(地区)内部有着完善的检验检疫制度和标准体系,那么出口目标市场提高技术门槛,反而会促进其水产品出口。而如果出口国(地区)内部的检验检疫制度和标准体系低于出口目标市场的技术门槛,则会对出口国(地区)水产品出口竞争力的提升产生阻碍(郑思宁,2013)。为此,政府可通过建立健全完善的水产品质量监管体系,制订合理的水产品质量安全标准来引导企业提高水产品质量,从而提升水产品国际竞争力。

4.2.3　渔业国际竞争力结果分析:竞争业绩

由竞争优势理论和比较优势理论可知,渔业国际竞争力大小的结果最终体现为一国(地区)在国际市场上是否具有比较优势、是否具有盈利能力以及应对国际市场风险的能力如何。这主要是通过国际贸易经济学的理论来分析其竞争力的大小,即用一国(地区)水产品的当前市场业绩来评测其国际竞争力。这些市场业绩主要体现在以下几个方面。

1. 市场份额

这里的市场份额主要是指水产品出口的国际市场份额。一国(地区)水产品的出口份额增加可表明该类水产品的国际市场竞争力增加了。

2. 净出口

上述以市场份额反映国际竞争力的分析方法仅考虑了出口因素,而没有考虑进口因素。当一国(地区)水产品之间存在产业间和产业内贸易时,这种分析可能会得出并不准确的结论,为此,在考察水产品的国际竞争业绩时有必要从贸易顺差和逆差的角度来考量。

3. 出口结构

一国(地区)水产品竞争力的变化除了会反映到产品总额的变化上外,还会反映到出口水产品的产品(种类)结构以及出口市场结构上。陈卫平认为,产品和市场越集中就越不利于规避市场风险,也就越不利于参与国际竞争(陈卫平,2005)。为此,水产品的贸易结构在一定程度上体现了水产品的抗风险能力。

4.2.4　影响渔业(水产品)国际竞争力的直接因素分析:竞争实力

从根本上说,决定水产品市场竞争力的市场因素可以归结为两个方面:一是水产品的价格;二是水产品的差异性。水产品的差异性主要包括水产品品质、品牌、品种和营销等方面的差异(见图 4-6)。

图 4-6 水产品国际市场竞争力的影响因素

1. 价格对水产品国际竞争力的影响

对于同质水产品,竞争力的直接影响因素是价格。在同一市场上,价格较低的水产品具有较强的市场竞争力,反之,竞争力较弱。从贸易经济学角度考察,出口价格越低,出口量往往就越大,以市场份额衡量的竞争力就越强。这是一个公认的事实,也是一个经济学分析的基础。根据微观经济学假定,商品的销售量随着商品价格的下降而上升。

2. 产品差异性对水产品国际竞争力的影响

在产业经济学理论中,产品差异性特指产业(企业)的产品相对于其他产业(企业)具有不同特点和差异性,或者说是不能完全替代。这种差异性应是能让消费者感知到的,进而会影响其购买行为。产品的差异性包括水平差异性和垂直差异性。水平差异性指产品在花色品种上的不同导致的差异性,而垂直差异性指产品在其质量上存在的差异性。在当代贸易理论中产品的差异性是形成产业内贸易,乃至水平和垂直产业内贸易的基础。由于物候条件和生产力水平的不同是导致水产品品种多种多样的主要原因,为此,区位因素是产生水产品水平差异性的源泉。

水产品的水平差异性可以通过影响市场结构来影响水产品的国际竞争力。水产品竞争大国(地区)可以通过扩大水产品的差异化程度来提高其产品的国际市场占有率,从而保持或提高市场分散度水平,而竞争小国(地区)可以通过水产品差异性提高自身国际市场占有率水平,从而降低分散度水平。产品的水平差异性在水产品中表现尤为突出,如日本和我国台湾地区有着发达的制造业,其出口的水产品主要以鲸肉、鱿鱼、乌鱼以及大目鲔鱼等远洋捕捞产品为主,而水产养殖业发达的中国大陆则以斑节对虾、罗非鱼、鳗鲡鱼等特色养殖产品为主要的出口水产品。显然,特色产品是水产品水平差异性的集中体现。

水产品的垂直差异性即质量差异性,其通过产品质量的优劣来影响消费者的购买行为。这里,我们用微观经济学的市场均衡模型来解释水产品垂直差异性对水产品国际竞争力的影响。如图 4-7 所示,假设有存在差异的同一类水产品 I 和 J，I 的产品质量要高于 J。开始由于信息不对称，水产品 I 和 J 在国际市场上的均衡价格为 P_0，均衡产量为 Q_0。但随着时间的推移和信息的扩散，人们意识到 I、J 两种产品的质量差异，需求就发生了变化，I 产品的需求曲线 D 就向右移至 D_1，而产品 J 的需求曲线则向左移至 D_2，这时 I 产品的均衡价格上升到 P_1，均衡产量上升到 Q_1，而产品 J 的均衡价格则下跌到 P_2，均衡产量下降到 Q_2。I 和 J 水产品均衡价格和均衡产量的变化是由其产品质量的差异引起的。

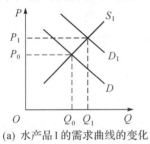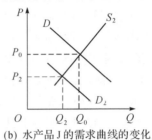

(a) 水产品 I 的需求曲线的变化　　(b) 水产品 J 的需求曲线的变化

图 4-7　产品垂直差异性对水产品国际竞争力的影响

水产品的价格与差异性共同影响着水产品的国际市场竞争力。一般而言，这与目标市场的收入水平密切相关。依据效用最大化原理，在收入水平很低时，人们会更关注水产品的价格，而随着收入水平的提高，人们对水产品的质量、花色品种等的需求会与日俱增。

4.2.5　渔业国际竞争力的内部产业因素分析：竞争潜力

以上，我们讨论了水产品国际市场竞争力的影响因素。但正如上文所阐述的，水产品的市场竞争力仅是渔业国际竞争力的表现形式，其后面还有更深层次的内部产业影响因素和外部环境影响因素。为此，本书将在波特"国家钻石"模型的基础上，结合渔业生产的实际情况，探讨渔业国际竞争力的深层次影响因素。

1. 生产要素条件

本研究所指的渔业主要是指渔业的第一产业，即狭义渔业。波特认为，生产要素分为初级要素和高级要素。渔业生产方面的初级生产要素包括自然资源、生产资料（物质资本）以及渔业劳动力等，高级要素包括基础设施、人力资本以及技术水平等。渔业生产要素对水产品国际竞争力的决定作用体现在以下几个方面。

（1）初级要素是形成水产品成本与差异性的载体和基础

如上所述，渔业作为农业的一部分有着与其他产业，如工业、服务业等不同的特点，它的生产方式与自然条件密不可分。一方面，自然资源直接决定着捕捞渔业的发展水平;另一方面,自然条件决定着养殖环境,不同的养殖环境是水产品的垂直差异性和水平差异性产生的基础。另外,渔业的物质资本,如鱼贝苗、鱼饲料、渔网渔具等初级要素同样影响着水产品的国际竞争力。此外,劳动力也是水产品国际竞争力的重要影响因素之一,劳动力资源越丰富,产品的生产成本就越低,在国际市场上的竞争力就越强。

(2)高级要素在水产品国际竞争力中扮演着重要的角色

除了先天的自然条件,后天的生产要素在渔业发展中也扮演着重要的角色,影响着水产品的国际竞争力。随着养殖技术的进步,这种优势表现得尤为明显。以中国为例,中国虽然地大物博,但由于人口众多,渔业资源相对贫乏。20世纪90年代以前,由于过度捕捞,渔业资源面临枯竭的危险。90年代中后期,由于水产养殖业的快速发展,中国成为世界水产品生产大国,水产品产量位居世界第一,水产品在国际市场上具有很强的竞争力。而世界四大渔场之一的纽芬兰渔场在几个世纪的肆意捕捞之后,特别是在20世纪五六十年代大型机械化拖网渔船开始在渔场作业后,渐渐消亡。现今纽芬兰渔场已成为历史。可见,随着经济发展和生产力的提升,渔业资源和劳动力资源增长缓慢、停滞不前,甚至开始下降,初级要素投入对渔业增长的贡献份额越来越小。此时,代表基础设施、人力资本和技术水平的高级生产要素对一国(地区)国际竞争力的形成起到决定性的作用。

2. 内部需求条件分析

上一节的分析表明,波特认为,内部市场从其需求性质、市场大小与成长速度以及需求的国际化能力三个方面影响一个产业的国际竞争力。对于渔业而言,这些分析同样适用,这里就不再赘述。但值得一提的是,不同于其他大宗农产品,水产品具有需求弹性大和可替代性强的特点。据世界粮农组织(FAO)的测算,城市居民主要食品消费收入弹性最高的是水产食品,达0.857。为此,随着人民生活水平的不断提升,消费者对水产品质量和风味的要求将会更高。

3. 相关与支持性产业

渔业产业是以水产品生产为中心的产前、产中和产后三个内容的总和。而本书所定义的渔业仅仅包涵产中部分。渔业生产还依赖于产前的投入要素,如鱼药、鱼贝苗、渔业机械等,这些投入要素由渔业的上游企业提供。此外,渔业生产也离不开产后的服务,如水产品的贮藏、加工、运输等,这些则离不开下游产业的支持。渔业的上下游企业主要通过以下两个方面影响渔业的国际竞争力:第一,渔业产业的纵向联合(vertical coordination);第二,渔业产业集群(industrial cluster)。下面笔者将逐一介绍各种影响方式对渔业国际竞争力的影响及其作用机制。

（1）渔业产业的纵向联合

该联合方式是渔业生产过程中具有投入产出关系的上下游相关产业之间的经济联合，它通常以水产品加工企业为龙头，带动渔业生产发展。一般情况下该联合方式主要存在于水产加工品产业，特别是像烤鳗这样有高附加值的出口导向型产品，而对以鲜活产品为主的水产养殖业和捕捞渔业而言则较为少见。

那么为什么会出现纵向联合呢？或者说纵向联合的组织形式对渔业国际竞争力有什么影响呢？本书以烤鳗企业为例，应用交易成本理论来解释。

首先，烤鳗产品的形成需要两个单位合作完成：一是鳗鱼养殖企业；二是烤鳗加工企业。其次，一般鳗鱼养殖企业向鳗鱼加工企业交易产品的方式有两种：一种是通过市场交易的方式；另一种是企业内交易的方式。而市场交易形式则需要交易成本，包括议价成本、交货检疫等。为了减少交易成本，在有些情况下需要将交易转化到企业内部来完成。当然，其前提是合并后的内部组织费用要比市场交易费用低。而像烤鳗这样的出口导向型产品，有着很高的利润空间，但也存在着极高的市场风险，因为出口国有着很高的检验检疫标准。这种市场风险就转嫁到养殖户与加工企业之间，形成高昂的交易成本。因此，养殖户与烤鳗加工企业就通过组织边界的扩张，变市场交易为组织内部交易，从而节约交易成本。这就让养殖户摆脱了市场的盲目性，规避了市场风险，从而提高劳动生产率。在此期间，烤鳗企业向养殖户提供技术指导和生产技术标准，而养殖户根据标准生产，并将产品卖给加工企业（见图 4-8）。

图 4-8　鳗鱼养殖户与烤鳗企业间的纵向一体化

（2）渔业产业集群

波特给产业集群下的定义是："在某一特定区域下的一个特别领域，存在着一群相互关联的公司、供应商、关联产业和专门化的制度和协会。"也就是说，产业集群包含两个层面的含义：第一，一群相关产业的聚集；第二，具备一定的地理集中度。如美国的底特律是汽车上下游相关产业的聚集地，而美国的影视产业则聚集在以好莱坞为中心的洛杉矶。

渔业具有很强的地域特征，物候条件的差别是水产品差异性产生的载体。虽然其发展程度和发展形式与工业和服务业不同，但由于自然资源、气候条件以及水域环境的不同会极大地影响到渔业生产的分布状况，从而形成渔业产业集群的雏形。如大连獐子岛集团公司就是渔业产业集群的典型代表(见图4-9)。该集团公司以龙头企业为核心,根据市场导向,通过各类管理带动养殖户扩大生产规模,并担保养殖户的贷款等;而金融机构向养殖户提供发展资金以发挥资金优势;科研机构则为企业和渔户提供管理和技术上的智力支持;最后,政府通过法律手段创造一个公平、公开、合理、有序的竞争环境。这样就形成了一个公司＋养殖户＋科研机构＋金融机构＋政府的"五合一"的持续创新的有机整体。

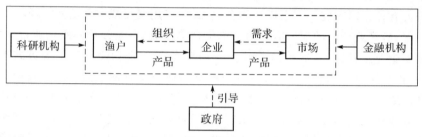

图4-9　大连獐子岛集团渔业产业集群模式

不言而喻,渔业产业集群有助于渔业国际竞争力的提升。2006年9月28日,大连市獐子岛渔业集团股份有限公司正式上市,当日以每股62.11元的价格收盘,比发行价上涨了148.4%。獐子岛的市值由账面的净产值3亿元增长到50亿元,该公司依托的大连长海县獐子岛镇(镇民均为股东)户均财富达到100万元。

4.渔业生产战略分析

波特认为,企业发展战略、企业结构以及企业之间的竞争关系对各国产业国际竞争力产生直接的影响。然而,在波特理论中,这种模式适用于工商业。中国渔业的生产组织方式多是以渔户为生产单位(除少数渔业公司外)的。因此,可以认为中国的水产品市场并不存在真正意义上的垄断竞争,完全竞争的成分占优。为此,探讨生产组织结构(企业结构)对渔业国际竞争力的影响并不是本研究的重点。陈卫平(2005)的研究认为:"波特所认为的战略、结构与同业竞争对产业竞争力的影响实际上是指产业的主体与产业国际竞争力之间存在着直接的联系。"因此,企业(生产主体)采取什么样的发展战略将影响该产业的国际竞争力。本书将以渔业生产主体的生产战略选择为出发点,重点考察渔业生产战略的选择对渔业国际竞争力的影响。

渔业按生产方式可分为捕捞渔业和水产养殖业。渔业的产业结构不同将影响渔业的国际竞争力。在科学技术日益发展和世界渔业资源日显枯竭的今天,水产养殖业在渔业中的地位不断被提升。一方面,水产养殖业有利于降低水产品深加工的成本,提高深加工品产量,更有利于提高甲壳、软体类产品的产量,同时养殖渔业较捕捞渔业在生产上的可控性更强,能根据市场需求快速地调整产品结构;另一方面,水产养殖业可以通过快速调整产品结构、品质和花色来满足进口国家对水产品多元化的需求,使水产品在价格上涨的同时质量优势也不断地得到提升。远洋捕捞业则无法对世界市场上水产品多元化的需求做出迅速调整,其产品花色与质量跟不上市场对水产品的需求,从而导致价格不断下滑。此外,随着渔业资源的日益枯竭以及世界环保呼声的日益高涨,海洋捕捞面临着巨大的挑战。如,近几年日本的捕鲸船队在南太平洋捕鲸屡屡受到环保组织的干扰。

可以从世界水产品前四大出口国的水产养殖业产量占渔业总产量比重的变化看出水产养殖业在渔业国际竞争力中的地位日趋重要。如图 4-10 所示,中国、挪威、泰国和越南水产养殖业的比重分别从 1985 年的 51.10%、1.54%、6.08%和 16.00%上升到 2011 年的 75.77%、31.88%、35.12%和 54.95%。由此可见,养殖业是未来渔业发展的方向,养殖业在渔业中的比重将影响到渔业的国际竞争力。

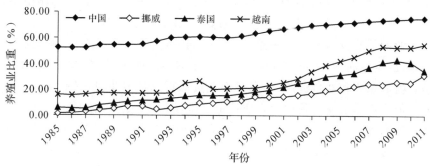

图 4-10　1985—2011 世界主要水产品出口国水产养殖业产量比重变化

4.2.6　水产品国际竞争力的外部环境因素分析:竞争环境

影响水产品国际竞争力的外部环境因素主要是指波特理论中的两个辅助因素——机遇和政府政策。

1.机遇

波特的研究表明,机遇因素之所以能对一国(地区)的国际竞争力产生影响主要是由于它打破了原有的竞争状况,创造了新的竞争空间。在水产品领域,这样的例子并不少见,如上文所述水产养殖业的技术进步使得人类完成了从捕捞渔业向水产养殖业的全面过渡,以养殖业为主的国家(如中国)水产品的出口额大增,而以海洋捕捞为主的国家(如日本)水产品出口额则出现下滑。另外,国家(地区)与国家(地区)之间的贸易协定打破了原有的贸易壁垒,提升了出口国(地区)的出口竞争力。如中国—东盟自由贸易区的逐步建成,使得中国水产品对东盟市场出口额激增,从2000年的0.53亿美元上升到2012年的21.25亿美元。此外,进口国的技术性贸易措施对水产品的出口也会造成影响。前人的研究结果表明,技术性贸易措施可使出口成本增加,导致对出口国(地区)的出口水产品数量减少,同时会引发市场转移效应。当然,技术性贸易措施也有其正面的影响。从短期看,如果出口国(地区)内部有着完善的检验检疫制度和标准体系,出口目标市场提高技术门槛,反而会促进其水产品出口竞争力的提升(郑思宁,2013)。从中长期来看,技术性贸易措施的"倒逼机制"可以促使水产品出口方积极改进技术,提高出口水产品的质量,从而更好地适应消费者的需求,提高出口国(地区)全社会的福利水平。

2. 政府政策因素

在波特的理论分析框架中,政府并不是"钻石模型"的主要组成部分,政府扮演的角色主要是为企业提供一个良好的竞争环境。在渔业领域,波特的分析是否适用呢? 陈卫平(2005)系统地分析了中国农业国际竞争力的影响因素。他认为,农业作为一种弱质性产业,在一国生产中具有不可替代性的作用,且利润不高、土地有限,因此,农业始终是各国政府主要的干预对象。

渔业的情况较为复杂。在捕捞渔业方面,由于渔业资源有限,政府应该积极干预,制定休渔期,禁止过度捕捞。多年来的实践证明,伏季休渔保护了主要经济鱼类的亲体和幼鱼资源,使海洋渔业资源得以休养生息,具有明显的生态效益。但水产养殖业与其他大宗农产品产业不同,由于其附加值高,随着养殖技术的不断进步,生产的可控性越来越强,政府可以用市场调控、制定法律法规等手段间接为水产养殖业的发展提供一个优良的竞争环境。另外,由于水产品是消费收入弹性很高的产品,而水产品出口市场又主要为发达国家,所以政府应该通过建立健全完善的水产品质量监管体系,制订合理的水产品质量安全标准来引导企业(渔民)提高水产品质量,从而提升水产品的国际竞争力。

4.2.7　渔业国际竞争力研究的分析框架

综合前面分析,我们提出了一个渔业国际竞争力的分析框架(见图4-11)。本书根据这个框架从四个方面入手对渔业国际竞争力进行全面的分析。

(1)竞争力结果(竞争业绩,competitive performance)分析

这主要是反映渔业国际竞争力的实际结果,即水产品的国际市场竞争力,包括水产品的市场份额、净出口以及贸易结构所反映的竞争力。

(2)直接因素(竞争实力,competitive strength)分析

这主要是反映水产品国际市场竞争力的影响因素状况,包括水产品价格质量因素。

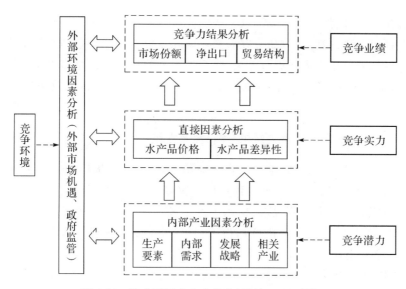

图 4-11 渔业国际竞争力的分析框架(PSP 框架)

(3)内部产业因素(竞争潜力,competitive potential)分析

根据波特竞争优势理论,这主要分析影响渔业国际竞争力的四个主要内部产业因素,即生产要素、内部需求、产业结构以及相关和支持性产业。

(4)外部环境因素(竞争环境,competitive environment)分析

根据波特竞争优势理论,这主要考察影响水产品国际竞争力的两个外部环境因素,即机遇和政策。

4.3 渔业国际竞争力评价方法体系的构建

合理地设计评价指标和科学地评价一国(地区)的渔业国际竞争力是渔业国际竞争力理论研究的重要内容,也是渔业政策制定的前提。

前面的研究结果表明,渔业国际竞争力的强弱可以从四个方面进行分析:(1)竞争力结果,即竞争业绩分析,也就是分析水产品在国际市场中的占有率、盈利能力等。(2)竞争力直接影响因素,即竞争实力分析,也就是分析造成现有市场竞争力业绩的直接影响因素,包括水产品的成本和差异性。(3)竞争力的内部产业因素,即竞争潜力分析,就是对影响渔业国际竞争力的四大关键要素进行分析。(4)竞争力的外部环境因素,即竞争环境分析,就是针对影响以上三大因素的外部环境条件进行分析,包括机遇和政府政策。

从研究综述可知,现在对竞争力的评价方法包括单因素评价方法和多因素

评价方法。另外,波特在研究国家竞争优势时用的是比较案例的研究方法。基于这些评价方法的特点,本研究在对渔业国际竞争力的竞争业绩和竞争实力进行评价时用的是单因素的评价方法,对竞争潜力的评价用的是多因素的评价方法,而对机遇和政策这两个环境因素进行评价时则用的是比较案例的研究方法。

4.3.1　渔业国际竞争力结果分析:竞争业绩

从 4.2.3 的分析可知,水产品竞争业绩可通过市场份额、净出口和出口结构来衡量。目前有关市场份额的评价指标很多,但最后的评价结果都具有相似性。本研究综合前人的研究成果,用国际市场占有率(MS)和显示性比较优势指数(RCA)这两项指标分析市场份额;用净出口指数(NE)和贸易竞争指数(TCI)考察净出口,用出口分散度指数(EN)和出口结构变化指数(LI)考量出口结构,由以上分析反映海峡两岸渔业国际竞争业绩,详见表 4-1。本节给出了各指标的含义,而各指标的计算方法将在第 5 章的具体应用中予以展示。

表 4-1　海峡两岸渔业国际竞争业绩的评价方法

评价对象	评价方法	含义
市场份额	国际市场占有率(MS)	表示一国或地区某种(类)产品出口额占世界该类产品出口总额的比重
	显示性比较优势指数(RCA)	表示一个国家或地区某类产品出口占其出口总值的份额与世界该类产品占世界出口份额的比率
净出口	净出口指数(NE)	表示一国或地区某类产品的出口总额与进口总额之差
	贸易竞争指数(TCI)	表示一个国家或地区进出口贸易差额占进出口贸易总额的比重
出口结构	出口分散度指数(EN)	表示一国或地区出口产品的分散程度
	出口结构变化指数(LI)	动态概念,用来衡量出口贸易结构的变动幅度

4.3.2　影响渔业国际竞争力的直接因素分析:竞争实力

本研究通过两个方法考察海峡两岸渔业国际竞争实力。首先,用将两岸水产品出口价格与世界水产品出口价格进行直接比较的方法来评测水产品价格因素;其次,用质量升级指数(QC)来评测产品差异性(如表 4-2 所示)。具体研究方法将在第 6 章详细说明。

表 4-2 海峡两岸渔业国际竞争实力的评价方法

评价对象	评价方法
价格因素	用水产品出口价格直接比较的方法
产品的垂直差异性	用质量升级指数(QC)来评测产品的垂直差异性对水产品国际竞争力的影响

4.3.3 渔业国际竞争力的内部产业因素分析:竞争潜力

根据波特竞争优势理论,本研究主要分析影响水产品国际竞争力的四个内部产业因素,即生产要素、内部需求、产业结构以及相关和支持性产业(见表4-3)。具体评测方法如下。

1.生产要素条件

正如上文所述,渔业生产要素包括初级生产要素和高级生产要素。

渔业初级生产要素包括自然资源和劳动力资源。其中自然资源包括土地面积、海岸线长度、内陆水域面积等,这些指标都将在第 7 章予以描述,但水产养殖面积是可以动态反映一国或地区渔业资源的变动状况,为此本书选择人均水产养殖面积作为反映自然资源的评价指标。其次,与渔业相关的劳动力资源包括通用要素(即一国(地区)劳动力资源)和专业要素(一国(地区)的渔业劳动力资源)。波特的研究表明,在产业的国际竞争力中专业生产要素更加重要。为此,本书选取一国(地区)的渔业劳动力人数作为评价指标。

渔业的高级生产要素包括渔业基础设施、渔业人力资本和渔业生产技术水平。反映渔业基础设施的主要指标包括人均渔船拥有量和渔船的平均吨位数;反映人力资本的指标包括渔业技术管理人员在渔业劳动力中的比重;反映生产效率的主要指标包括单位渔船捕捞量、养殖单产以及渔业劳动生产率。

表 4-3 两岸渔业国际市场竞争业绩的评价方法

评价对象	评价方法
生产要素条件	人均水产养殖面积 劳动力资源(包括:总体劳动力资源;渔业劳动力资源) 渔业基础设施(包括:人均渔船拥有量;渔船的平均吨位数) 渔业人力资本 渔业生产技术水平(包括:单位渔船捕捞量;养殖单产;渔业劳动生产率)
内部消费水平	总体消费规模(包括:人口数量;GDP 和人均 GDP;人均年收入和人均消费支出) 水产品消费量

续表

评价对象	评价方法
相关与支持性产业	饲料业发展状况(包括:动物饲料产业;鱼饲料业) 水产加工业发展状况(水产品加工度)
渔业发展战略	养殖业在渔业中的比重
整体考察	用计量模型选择代理变量进行考察,以确定各指标的权重。

2.内部消费水平

这部分的评价同样从两个方面考察:第一是总体消费规模的比较;第二是水产品消费量的比较。

(1)总体消费规模

这部分主要考量两岸市场的总体消费规模,主要的指标有人口数量、GDP和人均 GDP、人均年收入和人均年消费支出。

(2)水产品消费量

这部分主要用水产品总体消费量和人均消费量考察。

3.相关与支持性产业

渔业的相关与支持性产业发展状况对渔业国际竞争力的影响主要是指渔业上下游产业发展水平对渔业的影响,包括上游的鱼饲料生产和下游的水产品加工业。主要的衡量指标包括:(1)鱼饲料产量;(2)水产品加工度,即(水产品加工业总产值÷渔业总产值)×100%。

4.渔业经营主体的发展战略

前文的分析表明,生产经营主体的策略选择将会影响渔业的国际竞争力,而随着渔业资源的枯竭,养殖渔业已成为世界渔业发展的主流,为此,本书以水产养殖产量在渔业总产量中的比重代表渔业经营主体的市场策略。

5.整体考察

由波特理论可知,"钻石体系中的每个关键要素都是相互依赖的,因为任何一项效果都建立在其他条件的配合上面"。(迈克尔·波特,2007)。因此,本书通过选取代理变量的形式来分析各因素对两岸渔业国际竞争力的影响权重。具体代理变量的选择原则以及计量模型的构建与最终权重的估计结果详见本书第 7 章的分析。

鉴于以上分析,本书在两岸水产品国际竞争潜力的评价中主要采用表 4-3所示的评价方法。

4.3.4　渔业国际竞争力的外部环境因素分析:竞争环境

前文的研究结果表明,机遇和政府的政策在渔业国际竞争力变化中扮演着辅助的角色,但机遇和政府的政策具有非连续性的特点,因此,本书用案例研究方法考察机遇和政府政策对两岸渔业国际竞争力的影响(见表 4-4)(研究方法将在第 8 章详细阐述)。

表 4-4　海峡两岸水产品国际市场竞争环境的评价方法

评价对象	评价方法
机遇因素	以东盟市场为例,基于 CMS 模型进行比较研究
政策因素	比较研究两岸水产品质量安全管理体系 比较研究两岸水产品质量标准体系(并以"鱼药残留标准"为例,实证分析两岸水产品质量标准体系的不同)

1.机遇

以东盟市场为例,考察中国—东盟关系的变化对渔业国际竞争力的影响,主要基于 CMS 模型,将中国与东盟关系变化的转折点加以划分,考察机遇对中国渔业国际竞争力的影响。

2.政府政策

在波特理论体系中,政府在保持产业竞争优势方面仅起到辅助的作用,主要通过制定政策创造良好的竞争环境,为企业提高生产率提供支撑,从而间接影响产业的国际竞争力。上一章的分析表明,世界水产品的主要进口市场为发达国家,而发达国家的人们收入水平较高,对水产品的差异性较为敏感,对水产品的食品质量安全也更加关注。另外,有研究表明,如果出口国(地区)内部有着完善的检验检疫制度和标准体系,出口目标市场提高技术门槛,反而会促进其水产品出口;而如果出口国(地区)内部的检验检疫制度和标准体系低于出口目标市场的技术门槛,则该技术门槛对出口国(地区)水产品出口竞争力的提升会起到阻碍作用(郑思宁,2013)。因此,政府可通过建立健全完善的水产品质量监管体系,制订合理的水产品质量安全标准来引导企业提高水产品质量,从而提升水产品国际竞争力。

本书将两岸水产品的质量监管体系进行比较,并以鱼药残留标准为例,将两岸鱼药残留标准与世界主要的鱼药残留标准进行比较,考察政府制定的政策对渔业国际竞争力的影响。

4.4　本章小结

　　本章在第 3 章经验事实的基础上,以波特理论为依托,结合渔业的实际情况,构建了渔业国际竞争力的理论分析框架,并在此基础上构建了渔业国际竞争力的评价方法体系,为本研究提供了分析框架。

第5章 海峡两岸渔业国际竞争力结果评价:竞争业绩

本章将在上一章理论分析框架和评价方法体系研究的基础上对海峡两岸渔业的"竞争力结果",即"竞争业绩(performance)"进行比较研究。研究内容包括市场份额、净出口以及贸易结构这三个角度,并深入到分种类和分省份的层面进行研究。而后选择两岸在六大出口(境)市场,即日本、美国、韩国、东盟、欧盟以及我国香港市场的市场占有率做横向比较,考察两岸在这些市场的占有率的变动状况。

5.1 市场份额反映的渔业国际竞争力

正如上一章分析,市场份额反映的竞争力评测指标有国际市场占有率和显示性比较优势指数,以下将围绕这两个方面考察两岸水产品国际竞争力状况。

5.1.1 海峡两岸水产品国际市场占有率比较

国际市场占有率(market share,MS)是指一国或地区某种(类)产品出口额占世界该类产品出口总额的比重。它是反映国际竞争力结果的最直接最简单的指标。该比重高,说明该类产品的国际竞争力强,反之,则表示竞争力弱。计算公式为

$$MS_{ij} = \frac{X_{ij}}{X_{wj}} \times 100\% \tag{5-1}$$

式中:MS_{ij}是i国第j类水产品的国际市场占有率;X_{ij}是i国第j种水产品的出口额;X_{wj}是世界第j种水产品的出口总额。

1.海峡两岸水产品国际市场占有率总体比较

图 5-1 给出了 1996—2012 年海峡两岸水产品(渔业)国际市场占有率的变

动情况。从图中可以看出,1996 年至 2012 年,大陆水产品国际市场占有率保持着上升走势,从 1996 年的 8.63% 上升到 2012 年的 15.11%,上升了近 7 个百分点。台湾方面,国际市场占有率始终表现为下降趋势,由 1996 年的 3.73% 下降到 2012 年的 1.64%。国际市场占有率的变化表明大陆渔业的国际市场竞争力逐渐增强,而台湾则逐步减弱。

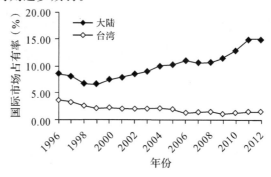

图 5-1　1996—2012 年海峡两岸水产品国际市场占有率变动比较

2. 海峡两岸分种类水产品国际市场占有率比较

表 5-1 给出了 1996—2012 年大陆各类水产品的国际市场占有率变动状况。由表可知,近些年,大陆在国际市场上占有率较高的水产品种类为"鲜活冷藏冻鱼"、"鲜冷等甲壳软体类"、"鱼制品"、"甲壳软体制品"及"水生植物及产品",2012 年其国际市场占有率分别为 13.18%、12.71%、19.07%、36.50% 及 69.71%。其中,"鲜活冷藏冻鱼"、"鲜冷等甲壳软体类"及"甲壳软体制品"的市场占有率表现出逐步上升的趋势,分别从 1996 年的 5.96%、7.76% 和 9.33% 上升到 2012 年的 13.18%、12.71% 和 36.50%;而"鱼制品"的市场占有率则表现为先下降后上升的走势,先从 1996 年的 24.14% 下滑至 2003 年的 12.54%,后逐步上扬至 2012 年的 19.07%。另外,"水生植物及产品"则长期维持在高位,2012 年甚至达到 69.71%。其他类的水产品,如"鱼油脂"、"鱼粉浆渣"及"珊瑚贝壳和海绵"等的国际市场占有率长期处于极低的状态。

表 5-1　1996—2012 年大陆水产品分种类国际市场占有率的变动　（单位:%）

年份	鲜活冷藏冻鱼	干熏腌鱼	鲜冷等甲壳软体类	鱼制品	甲壳软体制品	鱼油脂	鱼粉浆渣	珊瑚贝壳和海绵	水生植物及产品	不可食用品
1996	5.96	3.42	7.76	24.14	9.33	0.19	0.17	1.74	26.26	1.85
1997	6.27	4.29	7.53	21.31	10.14	0.20	0.10	2.83	25.57	3.32
1998	5.76	3.24	5.96	16.97	9.05	0.50	0.16	1.10	22.85	2.54
1999	6.01	3.26	5.44	15.11	7.81	0.25	0.06	1.44	24.01	3.52

续表

年份	鲜活冷藏冻鱼	干熏腌鱼	鲜冷等甲壳软体类	鱼制品	甲壳软体制品	鱼油脂	鱼粉浆渣	珊瑚贝壳和海绵	水生植物及产品	不可食用品
2000	6.64	4.18	5.42	19.26	11.75	1.72	0.18	1.90	21.23	3.83
2001	7.71	3.67	5.72	16.15	14.77	0.25	0.10	3.28	22.43	3.91
2002	7.91	4.80	6.26	15.13	18.83	0.33	0.18	2.99	23.65	2.81
2003	8.24	5.30	6.52	12.54	23.69	0.27	0.26	2.38	23.11	2.80
2004	8.93	5.34	7.26	16.12	25.77	0.28	0.17	2.27	24.27	4.65
2005	9.35	5.72	5.88	15.85	30.09	0.72	0.14	2.99	23.77	6.13
2006	9.68	5.69	5.13	18.69	32.92	1.06	0.35	3.43	25.24	6.27
2007	9.08	5.30	4.58	19.41	31.37	1.25	0.27	3.19	24.60	10.72
2008	9.23	5.90	4.78	17.38	31.91	1.38	0.14	2.51	21.00	21.00
2009	10.73	6.82	9.74	14.53	25.19	2.87	0.15	4.51	22.79	19.92
2010	11.93	7.57	10.97	17.46	27.78	4.22	0.09	3.35	21.94	5.13
2011	13.68	7.39	12.76	20.10	34.37	5.85	0.03	2.70	24.66	6.09
2012	13.18	8.49	12.71	19.07	36.50	4.39	0.01	2.84	69.71	9.91

　　自 1996 年以来,台湾绝大多数水产品的国际市场份额均在萎缩(见表5-2)。其中,生鲜类产品和初级加工品的市场占有率平稳下降,"鲜活冷藏冻鱼""干熏腌鱼"和"鲜冷等甲壳软体类"的国际市场占有率分别由 1996 年的 6.73%、0.36%和1.04%下降到2012 年的 3.35%、0.13%和0.23%。深加工品的市场占有率也呈现相同的走势:"鱼制品"和"甲壳软体制品"的国际市场份额分别从1996 年的 4.10%和0.37%下降到2012 年的 0.39%和0.28%。其他类产品的国际市场份额也表现出不同程度的下降,如"水生植物及产品"的国际市场占有率由 1996 年的 4.57%下滑到2011 年的 0.42%。台湾国际市场份额最高的水产品种类为"鲜活冷藏冻鱼",1996 年至 2012 年的年均占有率达 4.11%。

表 5-2　1996—2012 年台湾水产品分种类国际市场占有率的变动　(单位:%)

年份	鲜活冷藏冻鱼	干熏腌鱼	鲜冷等甲壳软体类	鱼制品	甲壳软体制品	鱼油脂	鱼粉浆渣	珊瑚贝壳和海绵	水生植物及产品	不可食用品
1996	6.73	0.36	1.04	4.10	0.37	0.59	0.31	1.79	4.57	0.31
1997	6.07	0.47	0.97	2.57	0.44	0.48	0.11	1.50	4.16	0.30
1998	5.14	0.25	0.86	1.24	0.36	0.30	0.08	2.00	3.47	0.23
1999	4.39	0.31	0.82	0.61	0.22	0.04	0.10	2.22	2.32	0.35
2000	4.78	0.28	0.59	2.66	0.20	0.07	0.06	1.43	1.48	0.43

续表

年份	鲜活冷藏冻鱼	干熏腌鱼	鲜冷等甲壳软体类	鱼制品	甲壳软体制品	鱼油脂	鱼粉浆渣	珊瑚贝壳和海绵	水生植物及产品	不可食用品
2001	4.49	0.20	0.58	1.35	0.18	0.08	0.09	0.94	1.42	0.28
2002	4.65	0.25	0.66	1.01	0.19	0.05	0.10	1.30	1.18	0.24
2003	4.61	0.18	0.58	0.58	0.16	0.01	0.09	1.28	1.37	0.43
2004	4.64	0.21	0.46	1.25	0.13	0.01	0.01	1.04	1.53	0.41
2005	4.21	0.28	0.37	0.71	0.14	0.02	0.05	0.72	0.89	0.65
2006	2.93	0.28	0.43	0.41	0.12	0.04	0.05	0.56	0.76	0.46
2007	2.61	0.25	0.44	0.57	0.16	0.03	0.03	0.78	0.63	0.33
2008	3.07	0.20	0.48	0.49	0.21	0.13	0.03	0.89	0.62	0.33
2009	2.38	0.19	0.39	0.38	0.26	0.06	0.03	0.59	0.78	0.28
2010	2.73	0.20	0.31	0.70	0.27	0.04	0.04	0.22	0.65	0.56
2011	3.07	0.16	0.30	0.57	0.30	0.02	0.02	0.46	0.42	0.30
2012	3.35	0.13	0.23	0.39	0.28	0.02	0.01	0.51	2.49	0.63

3. 海峡两岸各省份水产品国际市场占有率比较

从两岸各省份水产品国际市场占有率的比较情况来看(见表 5-3),两岸各省份水产品国际市场占有率排名为:山东、福建、广东、辽宁、浙江、台湾、海南、广西、江苏、河北、上海和天津。其中山东、福建、广东、辽宁、浙江和台湾的国际市场占有率较高,均在 1‰以上。从变化趋势上看,大多数省份水产品的国际市场占有率均表现为上升的走势,最为明显的是福建、广东和辽宁,市场占有率分别由 2008 年的 1.22%、1.69%和 1.70%上升到 2012 年的 3.74%、2.24%和 1.99%,而江苏、海南、上海、天津和台湾的国际市场占有率变化不明显。对比两岸的情况来看,台湾水产品的国际市场占有率排在 5~6 位,与浙江相当。

总的看,大陆绝大多数水产品种类的国际市场占有率均表现为不断上升的走势,而台湾水产品的国际市场份额却在逐步萎缩。另外,从各省份的情况分析,福建、广东和辽宁的上升幅度较大,而其他省份则变化不明显。

表 5-3　2008—2012 年海峡两岸各省份水产品国际市场占有率的变动(单位:%)

省份	2008 年	2009 年	2010 年	2011 年	2012 年
山东	3.65	3.70	3.82	4.30	4.01
江苏	0.25	0.26	0.26	0.27	0.28
福建	1.22	1.68	2.43	3.36	3.74

续表

省份	2008 年	2009 年	2010 年	2011 年	2012 年
广东	1.69	1.86	2.09	2.25	2.24
辽宁	1.70	1.74	1.81	2.10	1.99
浙江	1.49	1.40	1.53	1.72	1.60
海南	0.43	0.40	0.39	0.43	0.43
广西	0.15	0.17	0.23	0.27	0.32
河北	0.10	0.11	0.14	0.20	0.18
上海	0.13	0.10	0.09	0.09	0.08
天津	0.04	0.04	0.03	0.05	0.05
内陆省份	0.30	0.39	0.44	0.50	0.63
台湾	1.56	1.27	1.45	1.58	1.64

5.1.2　海峡两岸水产品显示性比较优势指数比较

显示性比较优势指数(revealed comparative advantage,RCA)是指一个国家或地区某类产品出口占其出口总值的份额与世界该类产品出口占世界出口总额的比率。一般认为,当 RCA≥2.5 时,该国(或地区)的出口产品极具竞争力;当 1.25≤RCA<2.5 时,其具有较强的竞争力;当 0.8≤RCA<1.25 时,其具有中度的竞争力,当 RCA<0.8 时,则该类产品的竞争力较弱。用公式表示为

$$\text{RCA}_{ij} = \frac{X_{ij}/X_{it}}{X_{wj}/X_{ut}} \tag{5-2}$$

式中:RCA_{ij} 为 i 地区 j 类水产品的显示性比较优势指数;X_{ij} 为 i 地区 j 类水产品的出口总额;X_{it} 为 i 地区所有产品的出口总额;X_{wj} 为世界 j 类水产品的出口总额;X_{ut} 为世界所有产品的出口总额。

1.海峡两岸水产品显示性比较优势指数总体比较

图 5-2 给出了 1996—2012 年大陆与台湾水产品显示性比较优势指数。从图中可以看出,大陆水产品的 RCA 指数在计算期内的绝大多数年份处于 1.25 和 2.5 之间,表现出较强的竞争力,而台湾则多介于 0.8 和 1.25 之间,表现为中度竞争力。总的来看,大陆水产品在国际市场上较台湾有比较优势。

从变化趋势上看,海峡两岸水产品国际竞争力均表现为下滑的态势:大陆该指数由 1996 年的 2.49 下降至 2012 年的 1.24,而台湾的该指数则从 1996 年的 1.40 下降至 2012 年的 0.97。可见,两岸水产品比较优势都在逐步丧失。

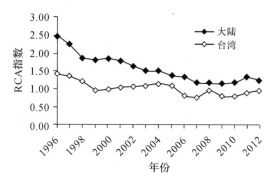

图 5-2 1996—2012 年海峡两岸水产品显示性比较优势指数(RCA)变动比较

2.海峡两岸分种类水产品显示性比较优势比较

表 5-4 给出了 1996 年到 2012 年大陆各水产品种类 RCA 指数的变动状况。其中,在生鲜产品方面,"鲜活冷藏冻鱼"的 RCA 指数在绝大多数年份均保持在1.25 至 2.5 之间,具有较强的竞争力。在变动趋势方面,该类产品的 RCA 指数表现出先降后升的基本走势,从 1996 年的 1.72 下降至 2008 年的 0.99,后又回升至 2012 年的 1.09。"鲜冷等甲壳软体类"的 RCA 指数同样呈现先降后升的态势,从 1996 年的 2.24 下降至 2007 年的 0.50,后又回升至 2012 年的 1.05。可见,大陆生鲜类产品的比较优势正在恢复。在加工品方面,大陆水产品的初级加工品"干熏腌鱼"的比较优势正在丧失,2000 年后该类产品的 RCA 指数大多处于 0.8 以下,并有进一步下降的趋势;而水产品深加工品("鱼制品"、"甲壳软体制品"和"水生植物及产品")的 RCA 指数在绝大多数年份都大于 2.5,具有极强的竞争力。不同的是,"鱼制品"和"水生植物及产品"的 RCA 指数逐步下滑,分别从 1996 年的 6.96 和 7.57 下降到 2012 年的 1.57 和 5.74,而"甲壳软体制品"类产品的 RCA 指数则保持平稳上升,从 1996 年的 2.69 上升至 2012年的 3.01。其他类产品的 RCA 指数则始终小于 0.8,竞争力极弱。

表 5-4 1996—2012 年大陆水产品分种类显示性比较优势指数(RCA)的变动

年份	鲜活冷藏冻鱼	干熏腌鱼	鲜冷等甲壳软体类	鱼制品	甲壳软体制品	鱼油脂浆渣	鱼粉和海绵	珊瑚贝壳和海绵	水生植物及产品	不可食用品
1996	1.72	0.99	2.24	6.96	2.69	0.05	0.05	0.50	7.57	0.53
1997	1.69	1.15	2.03	5.74	2.73	0.05	0.03	0.76	6.88	0.89
1998	1.56	0.88	1.61	4.59	2.45	0.13	0.04	0.30	6.18	0.69
1999	1.62	0.88	1.47	4.08	2.11	0.07	0.02	0.39	6.48	0.95
2000	1.61	1.01	1.31	4.67	2.85	0.42	0.04	0.46	5.15	0.93
2001	1.70	0.81	1.26	3.56	3.26	0.06	0.02	0.72	4.95	0.86

续表

年份	鲜活冷藏冻鱼	干熏腌鱼	鲜冷等甲壳软体类	鱼制品	甲壳软体制品	鱼油脂	鱼粉浆渣	珊瑚贝壳和海绵	水生植物及产品	不可食用品
2002	1.50	0.91	1.19	2.88	3.58	0.06	0.03	0.57	4.50	0.53
2003	1.36	0.88	1.08	2.07	3.91	0.04	0.04	0.39	3.82	0.46
2004	1.32	0.79	1.07	2.39	3.81	0.04	0.03	0.34	3.59	0.69
2005	1.22	0.75	0.77	2.07	3.93	0.09	0.02	0.39	3.10	0.80
2006	1.16	0.68	0.61	2.24	3.94	0.13	0.04	0.41	3.02	0.75
2007	0.99	0.58	0.50	2.11	3.41	0.14	0.03	0.35	2.67	1.16
2008	0.99	0.63	0.51	1.86	3.42	0.15	0.01	0.27	2.25	2.25
2009	1.07	0.68	0.97	1.44	2.50	0.29	0.01	0.45	2.27	1.98
2010	1.10	0.70	1.01	1.60	2.55	0.39	0.01	0.31	2.02	0.47
2011	1.21	0.66	1.13	1.78	3.05	0.52	0.00	0.24	2.19	0.54
2012	1.09	0.70	1.05	1.57	3.01	0.36	0.00	0.23	5.74	0.82

从表 5-5 可以看出,台湾仅在"鲜活冷藏冻鱼"和"水生植物及产品"类产品上具备比较优势,但该优势正逐步丧失,两类产品的 RCA 指数分别从 1996 年的 2.53 和 1.72 下降到 2012 年的 1.99 和 1.48。其他类水产品则不具有比较优势,其中,"干熏腌鱼"、"鲜冷等甲壳软体类"、"甲壳软体制品"和"鱼制品"的 RCA 指数在绝大多数年份小于 0.8。

表 5-5　1996—2012 年台湾水产品分种类显示性比较优势指数(RCA)的变动

年份	鲜活冷藏冻鱼	干熏腌鱼	鲜冷等甲壳软体类	鱼制品	甲壳软体制品	鱼油脂	鱼粉浆渣	珊瑚贝壳和海绵	水生植物及产品	不可食用品
1996	2.53	0.14	0.39	1.54	0.14	0.22	0.12	0.67	1.72	0.12
1997	2.45	0.19	0.39	1.04	0.18	0.19	0.04	0.61	1.68	0.12
1998	2.31	0.11	0.39	0.56	0.16	0.13	0.04	0.90	1.56	0.10
1999	1.90	0.13	0.35	0.26	0.10	0.02	0.04	0.96	1.00	0.15
2000	1.95	0.12	0.24	1.08	0.08	0.03	0.03	0.58	0.60	0.18
2001	2.15	0.09	0.28	0.64	0.08	0.04	0.04	0.45	0.68	0.13
2002	2.20	0.12	0.31	0.48	0.07	0.04	0.05	0.62	0.56	0.11
2003	2.31	0.09	0.29	0.29	0.01	0.01	0.01	0.64	0.69	0.22
2004	2.34	0.11	0.23	0.63	0.07	0.01	0.04	0.53	0.77	0.21
2005	2.21	0.15	0.20	0.37	0.07	0.01	0.03	0.38	0.47	0.34
2006	1.60	0.15	0.23	0.22	0.07	0.01	0.03	0.30	0.41	0.25
2007	1.47	0.14	0.25	0.32	0.09	0.02	0.02	0.44	0.35	0.19

续表

年份	鲜活冷藏冻鱼	干熏腌鱼	鲜冷等甲壳软体类	鱼制品	甲壳软体制品	鱼油脂	鱼粉浆渣	珊瑚贝壳和海绵	水生植物及产品	不可食用品
2008	1.93	0.11	0.30	0.31	0.14	0.08	0.02	0.56	0.39	0.21
2009	1.47	0.12	0.24	0.24	0.16	0.04	0.02	0.36	0.48	0.17
2010	1.51	0.11	0.17	0.39	0.15	0.02	0.01	0.12	0.36	0.31
2011	1.77	0.09	0.17	0.33	0.17	0.01	0.01	0.26	0.24	0.18
2012	1.99	0.08	0.14	0.23	0.16	0.01	0.01	0.30	1.48	0.37

由对海峡两岸分种类水产品 RCA 指数的测算与分析可知:大陆在生鲜水产品("鲜活冷藏冻鱼"和"鲜冷等甲壳软体类")方面表现出较强的竞争力,在水产品的深加工品("鱼制品""甲壳软体制品"以及"水生植物及产品")方面具备很强的比较优势,但 RCA 指数正不断下降。台湾仅在新鲜鱼产品方面拥有比较优势,且该优势正逐步丧失。

3.海峡两岸各省份水产品显示性比较优势指数(RCA)比较

从两岸各省份水产品 RCA 指数的比较结果看(表 5-6),山东、福建、辽宁、海南和广西水产品显示性比较优势指数在最近 4 年均大于 2.5,表现出极强的竞争力。另外,浙江的水产品竞争力也较强,RCA 指数均维持在 1 以上。其他省份的 RCA 指数则较低。从变化趋势上看,2008 年以来福建与河北的水产品国际竞争力水平表现为逐年上涨的走势,RCA 指数分别从 2008 年的 3.34 和0.53 上升到 2012 年的 6.44 和 1.05。其他各省份的 RCA 指数则较为平稳。

表 5-6　2008—2012 年海峡两岸各省份水产品显示性比较优势指数(RCA)的变动

省份	2008 年	2009 年	2010 年	2011 年	2012 年
山东	5.79	5.35	5.31	5.76	5.25
江苏	0.15	0.15	0.14	0.15	0.14
福建	3.34	3.92	4.93	6.10	6.44
广东	0.63	0.61	0.67	0.71	0.66
辽宁	6.18	6.36	6.08	6.94	5.81
浙江	1.36	1.13	1.23	1.34	1.20
海南	39.32	27.05	24.11	28.23	22.97
广西	3.33	4.02	3.51	3.60	3.50

省份	2008 年	2009 年	2010 年	2011 年	2012 年
河北	0.53	0.71	0.90	1.20	1.05
上海	0.13	0.09	0.07	0.07	0.07
天津	0.16	0.16	0.12	0.17	0.18
内陆省份	0.27	0.37	0.32	0.31	0.32
台湾	0.98	0.78	0.80	0.91	0.97

整体上看,中国沿海省份水产品的 RCA 指数排名为:海南、辽宁、山东、福建、广西、浙江、台湾、河北、广东、天津、江苏、上海。台湾水产品的 RCA 指数在中国沿海各省排名第 7～8 位,排在山东、福建、辽宁、浙江、海南和广西之后,与河北的水平相当。

5.2　进出口反映的渔业国际竞争力

国际市场占有率和显示性比较优势指数仅从出口方面考察国际市场竞争力,没有考虑进口对竞争力的影响。当一个经济体的水产品存在产业间和产业内贸易时,这种不考虑进口的国际竞争力衡量方式可能得出并不准确的结论,为此,在设计评测指标时应考虑进口因素的影响。从进出口角度来衡量一国或地区水产品国际竞争力的指标主要有净出口指数和贸易竞争力指数。

5.2.1　海峡两岸水产品贸易净出口指数比较

净出口指数(net export, 简称 NE)是一国某类产品的出口总额与进口总额之差,反映一国从国际贸易中取得的净收入。一般而言,净出口指数为正,说明该类产品在国际市场上有竞争优势;净出口值指数为负,则表示该类产品在国际市场上缺乏竞争力。用公式表示为

$$NE_{ij} = X_{ij} - M_{ij} \tag{3-3}$$

式中:NE_{ij} 表示 i 国或地区 j 类产品的净出口指数;X_{ij} 表示 i 国或地区 j 类产品的出口总额;M_{ij} 表示 i 国 j 类产品的进口总额。

1. 海峡两岸水产品贸易净出口指数总体比较

图 5-3 给出了 1996—2012 年海峡两岸水产品净出口指数的变动情况。从图中可以看出,1996 年以来,海峡两岸水产品的 NE 指数均为正值,表明两岸水产品在国际市场上均具竞争优势。从变化趋势上看。大陆水产品的 NE 指数

呈现上升的走势,从 1996 年的 17.66 亿美元上升到 2012 年的 107.50 亿美元,年平均增长率达 11.95%。与大陆不同,台湾水产品的 NE 则表现为先升后降再升的总体平稳走势,从 1996 年的 6.26 亿美元上升到 2004 年的 10.03 亿美元,后急剧下滑到 2009 年的低点(3.38 亿美元),2012 年又回升至 8.58 亿美元。总的来看台湾水产品的竞争优势维持在一定的水平。

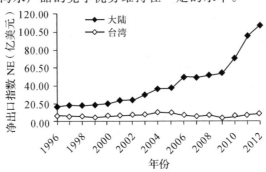

图 5-3　1996—2012 年海峡两岸水产品净出口指数(NE)变动比较

2.海峡两岸分种类水产品贸易净出口指数比较

表 5-7 计算出了 1996 年到 2012 年大陆各类水产品的净出口指数。从表中可以看出,除了"鱼油脂""鱼粉浆渣""珊瑚贝壳和海绵"3 类贸易份额极小的产品外,中国大陆的其他种类水产品在计算期内的所有年份的 NE 指数均为正值,且贸易顺差有进一步扩大的趋向。如"鲜活冷藏冻鱼""干熏腌鱼""鲜冷等甲壳软体类""鱼制品""甲壳软体制品"5 类主要水产品的 NE 指数分别从 1996年的 4.86 亿、0.42 亿、6.13 亿、9.52 亿和 1.74 亿美元上升到 2012 年的 35.54亿、4.35 亿、18.45 亿、29.92 亿和 36.35 亿美元。可见,大陆各类水产品的竞争优势正逐步增强。

表 5-7　1996—2012 年大陆水产品分种类贸易净出口指数(NE)变动

(单位:亿美元)

年份	鲜活冷藏冻鱼	干熏腌鱼	鲜冷等甲壳软体类	鱼制品	甲壳软体制品	鱼油脂	鱼粉浆渣	珊瑚贝壳和海绵	水生植物及产品	不可食用品
1996	4.86	0.42	6.13	9.52	1.74	−0.14	−5.68	−0.07	0.89	0.00
1997	6.57	0.62	6.30	8.45	2.05	−0.09	−6.28	−0.05	0.92	0.02
1998	5.08	0.52	5.10	7.29	1.90	−0.06	−3.13	−0.06	0.73	0.02
1999	5.18	0.52	4.94	7.46	2.69	−0.05	−3.64	−0.04	0.86	0.04
2000	5.37	0.69	4.52	9.32	4.55	−0.07	−5.71	−0.06	0.82	0.02
2001	7.05	0.73	4.81	8.56	5.65	−0.04	−4.81	−0.07	0.83	0.02

续表

年份	鲜活冷藏冻鱼	干熏腌鱼	鲜冷等甲壳软体类	鱼制品	甲壳软体制品	鱼油脂	鱼粉浆渣	珊瑚贝壳和海绵	水生植物及产品	不可食用品
2002	6.71	0.97	5.41	8.64	7.54	−0.03	−6.31	−0.04	0.92	−0.01
2003	7.44	1.19	6.07	8.20	10.85	−0.08	−5.13	−0.04	0.89	−0.04
2004	8.66	1.46	7.04	11.83	13.87	−0.18	−7.60	−0.06	1.04	0.03
2005	7.27	1.76	5.68	13.23	18.29	−0.16	−10.80	−0.09	1.07	0.05
2006	9.76	1.92	4.21	18.02	23.77	−0.20	−9.31	−0.06	1.21	0.05
2007	8.07	2.04	2.98	21.07	23.24	−0.19	−10.05	−0.06	1.12	0.20
2008	10.35	2.49	2.49	22.94	25.49	−0.32	−13.95	−0.07	0.75	0.61
2009	16.34	2.66	13.08	16.26	17.45	−0.24	−12.98	−0.06	0.53	0.54
2010	24.20	3.37	16.84	20.23	22.86	−0.23	−16.65	−0.12	0.30	0.01
2011	31.70	3.78	18.53	26.11	32.00	0.09	−17.52	−0.17	0.58	0.02
2012	35.54	4.35	18.45	29.92	36.35	0.02	−16.93	−0.15	−0.22	0.17

台湾有着发达的远洋捕捞业,为此,其在鱼类产品方面("鲜活冷藏冻鱼""干熏腌鱼""鱼制品")具备竞争优势,但除了"鲜活冷藏冻鱼"类产品的竞争优势保持恒定外,另两类产品的竞争优势正逐步丧失("干熏腌鱼"和"鱼制品"的NE 指数分别从 1996 年的 0.06 亿和 1.43 亿美元下降到 2012 年的−0.10 亿和0.17 亿美元)。其他种类产品的 NE 指数在绝大多数年份均为负值,在国际市场上不具竞争优势(见表 5-8)。

表 5-8　1996—2012 年台湾水产品分种类净出口指数(NE)变动

(单位:亿美元)

年份	鲜活冷藏冻鱼	干熏腌鱼	鲜冷等甲壳软体类	鱼制品	甲壳软体制品	鱼油脂	鱼粉浆渣	珊瑚贝壳和海绵	水生植物及产品	不可食用品
1996	8.24	0.06	−0.41	1.43	−0.25	−0.04	−2.47	−0.06	−0.22	−0.03
1997	8.28	0.08	−1.10	0.81	−0.28	−0.06	−2.15	−0.06	−0.21	−0.02
1998	7.50	0.04	−0.78	0.38	−0.22	−0.02	−1.19	−0.02	−0.20	−0.02
1999	6.91	0.05	−0.75	0.15	−0.24	−0.05	−1.55	−0.02	−0.23	−0.01
2000	7.82	0.03	−0.90	1.15	−0.27	−0.04	−1.46	−0.03	−0.19	−0.01
2001	8.25	0.02	−0.52	0.61	−0.20	−0.04	−1.53	−0.03	−0.20	−0.01
2002	8.90	0.03	−0.30	0.47	−0.16	−0.04	−1.49	−0.03	−0.19	−0.02
2003	10.01	0.00	−0.21	0.23	−0.22	−0.05	−1.44	−0.03	−0.17	−0.01
2004	11.89	0.01	−0.48	0.74	−0.24	−0.08	−1.59	−0.03	−0.18	−0.01

续表

年份	鲜活冷藏冻鱼	干熏腌鱼	鲜冷等甲壳软体类	鱼制品	甲壳软体制品	鱼油脂	鱼粉浆渣	珊瑚贝壳和海绵	水生植物及产品	不可食用品
2005	12.26	0.03	−0.67	0.37	−0.33	−0.11	−1.60	−0.02	−0.28	−0.01
2006	9.20	0.05	−0.60	0.15	−0.28	−0.11	−1.83	−0.02	−0.27	−0.01
2007	8.58	0.01	−0.90	0.37	−0.23	−0.17	−1.47	−0.04	−0.35	−0.03
2008	10.83	−0.05	−1.74	0.30	−0.24	−0.23	−1.37	−0.09	−0.32	−0.03
2009	7.56	−0.04	−1.66	0.09	−0.19	−0.21	−1.67	−0.14	−0.33	−0.02
2010	10.31	−0.05	−2.10	0.44	−0.26	−0.28	−1.98	−0.18	−0.34	−0.03
2011	13.00	−0.11	−2.42	0.36	−0.14	−0.44	−1.93	−0.60	−0.40	−0.04
2012	14.83	−0.10	−2.49	0.17	−0.17	−0.49	−2.18	−0.58	−0.38	−0.03

由以上分析可知,大陆水产品在国际市场上的竞争优势要强于台湾。大陆的主要种类水产品"鲜活冷藏冻鱼""干熏腌鱼""鲜冷等甲壳软体类""鱼制品""甲壳软体制品""水生植物及产品"等长期具有国际竞争优势,而台湾仅在鱼类产品上较具竞争优势,且优势正逐步丧失。大陆具备竞争优势的产品种类多于台湾。

3.海峡两岸各省份水产品贸易净出口指数比较

从海峡两岸各省份水产品贸易竞争指数的比较结果看(见表5-9),除了上海、天津以及内陆省份的 NE 指数在所有年份均小于零外,其他沿海各省份的贸易竞争指数均大于零,具备竞争优势。其中,福建和山东 2012 年的贸易顺差最大,分别高达 39.26 亿和 22.68 亿美元。其次为广东、浙江和辽宁,2012 年的贸易顺差达 10 亿美元以上。从两岸整体比较结果来看,台湾省水产品的 NE 指数在中国沿海各省份排名第 6 位。

表 5-9　2008—2012 年海峡两岸各省份水产品净出口指数(NE)变动

(单位:亿美元)

省份	2008 年	2009 年	2010 年	2011 年	2012 年
山东	13.27	14.52	16.14	20.09	22.68
江苏	1.52	1.73	2.00	2.22	2.12
福建	6.91	10.72	20.70	32.57	39.26
广东	10.25	10.12	13.67	16.62	16.49
辽宁	6.34	5.15	7.05	8.38	10.42
浙江	11.85	11.20	13.92	16.90	16.26

续表

省份	2008 年	2009 年	2010 年	2011 年	2012 年
海南	3.96	3.43	3.82	4.42	4.72
广西	1.26	1.43	2.29	2.87	3.77
河北	0.94	1.01	1.34	2.23	1.97
上海	−1.50	−1.99	−4.20	−5.84	−7.24
天津	−1.34	−1.42	−1.52	−1.15	−1.01
内陆省份	−0.77	−0.60	−2.29	−1.55	0.41
台湾	7.07	3.38	5.52	7.26	8.58

5.2.2　海峡两岸水产品贸易竞争力指数比较

贸易竞争力指数(trade competitiveness index,简称 TCI)表示一个国家或地区进出口贸易差额占进出口贸易总额的比重,也即某一产业或产品的净出口额与其进出口总额之比。这个指标的优点是作为与贸易总额的相对值,它剔除了通货膨胀等宏观总量方面波动的影响,即无论进出口的绝对量是多少,该指标均介于−1 和+1 之间。用公式表示为

$$\text{TCI}_{ij} = \frac{X_{ij} - M_{ij}}{X_{ij} + M_{ij}} \tag{5-3}$$

式中:TCI_{ij} 表示 i 地区 j 类水产品的贸易竞争力指数;X_{ij} 表示 i 地区对 j 类水产品的出口额;M_{ij} 表示 i 地区 j 类水产品的进口总额。如果 $\text{TCI}_{ij} > 0$,则表示 i 地区是 j 类水产品的净供应地区,具有较强的出口竞争力。TCI 越接近于 1 表示该类水产品竞争力越强。如果 $\text{TCI}_{ij} < 0$,则表示 i 地的 j 类水产品出口竞争力较弱,该指数越接近于−1 表示竞争力越弱。

1. 海峡两岸水产品贸易竞争指数总体比较

图 5-4 给出了 1996—2012 年海峡两岸水产品贸易竞争力指数(TCI)的变动情况。从图中可以看出,1996 年以来,两者的 TCI 值均为正值,表明两岸水产品在国际市场上均具竞争优势。从变化趋势上看。大陆水产品的 TCI 指数表现为波动下滑的走势,从 1996 年的 0.42 下滑到 2008 年的 0.32,之后开始呈现上扬趋势,2012 年大陆该指数上升至 0.41。可见,近几年大陆水产品的竞争优势正逐步恢复。与大陆不同,台湾水产品的 TCI 则表现为先升后降,从 1996 年的 0.32 上升到 2004 年的 0.49,后急剧下滑到 2010 年的低点(0.20),虽然 2012 年台湾的该指数又回升至 0.25,但总的来看台湾水产品的竞争优势正逐步丧失。

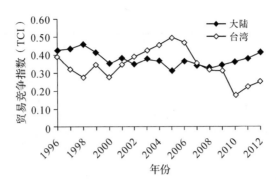

图 5-4　1996—2012 年海峡两岸水产品贸易竞争指数变动

2. 海峡两岸分种类水产品贸易竞争指数比较

表 5-10 计算出了 1996 年到 2012 年大陆各类水产品的 TCI 指数。从表中可以看出,中国大陆的主要水产品在国际市场上具备竞争优势,TCI 值在计算期内的绝大多数年份均为正值。但生鲜水产品的竞争优势正逐步丧失,"鲜活冷藏冻鱼"的该指数从 1996 年的 0.39 下降到 2008 年的 0.15,竞争优势逐步丧失,但近几年有所回升,2012 年该指数回升至 0.33;"鲜冷等甲壳软体类"的该指数则表现为波动下滑的走势,由 1996 年的 0.63 下降到 2012 年的 0.33;"水生植物及产品"的 TCI 指数表现出持续下滑的态势,从 1996 年的 0.91 下滑到 2012 年的－0.06。初级加工品"干熏腌鱼"的 TCI 指数则不断上升,从 1996 年的 0.39 上升到 2012 年的 0.93,竞争优势不断增强。大陆在深加工品上同样具备极强的国际竞争优势,"鱼制品"和"甲壳软体制品"的 TCI 指数始终维持在高位,保持在 1 附近。其他类水产品,"鱼油脂"、"鱼粉浆渣"和"珊瑚贝壳和海绵"的 TCI 指数均为负值,在国际市场上缺乏竞争优势。总的来看,大陆在生鲜水产品方面的竞争优势不断丧失,但近几年该优势有所恢复。大陆在水产品加工品方面具备很强的竞争优势。

台湾有着发达的远洋捕捞业,为此,其鱼类产品("鲜活冷藏冻鱼"、"干熏腌鱼"和"鱼制品")具备竞争优势,但该优势正在丧失(见表 5-11)。其中,"鲜活冷藏冻鱼"的 TCI 指数在 2008 年以前保持在 0.70 以上,但 2009 年后下降到 0.60 左右;鱼产品的初加工品"干熏腌鱼"TCI 指数在波动中下滑,从 1996 年的 0.58 下降到 2012 年的－0.41,深加工品"鱼制品"的该指数同样表现为波动下滑,从 1996 年的 0.79 下降到 2012 年的 0.16,竞争优势正在丧失。其他种类产品的 TCI 值均为负值,在国际市场上不具备竞争优势。

表 5-10　1996—2012 年大陆水产品分种类贸易竞争指数变动

年份	鲜活冷藏冻鱼	干熏腌鱼	鲜冷等甲壳软体类	鱼制品	甲壳软体制品	鱼油脂	鱼粉浆渣	珊瑚贝壳和海绵	水生植物及产品	不可食用品
1996	0.39	0.39	0.63	1.00	0.96	−0.94	−1.00	−0.67	0.91	−0.03
1997	0.47	0.49	0.68	1.00	0.98	−0.88	−1.00	−0.53	0.84	0.30
1998	0.34	0.45	0.63	0.99	0.98	−0.64	−0.98	−0.79	0.78	0.25
1999	0.29	0.45	0.52	0.99	0.98	−0.76	−0.99	−0.63	0.80	0.36
2000	0.26	0.45	0.36	1.00	0.99	−0.40	−0.99	−0.63	0.78	0.16
2001	0.28	0.57	0.38	0.99	0.99	−0.70	−0.99	−0.56	0.75	0.15
2002	0.24	0.58	0.37	0.99	0.98	−0.56	−0.99	−0.46	0.74	−0.10
2003	0.23	0.62	0.36	0.99	0.97	−0.76	−0.98	−0.50	0.68	−0.24
2004	0.21	0.65	0.35	0.99	0.98	−0.85	−0.99	−0.56	0.66	0.16
2005	0.14	0.74	0.34	0.99	0.98	−0.65		−0.54	0.63	0.24
2006	0.16	0.75	0.25	0.99	0.98	−0.54	−0.98	−0.40	0.59	0.21
2007	0.13	0.75	0.18	0.98	0.97	−0.43	−0.98	−0.43	0.53	0.39
2008	0.15	0.80	0.14	0.98	0.96	−0.42	−0.99	−0.54	0.31	0.63
2009	0.22	0.88	0.47	0.99	0.96	−0.27	−0.99	−0.40	0.21	0.62
2010	0.27	0.92	0.45	0.98	0.94	−0.18	−1.00	−0.55	0.09	0.01
2011	0.28	0.93	0.37	0.98	0.91	0.05	−1.00	−0.66	0.14	0.05
2012	0.33	0.93	0.33	0.98	0.93	0.01	−1.00	−0.62	−0.06	0.30

从以上分析可知,大陆水产品的竞争优势要强于台湾。大陆的主要种类水产品"鲜活冷藏冻鱼""干熏腌鱼""鲜冷等甲壳软体类""鱼制品""甲壳软体制品""水生植物及产品"等长期拥有国际竞争优势,而台湾仅在鱼类产品上较具竞争优势,且优势正逐步丧失。大陆具备竞争优势的产品种类要多于台湾。

表 5-11　1996—2012 年台湾水产品分种类贸易竞争指数变动

年份	鲜活冷藏冷冻鱼	干熏腌鱼	鲜冷等甲壳软体类	鱼制品	甲壳软体制品	鱼油脂	鱼粉浆渣	珊瑚贝壳和海绵	水生植物及产品	不可食用品
1996	0.73	0.58	−0.16	0.79	−0.63	−0.59	−0.98	−0.61	−0.41	−0.73
1997	0.72	0.58	−0.36	0.66	−0.61	−0.69	−0.99	−0.72	−0.39	−0.72
1998	0.73	0.44	−0.29	0.55	−0.59	−0.49	−0.98	−0.38	−0.45	−0.66
1999	0.71	0.44	−0.26	0.32	−0.59	−0.95	−0.98	−0.36	−0.55	−0.46
2000	0.71	0.24	−0.32	0.80	−0.64	−0.91	−0.98	−0.54	−0.60	−0.38
2001	0.77	0.26	−0.23	0.73	−0.60	−0.88	−0.98	−0.66	−0.62	−0.52
2002	0.77	0.33	−0.12	0.67	−0.51	−0.92	−0.97	−0.63	−0.65	−0.63
2003	0.79	−0.01	−0.09	0.44	−0.60	−0.98	−0.98	−0.62	−0.57	−0.25
2004	0.83	0.11	−0.22	0.67	−0.62	−0.98	−0.98	−0.58	−0.53	−0.39
2005	0.82	0.17	−0.32	0.45	−0.66	−0.98	−0.98	−0.58	−0.73	−0.34
2006	0.78	0.33	−0.25	0.22	−0.62	−0.99	−0.98	−0.62	−0.74	−0.41
2007	0.73	0.05	−0.32	0.42	−0.48	−0.97	−0.99	−0.67	−0.81	−0.55
2008	0.72	−0.22	−0.46	0.29	−0.40	−0.84	−0.98	−0.81	−0.77	−0.52
2009	0.61	−0.21	−0.50	0.11	−0.34	−0.94	−0.94	−0.92	−0.76	−0.55
2010	0.65	−0.21	−0.58	0.36	−0.37	−0.97	−0.99	−0.97	−0.76	−0.47
2011	0.68	−0.40	−0.60	0.31	−0.19	−0.98	−0.99	−0.98	−0.83	−0.66
2012	0.68	−0.41	−0.65	0.16	−0.22	−0.99	−0.99	−0.97	−0.73	−0.43

3. 海峡两岸各省份水产品贸易竞争指数比较

从海峡两岸各省份水产品贸易竞争指数的比较看(见表 5-12),除了上海、天津以及内陆省份的 TCI 指数在所有年份均小于零外,其他沿海省份的贸易竞争指数均大于零,具备竞争优势,其中海南、广西与河北的 TCI 指数最大,均接近于 1,其次为浙江、福建、江苏与广东,而山东、辽宁的该指数则较小,在 0.2 左右。从两岸整体比较来看,台湾水产品的 TCI 指数在中国沿海各省份排名第 8或第 9 位,与山东省相当。2008—2012 年中国沿海省份水产品的 TCI 指数平均排名为:河北、海南、广西、浙江、福建、广东、江苏、山东、台湾、辽宁、天津、上海。

表 5-12 2008—2012 年海峡两岸各省份水产品贸易竞争指数变动

省份	2008 年	2009 年	2010 年	2011 年	2012 年
山东	0.23	0.27	0.25	0.26	0.30
江苏	0.47	0.57	0.59	0.55	0.46
福建	0.42	0.54	0.69	0.73	0.76
广东	0.46	0.43	0.46	0.48	0.43
辽宁	0.24	0.19	0.23	0.21	0.27
浙江	0.71	0.78	0.78	0.75	0.71
海南	0.94	0.91	0.90	0.83	0.83
广西	0.80	0.89	0.89	0.89	0.93
河北	0.95	0.94	0.85	0.92	0.78
上海	−0.37	−0.52	−0.70	−0.75	−0.78
天津	−0.62	−0.66	−0.69	−0.52	−0.44
内陆省份	−0.12	−0.08	−0.20	−0.12	0.03
台湾	0.31	0.17	0.22	0.25	0.27

5.3 出口结构反映的渔业国际竞争力

一国或地区渔业国际竞争力的变化,除了会反映在贸易份额和净出口的变化上,还会反映到出口产品结构与市场结构上,因此,从出口结构角度衡量水产品国际竞争力也颇具意义。从第 4 章的分析可知,衡量出口结构的指标主要有出口分散度指数和结构变化指数。前者表示一国或地区出口产品的分散程度,而后者主要用来衡量出口贸易结构的变动幅度。本研究将利用这两个指数评测两岸水产品出口种类结构和出口市场结构的变化。

1. 出口分散度指数

出口分散度指数(EN)表示一国出口产品的分散程度。公式为

$$\text{EN}^t = \frac{1}{\text{HHI}^t}; \quad \text{HHI}^t = \sum_{i=1}^{n}\left(\frac{X_{ij}^t}{X_{wj}^t}\right)^2 \tag{5-4}$$

式中:EN^t 为两岸进出口分散度指数;HHI^t 为赫芬达尔指数;X_i^t 表示两岸某类水产品在时期 t 的出口或进口额;X_w^t 和 M_w^t 分别表示两岸水产品在时期 t 的出口和进口总额。总体来说,该指数越大,说明两岸水产品贸易的多元化程度越

高;反之,说明两者间贸易种类较为集中。

2. 出口结构变化指数

出口结构变化指数(LI),也称作劳伦斯指数(Lawrence Index),主要用来衡量出口贸易结构的变动幅度,其计算公式如下:

$$LI^t = 0.5 \times \sum_{i=1}^{n} \left| \frac{X_{ij}^t}{X_{wj}^t} - \frac{X_{ij}^{t-1}}{X_{wj}^{t-1}} \right| \tag{5-5}$$

式中:LI^t 表示一国或地区的出口结构变化指数;X_{ij}^{t-1} 表示大陆或台湾第 i 种水产品在时期 $(t-1)$ 出口到市场 j 的金额;X_{wj}^{t-1} 表示大陆或台湾全部水产品在时期 $(t-1)$ 出口到市场 j 的金额(本书中 $n=10$;j 表示世界市场)。LI 的变化范围在 $0 \sim 1$。该指数越接近 1 表示出口水产品结构变动幅度越大,越接近于 0 说明出口水产品结构变化越不明显。

5.3.1　海峡两岸水产品出口种类结构比较研究

1. 海峡两岸水产品出口种类分散度指数比较分析

经统计分析,1996—2012 年大陆与台湾水产品在国际市场上的产品结构分散度指数变动情况如图 5-5 所示。大陆水产品的出口分散度要高于台湾。以 2012 年为例,大陆水产品的出口分散度为 3.82,台湾则为 1.19,意味着大陆水产品出口大致可以折算成 3.82 种等值的产品,而台湾则只折算为 1.19 种。可见,从出口种类结构的角度考察,大陆水产品的贸易风险要小于台湾。

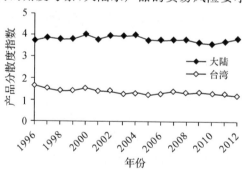

图 5-5　1996—2012 年海峡两岸水产品出口产品分散度指数变动

在变化趋势方面,大陆水产品的出口种类结构分散度保持平稳。1996 年大陆水产品出口种类分散度为 3.76,到 2012 年,该指数为 3.82,维持平稳。而台湾的该指数则呈现缓慢下降的态势,由 1996 年的 1.66 下降到 2012 年的 1.19。台湾水产品出口结构过于集中,不利于其抵御国际市场风险。

2. 海峡两岸水产品出口种类结构变化指数比较分析

图 5-6 给出了 1997—2012 年海峡两岸水产品种类结构变化指数(LI)的变

动情况。由图可知,总体上看,大陆水产品的 LI 指数在计算期内的绝大多数年份(10 年)要高于台湾水产品的 LI 指数。

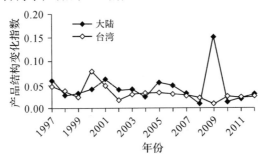

图 5-6　1997—2012 年海峡两岸水产品出口产品结构变化指数变动

在变化趋势上,大陆的 LI 指数出现过一次大的峰值、两次小的峰值,前者发生在 2009 年,LI 指数达到 0.15,而后者分别发生在 2001 和 2005 年,LI 指数均为 0.05,说明大陆通过不断调整其水产品出口结构,使种类结构更加多样化,以适应世界市场的需要。而台湾在 2000 年出现峰值,该年 LI 指数达 0.08,之后该指数极低,在 0.01 到 0.03 之间徘徊,表明台湾出口种类结构在 2001 年以后日趋稳定。

5.3.2　海峡两岸水产品出口市场结构比较研究

在市场结构方面,从总体上看,大陆的主要出口市场集中在日本、美国、韩国、东盟、欧盟和我国香港、台湾,以及其他市场;台湾的主要出口市场同样集中在日本、美国、韩国、东盟、欧盟和中国大陆、香港,以及其他市场。因此,以下将分别用市场分散度指数和结构变化指数衡量大陆与台湾水产品对这几个市场的出口市场结构变动。

1.海峡两岸水产品出口市场分散度比较分析

经统计分析,海峡两岸水产品出口市场结构分散度指数变动情况如图 5-7所示。由图可知,两岸水产品出口市场分散度指数在计算期内均表现为上升趋势,但大陆的上升趋势较为平稳,且速度要快于台湾,由 1996 年的 2.23 上升到2012 年的 6.91,而台湾的则由 1996 年的 2.05 上升到 2012 年的 4.66。大陆水产品的该指数在计算期内的所有年份均要大于台湾,可见,从出口市场结构的角度考察,大陆水产品的贸易风险要小于台湾。由此可见,为了规避市场风险,大陆与台湾都在提升水产品的市场多元化程度,但大陆的调整速度要明显快于台湾。

2.海峡两岸水产品出口市场结构变化指数比较分析

从市场结构变化指数的变化趋势上看(见图 5-8),总体上看,近几年台湾该

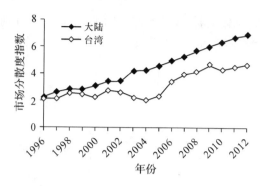

图 5-7　1996—2012 年海峡两岸水产品出口市场分散度变动

指数大于大陆,表明台湾水产品出口市场结构变化幅度大于大陆。

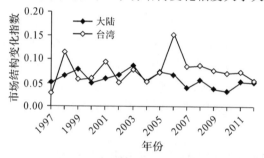

图 5-8　1997—2012 年海峡两岸水产品出口市场结构变化指数变动

　　在变化趋势方面,在计算期内,大陆的出口市场结构变化较为平稳,变动幅度不大,LI 指数始终维持在 0.3~0.7,可见大陆通过持续平稳地调整出口市场结构,使出口市场更加均匀与合理。同时,台湾也在不断调整水产品的出口市场结构,且调整幅度要大于大陆,但 2007 年以后则趋于平稳,其 LI 指数维持在 0.4~0.5。可见,台湾也正努力通过调整市场结构来提高水产品的市场多元化水平。

5.4　海峡两岸水产品在主要出口市场的竞争业绩比较

　　由第 3 章的分析可知,大陆与台湾有着共同的主要出口目标市场,这些市场包括日本、美国、韩国、东盟、欧盟以及我国香港。本节将利用市场占有率深入研究两岸在这六个出口市场的竞争力状况。

5.4.1　海峡两岸水产品在日本市场上的竞争业绩比较

从图5-9可知,大陆水产品在日本市场上的市场占有率在计算期内的所有年份均要高于台湾,表明大陆在日本市场的竞争业绩要强于台湾。从变化趋势上看,大陆和台湾水产品在日本市场上的市场占有率均呈现先升后降的走势,大陆水产品的占有率从1996年的12.52%先是上升至2006年的22.85%,后逐步下滑至2012年的17.79%,而台湾水产品的市场占有率则从1996年的5.03%上升到2004年的7.05%,后下降到2012年的3.34%。

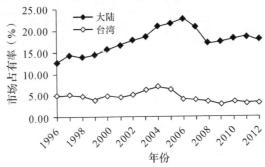

图5-9　1996—2012年海峡两岸水产品在日本市场上的市场占有率变动

为了更深入揭示大陆与台湾水产品在日本市场上的市场占有率变动状况,本研究对海峡两岸各类水产品在日本市场上的占有率进行了比较研究,结果见表5-13和表5-14。

表5-13给出了1996年至2012年间大陆各种类水产品在日本市场上的市场占有率。由表可以看出,大陆在日本市场上市场占有率最高的产品是水产品的深加工品,2012年"鱼制品""甲壳软体制品""水生植物及产品"这三类产品的市场占有率分别高达59.13%、42.53%和42.88%。可见,大陆在日本市场具备优势的产品种类为水产深加工品。从变化趋势上看,大陆的几乎所有种类水产品在日本市场上的市场占有率均表现为上升的走势,如"鲜活冷藏冻鱼""鲜冷等甲壳软体类""甲壳软体制品"类产品的市场占有率分别从1996年的6.63%、6.02%和28.40%上升到2012年的7.05%、12.45%和42.53%。可见,大陆水产品在日本市场上的竞争力在不断增强。

表 5-13　1996—2012 年大陆水产品分种类在日本市场上的市场占有率变动

(单位:%)

年份	鲜活冷藏冻鱼	干熏腌鱼	鲜冷等甲壳软体类	鱼制品	甲壳软体制品	鱼油脂	鱼粉浆渣	珊瑚贝壳和海绵	水生植物及产品	不可食用品
1996	6.63	13.69	6.02	58.79	28.40	0.00	0.33	1.49	23.22	16.46
1997	7.68	19.53	6.71	64.62	27.03	0.00	0.25	3.72	32.21	22.67
1998	7.81	21.36	6.77	61.91	28.06	0.13	0.21	3.96	29.74	14.55
1999	8.02	17.23	7.58	63.20	33.10	0.04	0.23	3.31	34.54	19.53
2000	8.86	19.01	8.74	58.74	33.86	0.08	0.50	7.64	35.25	19.03
2001	10.41	20.78	8.69	60.73	36.35	0.01	0.26	9.30	36.99	21.08
2002	11.26	19.72	9.66	60.33	40.83	0.06	0.26	10.78	41.03	34.63
2003	12.25	19.29	10.33	61.49	42.71	0.19	0.15	8.49	39.88	36.63
2004	13.15	16.86	12.13	63.14	45.09	0.19	0.19	6.25	44.57	32.96
2005	13.74	19.36	13.10	64.94	49.33	0.63	0.43	8.20	42.32	26.65
2006	14.82	22.14	12.93	69.09	49.03	0.48	0.29	5.86	41.89	26.89
2007	10.62	19.91	12.30	67.55	51.35	0.12	0.04	7.05	45.73	29.27
2008	9.27	15.74	10.52	55.82	48.55	0.02	0.02	6.69	39.93	27.28
2009	8.47	9.86	10.70	58.60	46.65	0.28	0.00	11.42	42.33	29.64
2010	8.33	11.44	11.67	64.30	45.84	0.04	0.01	10.44	42.74	30.64
2011	7.71	12.76	12.39	61.94	46.35	0.06	0.01	9.34	46.29	40.50
2012	7.05	11.51	12.45	59.13	42.53	1.33	0.05	11.51	42.88	49.26

　　表 5-14 计算出了 1996—2012 年台湾各种类水产品在日本市场上的市场占有率。台湾鱼类产品在日本市场上的市场占有率较高,其中,市场占有率最高的是"鲜活冷藏冻鱼",所有年份都在 5% 以上,2012 年其市场占有率为 6.52%,而"鱼制品"的占有率位居次席,17 年中的年均占有率达 3.29%。从变化趋势上看,在日本市场上近乎所有种类的台湾水产品的市场占有率都在逐步衰退,表现最明显的是"鲜活冷藏冻鱼"和"鱼制品",分别从 1996 年的 9.42% 和 9.15% 下降到 2012 年的 6.52% 和 0.53%。

表 5-14　1996—2012 年台湾水产品分种类在日本市场上的市场占有率变动

(单位:%)

年份	鲜活冷藏冻鱼	干熏腌鱼	鲜冷等甲壳软体类	鱼制品	甲壳软体制品	鱼油脂	鱼粉浆渣	珊瑚贝壳和海绵	水生植物及产品	不可食用品
1996	9.42	0.75	0.59	9.15	0.16	0.02	0.01	2.26	2.74	1.57
1997	10.21	1.67	0.53	5.57	0.24	0.00	0.13	3.14	4.22	1.68
1998	9.70	1.63	0.59	3.54	0.22	3.07	0.19	7.19	4.08	1.16

续表

年份	鲜活冷藏冻鱼	干熏腌鱼	鲜冷等甲壳软体类	鱼制品	甲壳软体制品	鱼油脂	鱼粉浆渣	珊瑚贝壳和海绵	水生植物及产品	不可食用品
1999	7.99	1.70	0.54	1.63	0.07	0.00	0.20	8.09	2.82	1.18
2000	9.26	1.12	0.42	7.16	0.02	0.19	0.19	6.46	1.99	0.99
2001	8.87	0.80	0.38	4.06	0.01	0.04	0.10	3.83	2.08	0.70
2002	10.27	1.24	0.53	2.92	0.03	0.00	0.08	4.40	1.80	1.01
2003	12.87	0.82	0.54	2.02	0.06	0.00	0.06	7.66	2.52	1.93
2004	13.55	1.45	0.45	4.93	0.06	0.00	0.08	5.83	2.75	2.74
2005	12.65	0.63	0.41	2.58	0.09	0.00	0.05	5.66	1.43	1.93
2006	8.23	0.35	0.41	1.34	0.05	0.00	0.02	4.01	1.19	1.60
2007	7.24	0.77	0.41	2.46	0.08	0.43	0.03	2.92	1.02	0.65
2008	6.49	0.26	0.51	2.83	0.15	2.17	0.04	3.28	1.15	0.94
2009	5.25	0.48	0.42	0.93	0.10	1.05	0.04	3.03	1.60	0.82
2010	6.41	0.70	0.40	2.90	0.13	0.97	0.02	0.21	1.75	0.72
2011	6.13	0.54	0.46	1.45	0.13	0.33	0.07	3.30	0.71	0.22
2012	6.52	0.55	0.37	0.53	0.11	0.33	0.03	0.61	1.91	0.00

5.4.2　海峡两岸水产品在美国市场上的竞争业绩比较

从图 5-10 可知,大陆水产品在美国市场上的市场占有率在计算期内的所有年份均要高于台湾,表明大陆在美国市场的竞争业绩要强于台湾。从变化趋势上看,大陆水产品在美国市场上的市场占有率呈现上升的走势,从 1996 年的 4.39% 上升到 2012 年的 15.82%。而台湾水产品在美国市场上的市场占有率则逐步下滑,市场份额从 1996 年的 2.37% 下降到 2012 年的 0.84%。

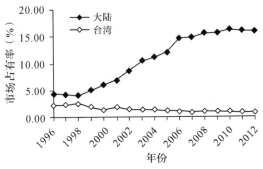

图 5-10　1996—2012 年海峡两岸水产品在美国市场上的市场占有率变动

为了更深入地揭示大陆与台湾水产品在美国市场上的市场占有率变动状况,本书对海峡两岸各类水产品在美国市场上的市场占有率进行了比较研究,结果见表5-15和表5-16。

表5-15给出的是1996—2012年大陆分种类水产品在美国市场上的市场占有率。在美国市场上,大陆水产品市场占有率较高的产品种类为"鲜活冷藏冻鱼"、"干熏腌鱼"、"甲壳软体制品"、"珊瑚贝壳和海绵"和"水生植物及产品"类产品,2012年这6类产品的市场占有率分别达23.95%、20.02%、21.30%、21.65%和22.78%。从变化趋势上考察,几乎所有种类的水产品的市场占有率都表现为上升的走势,其中深加工品的上升趋势最为明显,"鱼制品"和"甲壳软体制品"的市场占有率分别从1996年的1.50%和3.69%上升到2012年的13.01%和21.30%。可见,大陆各类水产品在美国市场上的竞争力均在不断增强。

表5-15 1996—2012年大陆水产品分种类在美国市场上的市场占有率变动

(单位:%)

年份	鲜活冷藏冻鱼	干熏腌鱼	鲜冷等甲壳软体类	鱼制品	甲壳软体制品	鱼油脂	鱼粉浆渣	珊瑚贝壳和海绵	水生植物及产品	不可食用品
1996	5.69	1.17	4.10	1.50	3.69	0.04	0.08	0.39	10.67	1.93
1997	5.40	1.51	4.12	2.26	2.22	0.11	0.21	1.67	12.62	6.52
1998	6.14	1.89	3.36	1.33	2.53	0.16	0.62	2.35	12.06	7.60
1999	7.17	5.93	3.32	2.26	6.46	0.04	1.33	1.18	18.55	12.43
2000	8.84	6.00	4.84	3.14	3.62	0.36	3.52	0.80	17.59	24.96
2001	8.61	8.95	5.84	2.59	7.58	0.07	2.07	2.24	17.59	19.82
2002	11.13	13.26	6.40	2.99	12.16	1.34	2.12	3.83	20.22	17.25
2003	12.68	14.64	8.46	2.84	16.12	1.84	2.85	3.67	20.46	26.87
2004	15.78	17.63	7.02	4.34	16.21	2.24	1.84	7.09	17.74	6.25
2005	19.20	20.01	4.96	4.64	19.33	3.86	2.29	9.40	16.30	13.44
2006	22.54	21.92	5.78	6.62	22.85	6.06	3.04	3.52	21.47	8.05
2007	23.90	21.46	5.00	9.20	20.53	13.24	5.65	5.86	23.41	6.56
2008	25.38	24.99	5.61	8.32	18.78	16.25	8.38	9.53	25.16	7.52
2009	24.86	25.17	4.94	7.30	21.01	26.57	2.49	11.30	22.90	5.72
2010	25.36	22.35	6.23	9.10	22.01	24.45	1.37	20.11	21.97	1.83
2011	25.72	20.70	6.14	12.31	18.25	16.61	1.98	16.94	22.09	3.51
2012	23.95	20.02	5.33	13.01	21.30	8.78	1.97	21.65	22.78	6.92

表 5-16 给出了 1996—2012 年 17 年间台湾各种类水产品在美国市场上的市场占有率。从该表可以看出,台湾鱼类产品在美国市场上的市场占有率最高,2012 年"鲜活冷藏冻鱼"和"鱼制品"的市场占有率达 1.71％和 0.66％。从变化趋势上考察,台湾各类水产品在美国市场上的市场份额均在萎缩,如"鲜活冷藏冻鱼"、"鲜冷等甲壳软体类"、"鱼制品"和"甲壳软体制品"的市场份额分别从 1996 年的 5.20％、0.69％、2.15％和 0.71％下降到 2012 年的 1.71％、0.22％、0.66％和 0.23％。可见,台湾水产品在美国市场上的竞争力正逐步衰退。

表 5-16　1996—2012 年台湾水产品分种类在美国市场上的市场占有率变动

(单位:％)

年份	鲜活冷藏冻鱼	干熏腌鱼	鲜冷等甲壳软体类	鱼制品	甲壳软体制品	鱼油脂	鱼粉浆渣	珊瑚贝壳和海绵	水生植物及产品	不可食用品
1996	5.20	0.01	0.69	2.15	0.71	0.01	0.04	0.50	1.90	0.06
1997	5.27	0.11	0.70	1.79	0.75	0.00	0.00	0.25	1.83	0.01
1998	6.53	0.02	0.55	1.17	0.59	0.00	0.00	0.34	1.55	0.01
1999	3.75	0.02	0.76	0.72	0.46	0.00	0.00	0.43	1.63	0.00
2000	3.24	0.03	0.56	1.70	0.39	0.00	0.03	0.13	1.27	0.00
2001	4.35	0.04	0.64	1.68	0.22	0.00	0.00	0.09	1.83	0.00
2002	3.13	0.09	0.67	1.34	0.26	0.00	0.01	0.01	1.67	0.01
2003	2.91	0.04	0.54	0.82	0.22	0.00	0.00	0.00	1.34	0.00
2004	3.15	0.05	0.55	0.82	0.20	0.00	0.01	0.32	1.27	0.00
2005	2.55	0.10	0.42	0.89	0.15	0.00	0.00	0.17	0.88	0.00
2006	2.61	0.09	0.37	0.52	0.13	0.00	0.01	0.01	1.13	0.01
2007	2.05	0.09	0.29	0.79	0.16	0.00	0.02	0.09	1.00	0.00
2008	2.25	0.08	0.26	0.65	0.16	0.00	0.01	0.01	1.07	0.04
2009	1.97	0.17	0.32	0.74	0.21	0.00	0.31	0.00	0.93	0.03
2010	1.85	0.19	0.24	0.70	0.20	0.00	0.42	0.07	0.80	0.00
2011	1.90	0.05	0.23	0.66	0.21	0.00	0.05	0.05	0.49	0.00
2012	1.71	0.01	0.22	0.66	0.23	0.00	0.00	0.08	0.17	0.02

5.4.3　海峡两岸水产品在韩国市场上的竞争业绩比较

从图 5-11 可知,大陆水产品在韩国市场上的市场占有率在计算期内的所有年份均要高于台湾,表明大陆水产品在韩国市场上的竞争业绩要强于台湾。从变化趋势上看,大陆水产品在韩国市场上的市场占有率大体上呈现先上升后下降的走势,先由 1996 年的 19.84％上升到 2004 年的 40.22％,后又逐步下滑到 2012 年的 27.63％。而台湾水产品在韩国市场的变动状态较为复杂,总体上表现为波动上升的走势,从 1996 年的 0.87％上升到 2012 年的 1.88％。

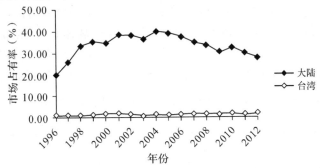

图 5-11   1996—2012 年海峡两岸水产品在韩国市场上的市场占有率变动

为了更深入揭示大陆与台湾水产品在韩国市场上的市场占有率变动状况,本研究对海峡两岸各类水产品在韩国市场上的市场占有率进行了比较研究,结果见表 5-17 和表 5-18。

表 5-17 列出了 1996—2012 年大陆分种类水产品在韩国市场上的市场占有率。由该表可知,在韩国市场上大陆水产品市场占有率最高的是"珊瑚贝壳和海绵"。2006 年以来,大陆该类产品在韩国市场上的平均占有率达 50.11％。另外,"鲜冷等甲壳软体类"、"甲壳软体制品"和"水生植物及产品"的市场占有率也较高,2012 年大陆这几类产品在韩国市场上的市场占有率分别高达 36.24％、27.72％和 30.37％。从变化趋势上看,大陆几乎所有种类的水产品的市场占有率都表现为上升的走势,如"鲜活冷藏冻鱼"、"鱼制品"和"甲壳软体制品"的市场占有率分别从 1996 年的 15.95％、11.23％和 13.73％上升到 2012 年的 24.87％、18.69％和 27.72％。可见,大陆各类水产品在韩国市场上的竞争力均在不断增强。

表 5-17   1996—2012 年大陆水产品分种类在韩国市场上的市场占有率变动

(单位:％)

年份	鲜活冷藏冻鱼	干熏腌鱼	鲜冷等甲壳软体类	鱼制品	甲壳软体制品	鱼油脂	鱼粉浆渣	珊瑚贝壳和海绵	水生植物及产品	不可食用品
1996	15.95	26.79	37.06	11.23	13.73	0.00	0.05	3.97	14.00	0.84
1997	25.18	62.59	36.63	19.23	13.56	2.21	0.06	10.30	26.44	3.23
1998	32.90	75.89	51.38	29.32	14.29	13.78	0.00	10.73	11.08	12.07
1999	35.22	66.80	48.91	21.40	13.93	4.34	0.25	23.91	15.62	8.01
2000	37.01	41.66	41.68	15.27	7.77	0.00	0.17	21.88	17.69	18.44

续表

年份	鲜活冷藏冻鱼	干熏腌鱼	鲜冷等甲壳软体类	鱼制品	甲壳软体制品	鱼油脂	鱼粉浆渣	珊瑚贝壳和海绵	水生植物及产品	不可食用品
2001	40.98	50.22	43.67	21.96	11.07	2.11	0.36	17.19	23.17	17.29
2002	40.43	59.80	41.79	26.86	10.30	0.04	0.41	17.20	39.63	14.61
2003	37.61	73.38	41.24	29.65	14.27	0.26	0.00	16.99	25.32	11.22
2004	39.32	77.51	45.14	52.71	23.57	0.11	0.71	31.01	27.75	21.43
2005	38.48	64.63	43.27	51.83	28.14	2.81	0.21	45.34	25.30	27.84
2006	36.63	55.30	42.47	32.63	33.89	16.32	0.67	50.12	19.12	34.45
2007	36.08	34.29	37.24	20.35	35.60	4.73	0.00	39.40	41.13	22.09
2008	34.39	32.87	36.76	24.17	28.90	0.55	0.78	40.70	22.39	38.94
2009	30.08	32.93	35.27	21.43	26.81	0.21	0.63	57.31	21.55	35.96
2010	32.77	24.10	37.38	24.10	32.04	1.39	0.88	64.04	21.21	19.07
2011	28.10	17.14	37.43	20.14	29.73	1.18	0.40	56.43	34.93	16.56
2012	24.87	15.12	36.24	18.69	27.72	3.50	0.53	42.78	30.37	24.34

表 5-18 给出了 1996—2012 年台湾各种类水产品在韩国市场上的市场占有率。由表获悉,台湾在韩国市场上市场占有率最高的水产品种类是"鲜活冷藏冻鱼",2006—2012 年的年均市场占有率达到 2.99%,其次是"鱼制品",2010—2012 年该类产品在韩国市场上的平均市场占有率是 3.70%。从变动的角度分析,台湾对韩国出口的主要水产品"鲜活冷藏冻鱼"的占有率呈现上升趋势,由 1996 年的 1.46% 上升到 2012 年的 3.24%,"鱼制品"则表现为先降后升趋势,先由 1996 年的 3.01% 下降到 1998 年的 0.00%,后又逐步上升到 2012 年的 3.60%。可见,台湾的鱼类产品在韩国市场上的市场占有率较高,竞争力较强,且呈现逐步增强的态势。

表 5-18　1996—2012 年台湾水产品分种类在韩国市场上的市场占有率变动

(单位:%)

年份	鲜活冷藏冻鱼	干熏腌鱼	鲜冷等甲壳软体类	鱼制品	甲壳软体制品	鱼油脂	鱼粉浆渣	珊瑚贝壳和海绵	水生植物及产品	不可食用品
1996	1.46	0.00	0.00	3.01	0.12	0.00	0.04	0.04	1.00	0.00
1997	1.53	3.47	0.04	0.60	0.15	0.00	0.00	0.00	2.62	0.00
1998	0.79	0.00	0.46	0.00	0.13	0.00	0.00	0.00	0.13	0.00
1999	1.69	2.18	0.17	0.02	0.23	0.00	0.00	0.00	0.00	0.00
2000	2.79	1.58	0.22	0.46	0.18	0.00	0.00	0.00	0.08	0.00

续表

年份	鲜活冷藏冻鱼	干熏腌鱼	鲜冷等甲壳软体类	鱼制品	甲壳软体制品	鱼油脂	鱼粉浆渣	珊瑚贝壳和海绵	水生植物及产品	不可食用品
2001	2.99	0.53	0.32	1.08	0.02	0.26	0.00	0.00	0.13	0.17
2002	2.61	0.70	0.16	0.58	0.00	0.86	0.00	0.00	0.27	0.00
2003	1.21	0.40	0.17	0.04	0.01	0.00	0.00	0.00	0.04	0.00
2004	2.43	0.24	0.08	0.06	0.07	0.00	0.00	0.00	0.18	0.00
2005	1.65	0.89	0.05	0.41	0.00	0.41	0.00	0.03	0.13	1.62
2006	3.01	1.37	0.04	0.92	0.13	0.00	0.00	0.00	0.14	0.20
2007	2.58	0.86	0.04	2.05	0.07	0.00	0.00	0.00	0.22	0.12
2008	2.85	0.65	0.10	2.19	0.14	0.00	0.00	0.07	0.13	0.04
2009	3.38	0.00	0.08	1.78	0.26	0.00	0.00	0.00	0.22	0.61
2010	3.54	0.00	0.12	3.95	0.26	0.00	0.00	0.00	0.26	0.49
2011	2.32	0.28	0.06	3.54	0.23	0.00	0.00	0.11	0.32	0.74
2012	3.24	0.37	0.03	3.60	0.18	0.00	0.00	0.45	0.09	3.34

5.4.4　海峡两岸水产品在香港市场上的竞争业绩比较

从图 5-12 可知,大陆水产品在香港市场的市场占有率在计算期内的所有年份均要高于台湾,表明大陆水产品在香港市场的竞争业绩要强于台湾。大陆水产品在香港市场的占有率呈现波动上升的走势,从 1996 年的 13.77% 上升到 2012 年的 48.54%,近两年增长速度尤为明显,2012 年较 2010 年增长了近 25 个百分点。台湾水产品在香港市场的占有率同样表现为上升的走势,从 1996 年的 1.23% 上升到 2012 年的 2.25%,只是增长速度较为缓慢。

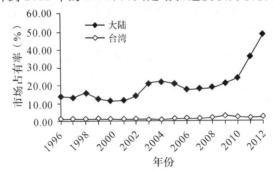

图 5-12　1996—2012 年海峡两岸水产品在香港市场上的市场占有率变动

表 5-19 所示是 1996—2012 年大陆分种类水产品在香港市场上的市场占有率。由表可知,在香港市场上大陆水产品市场占有率高的产品种类较多,其中

最高的产品是"鱼制品"和"甲壳软体制品"等水产品深加工品,2011—2012 年,这两类水产品的市场占有率均在 50% 以上。另外,在香港市场占有率较高的产品种类还有"鲜活冷藏冻鱼"、"鲜冷等甲壳软体类"以及"水生植物及产品",2012 年这 3 类产品市场占有率为 31.00%、21.17% 以及 40.73%。

　　从变化趋势上看,几乎所有种类水产品的市场占有率都表现为上升的走势,如"鲜活冷藏冻鱼"、"鱼制品"和"甲壳软体制品"的市场占有率分别从 1996 年的 21.53%、21.16% 和 5.69% 上升到 2012 年的 31.00%、57.66% 和 56.57%。但水产品的初级加工品"干熏腌鱼"的市场占有率却不断下滑,从 1996 年的 19.57% 下降到 2012 年的 6.28%。

表 5-19　1996—2012 年大陆水产品分种类在香港市场上的市场占有率变动

(单位:%)

年份	鲜活冷藏冻鱼	干熏腌鱼	鲜冷等甲壳软体类	鱼制品	甲壳软体制品	鱼油脂	鱼粉浆渣	珊瑚贝壳和海绵	水生植物及产品	不可食用品
1996	21.53	19.57	10.12	21.16	5.69	1.03	7.49	2.02	47.44	37.63
1997	15.25	17.99	9.59	51.38	6.33	0.00	14.48	2.75	33.32	43.93
1998	24.65	21.80	9.88	37.71	9.24	1.15	9.06	2.94	24.60	94.32
1999	26.30	21.32	10.02	30.61	8.04	0.00	3.89	2.18	14.92	88.09
2000	24.90	18.96	11.45	30.64	8.15	65.23	0.00	2.39	14.91	61.84
2001	26.32	16.27	10.13	30.16	8.78	0.00	0.00	0.95	20.12	64.06
2002	24.14	16.41	10.57	29.63	21.96	3.91	0.23	1.31	17.72	56.25
2003	23.13	17.31	8.81	28.32	22.34	7.39	0.07	1.07	16.24	36.56
2004	20.25	15.64	8.25	29.67	9.86	0.10	2.31	1.75	17.58	50.85
2005	20.05	10.64	8.23	28.49	13.32	0.35	0.54	1.26	21.18	80.75
2006	22.12	8.33	8.39	20.21	15.05	0.00	0.00	4.36	31.69	51.55
2007	22.98	6.42	6.86	29.49	16.93	0.94	4.62	0.58	26.40	81.71
2008	27.60	6.19	6.70	37.80	19.14	7.25	2.99	1.63	46.33	52.51
2009	28.41	5.90	10.65	42.52	25.48	0.72	15.42	0.94	61.27	55.57
2010	27.38	4.41	10.17	46.95	27.68	0.69	5.05	0.04	43.33	27.68
2011	30.31	5.10	12.45	57.70	51.63	0.26	0.13	0.16	43.41	29.78
2012	31.00	6.28	21.17	57.66	56.57	29.63	3.18	2.78	40.73	59.98

　　表 5-20 所示是台湾各类水产品在香港市场的市场占有率,从表中可以看出,台湾在香港市场上占有率最高的水产品是"鱼油脂",17 年内年均占有率高达 23.83%,1997 年甚至达到 65% 以上,可见台湾是香港该类水产品的重要进

口来源市场。另外,近5年台湾在香港市场占有率较高的产品种类还有"鲜活冷藏冻鱼"、"鱼制品"和"甲壳软体制品",2006—2012年这3类水产品在香港市场的年均占有率分别达到4.11%、8.58%和4.51%。

表 5-20　1996—2012 年台湾水产品分种类在香港市场上的市场占有率变动

(单位:%)

年份	鲜活冷藏冻鱼	干熏腌鱼	鲜冷等甲壳软体类	鱼制品	甲壳软体制品	鱼油脂	鱼粉浆渣	珊瑚贝壳和海绵	水生植物及产品	不可食用品
1996	1.17	1.36	0.80	0.72	1.06	31.12	2.16	2.95	19.12	0.81
1997	0.38	1.24	0.82	0.51	1.37	68.94	3.91	1.04	9.47	1.74
1998	0.65	0.90	0.96	1.49	1.13	26.85	2.71	0.39	12.17	2.11
1999	1.06	0.98	0.61	3.90	2.44	56.31	2.92	0.62	3.29	2.57
2000	1.51	0.77	0.83	7.35	2.29	4.98	4.84	0.82	4.75	2.17
2001	0.95	0.75	0.73	7.43	2.89	15.02	13.07	2.32	3.47	3.17
2002	0.81	0.86	0.59	7.58	2.31	7.97	8.42	6.08	1.91	0.27
2003	1.04	0.71	0.81	7.42	2.06	2.75	1.68	1.47	1.66	5.24
2004	0.78	0.74	0.37	7.38	1.68	0.81	0.03	0.88	3.55	0.60
2005	0.90	1.49	0.35	9.70	2.47	9.14	0.68	0.73	2.53	1.37
2006	1.53	1.88	0.41	10.83	2.60	9.62	4.00	0.32	1.92	1.49
2007	0.81	1.34	0.38	10.75	3.54	15.50	26.35	2.25	1.53	0.81
2008	3.23	1.12	0.26	8.03	5.59	64.92	1.49	6.62	1.94	0.51
2009	8.08	1.32	0.27	8.36	6.38	32.51	0.00	0.50	4.14	0.36
2010	6.03	1.29	0.30	7.74	5.83	13.66	4.86	0.07	3.74	5.96
2011	3.89	1.05	0.45	7.33	4.03	38.60	1.41	0.04	6.91	0.54
2012	5.22	0.82	0.36	7.00	3.60	6.37	1.28	1.72	4.55	0.37

5.4.5　海峡两岸水产品在东盟市场上的竞争业绩比较

从图 5-13 可知,大陆水产品在东盟市场上的市场占有率自 2002 年以来要高于台湾,表明大陆水产品在东盟市场上的竞争业绩要强于台湾。从变化趋势上看,两岸水产品在东盟市场上的市场占有率均呈现不断上升的走势,但大陆的上升趋势较为平稳,从 2000 年的 3.58% 上升到 2012 年的 12.75%,上升了近 9 个百分点。而台湾水产品在东盟市场上的占有率则表现为波动上升走势,从 2000 年的 4.94% 上升到 2012 年的 7.98%,仅上升 3 个百分点。

表 5-21 列出了 1996—2012 年大陆分种类水产品在东盟市场上的市场占有

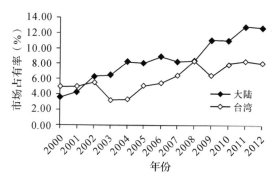

图 5-13　2000—2012 年海峡两岸水产品在东盟市场上的市场占有率变动

率。由表可知,大陆在东盟市场上占有率前四高的水产品种类为"鲜冷等甲壳
软体类"、"鱼制品"、"甲壳软体制品"和"水生植物及产品",2012 年这 4 类产品
在东盟市场上的占有率分别达到 20.52%、26.62%、27.05% 和 35.11%,均超
过 20%。另外,从变化趋势上考察,除了"水生植物及产品"维持在 30% 以上
外,其余种类产品的市场占有率均表现为上升的走势,"鲜冷等甲壳软体类"、
"鱼制品"和"甲壳软体制品"的上升趋势最为明显,分别从 2000 年的 2.95%、
9.68% 和 10.02% 上升到 2012 年的 20.52%、26.62% 和 27.05%。

表 5-21　2000—2012 年大陆水产品分种类在东盟市场上的市场占有率变动

(单位:%)

年份	鲜活冷藏冻鱼	干熏腌鱼	鲜冷等甲壳软体类	鱼制品	甲壳软体制品	鱼油脂	鱼粉浆渣	珊瑚贝壳和海绵	水生植物及产品	不可食用品
2000	1.66	1.65	2.95	9.68	10.02	1.02	0.31	3.17	33.58	21.27
2001	2.62	1.40	2.75	11.40	17.78	0.71	0.57	1.08	36.78	18.89
2002	3.31	1.50	9.85	12.14	10.29	0.44	1.22	1.77	31.06	22.31
2003	3.05	1.89	11.03	13.90	8.63	0.33	2.73	3.93	37.95	13.82
2004	4.56	1.54	14.16	13.88	10.68	0.56	1.72	8.74	36.93	22.90
2005	4.15	2.02	16.36	14.16	10.83	0.92	1.67	13.99	33.61	33.47
2006	6.03	3.66	16.23	14.73	13.18	1.53	3.99	8.83	38.39	20.92
2007	5.31	2.62	16.61	15.53	8.63	0.89	2.42	11.09	36.07	20.31
2008	6.15	2.81	13.47	21.45	14.15	1.84	1.01	6.45	23.51	20.34
2009	8.81	2.91	19.20	21.24	16.05	0.66	1.26	8.91	31.36	21.34
2010	7.54	1.76	23.26	21.15	15.22	3.75	1.88	6.42	32.81	15.29
2011	9.05	2.67	22.13	28.16	20.11	6.33	1.25	5.48	46.57	18.57
2012	8.89	2.40	20.52	26.62	27.05	5.41	2.28	5.61	35.11	33.10

　　台湾水产品在东盟市场上占有率最高的是"鲜活冷藏冻鱼"(见表5-22),13年间平均占有率高达9.19%,且变化趋于平稳。其他类水产品在东盟市场上的占有率很低,但呈现不断上升的趋势,如"鱼制品"和"甲壳软体制品"的市场占有率分别从2000年的0.88%和0.02%上升到2012年的2.34%和2.99%。

表5-22　2000—2012年台湾水产品分种类在东盟市场上的市场占有率变动

(单位:%)

年份	鲜活冷藏冻鱼	干熏腌鱼	鲜冷等甲壳软体类	鱼制品	甲壳软体制品	鱼油脂	鱼粉浆渣	珊瑚贝壳和海绵	水生植物及产品	不可食用品
2000	8.96	0.25	1.64	0.88	0.02	0.52	0.34	2.18	2.64	0.92
2001	8.47	0.28	1.27	0.81	0.09	1.18	0.55	0.04	2.25	0.35
2002	9.68	0.13	0.83	1.14	0.97	0.35	0.52	0.27	1.65	0.29
2003	5.38	0.06	0.77	0.62	0.62	0.18	0.76	0.42	1.31	0.04
2004	5.62	0.04	0.38	0.39	0.81	0.16	0.71	1.59	0.94	0.02
2005	8.22	0.15	0.24	0.92	1.25	0.05	0.26	0.05	1.13	0.08
2006	8.31	0.34	0.66	0.73	1.33	0.06	0.31	0.13	0.79	0.44
2007	9.29	0.61	0.90	1.12	2.21	0.07	0.16	0.08	0.83	1.19
2008	11.62	0.66	1.17	1.08	1.44	0.06	0.33	0.06	0.45	0.25
2009	8.87	0.58	1.10	1.70	1.93	0.01	0.17	0.04	0.79	0.43
2010	11.53	0.41	0.46	2.47	2.72	0.01	0.03	0.01	0.26	0.66
2011	11.96	0.40	0.54	2.60	2.76	0.01	0.00	0.02	0.27	1.11
2012	11.56	0.97	0.22	2.34	2.99	0.02	0.02	0.02	0.80	3.07

5.4.6　海峡两岸水产品在欧盟市场上的竞争业绩比较

　　从图5-14可知,大陆水产品在欧盟市场的市场占有率在计算期内的所有年份均要高于台湾,表明大陆在欧盟市场的竞争业绩要强于台湾。大陆水产品在欧盟市场的占有率呈现波动上升的走势,从2000年的3.87%上升到2012年的8.34%。台湾水产品在欧盟市场的占有率则表现为下降的走势,从2000年的0.23%下降到2012年的0.04%。

　　表5-23列出了1996—2012年大陆分种类水产品在欧盟市场的市场占有率。由表可知,中国大陆在欧盟市场占有率前三高的产品种类为"鲜活冷藏冻鱼"、"珊瑚贝壳和海绵"以及"水生植物及产品",2012年的市场占有率分别达11.76%、14.60%以及14.33%。另外,"干熏腌鱼"、"鲜冷等甲壳软体类"和"甲壳软体制品"的市场占有率也较高,2012年分别达到5.59%、6.50%和8.98%。

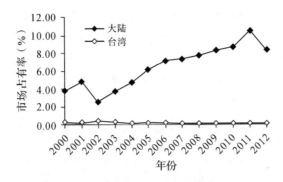

图 5-14　2000—2012 年海峡两岸水产品在欧盟市场上的市场占有率变动

从变化趋势上看,几乎所有种类的水产品的市场占有率都表现为上升的走势,如"鲜活冷藏冻鱼"、"干熏腌鱼"和"鲜冷等甲壳软体类"分别由 2000 年的 4.81%、0.22% 和 4.43% 上升到 2012 年的 11.76%、5.59% 和 6.50%。

表 5-23　2000—2012 年大陆水产品分种类在欧盟市场上的市场占有率变动

(单位:%)

年份	鲜活冷藏冻鱼	干熏腌鱼	鲜冷等甲壳软体类	鱼制品	甲壳软体制品	鱼油脂	鱼粉浆渣	珊瑚贝壳和海绵	水生植物及产品	不可食用品
2000	4.81	0.22	4.43	2.25	4.62	0.03	0.01	1.37	3.62	3.94
2001	6.72	0.34	4.49	2.37	6.26	0.02	0.02	2.11	5.56	5.63
2002	4.20	0.29	1.87	0.43	1.22	0.00	0.00	2.27	9.13	0.78
2003	6.22	1.08	2.01	0.76	5.50	0.19	0.02	5.12	9.51	0.80
2004	7.35	1.12	3.15	1.11	4.58	0.04	0.01	6.96	10.73	1.93
2005	8.67	2.12	5.15	1.42	7.93	0.33	0.00	8.74	15.08	3.47
2006	10.25	3.18	5.11	1.51	9.31	0.34	0.23	8.47	23.92	3.53
2007	10.89	3.50	4.63	1.66	9.38	0.39	0.09	13.42	21.21	2.99
2008	11.48	4.50	4.51	1.79	10.72	0.31	0.12	10.93	17.18	6.45
2009	11.64	5.79	5.81	2.48	9.53	0.42	0.27	14.72	16.60	6.86
2010	11.36	5.22	7.44	2.82	9.34	0.44	0.04	15.59	21.62	4.06
2011	12.25	5.81	6.78	14.64	67.32	0.66	0.39	12.96	20.52	3.33
2012	11.76	5.59	6.50	2.78	8.98	0.54	0.00	14.60	14.33	4.27

由于地理位置较远,台湾各类水产品在欧盟市场上的占有率较低,均在 1% 以下(见表 5-24)。其中市场占有率最高的是"珊瑚贝壳和海绵",计算期内的年均占有率达 0.62%。其次是"水生植物及产品",13 年间的年均占有率达 0.30%,但占有率在逐步降低,从 2000 年的 0.42% 下降到 2012 年的 0.05%。

另外,"鲜活冷藏冻鱼"和"鲜冷等甲壳软体类"的市场占有率也较高,年均占有率分别达 0.18% 和 0.27%,但变动趋势表现为波动下降,分别从 2000 年的 0.38% 和 0.22% 下降到 2012 年的 0.02% 和 0.08%。可见台湾大部分种类的水产品在欧盟市场上的占有率都呈现不同程度的下降,仅"鱼制品"和"珊瑚贝壳和海绵"的占有率保持恒定。

表 5-24   2000—2012 年台湾水产品分种类在欧盟市场上的市场占有率变动

(单位:%)

年份	鲜活冷藏冻鱼	干熏腌鱼	鲜冷等甲壳软体类	鱼制品	甲壳软体制品	鱼油脂	鱼粉浆渣	珊瑚贝壳和海绵	水生植物及产品	不可食用品
2000	0.38	0.00	0.22	0.06	0.01	0.00	0.00	0.13	0.42	0.00
2001	0.34	0.00	0.26	0.05	0.01	0.00	0.00	0.03	0.34	0.00
2002	0.43	0.00	0.72	0.08	0.02	0.00	0.00	0.67	0.35	0.00
2003	0.29	0.00	0.49	0.07	0.01	0.00	0.00	0.68	0.32	0.00
2004	0.08	0.00	0.26	0.10	0.01	0.00	0.00	0.02	0.34	0.00
2005	0.22	0.01	0.25	0.12	0.01	0.00	0.00	0.48	0.38	0.00
2006	0.22	0.00	0.18	0.17	0.01	0.00	0.00	0.24	0.40	0.01
2007	0.12	0.06	0.22	0.15	0.01	0.00	0.00	0.81	0.34	0.01
2008	0.07	0.00	0.21	0.14	0.01	0.00	0.00	1.42	0.31	0.00
2009	0.05	0.00	0.31	0.13	0.01	0.00	0.00	1.14	0.29	0.01
2010	0.05	0.01	0.19	0.19	0.01	0.00	0.00	0.62	0.17	0.00
2011	0.04	0.00	0.14	0.82	0.08	0.00	0.00	0.49	0.22	0.00
2012	0.02	0.00	0.08	0.08	0.03	0.00	0.00	1.30	0.05	0.00

5.5   本章小结

本章分别从竞争业绩的角度考察了海峡两岸水产品竞争力状况,得出以下 5 个主要结论:

(1)从市场份额反映的水产品国际竞争力角度分析,大陆绝大多数水产品种类的国际市场占有率均表现为不断上升的走势,台湾水产品的国际市场份额却逐步萎缩。从各省份的情况分析,福建、广东和辽宁水产品的国际市场份额上升幅度较大,而其他省份则变化不明显。从两岸比较看,台湾水产品的国际市场占有率排在各省份的 5~6 位,与浙江省相当。另外,RCA 指数的测算结果表明,虽然大陆在生鲜和深加工水产品方面均表现出较强的竞争力,但 RCA

指数正不断下降。台湾仅在新鲜鱼产品方面拥有比较优势,且该优势正逐步丧失。山东、福建、辽宁、海南和广西的 RCA 指数较大,其中福建与河北的该指数平稳上升,其他省份平稳保持。台湾水产品的 RCA 指数在中国沿海各省份中排名第 7～8 位,与河北的水平相当。

(2)从净出口情况反映的水产品国际竞争力考察,两岸都具备竞争优势,但大陆的竞争力在逐步恢复,而台湾的竞争力则逐步丧失。分种类考察,大陆的主要种类水产品长期拥有国际竞争优势,而台湾仅在鱼类产品上较具竞争优势,且优势正逐步丧失。从沿海各省份的角度考察,除上海、天津以及内陆省份的 NE 指数和 TCI 指数小于零外,其他沿海省份的这两项指数均大于零,具备竞争优势,而台湾水产品的 TCI 指数在中国沿海各省份排名第 8～9 位。

(3)从出口结构角度考察,大陆水产品的出口种类分散度要高于台湾,大陆水产品多元化水平要高于台湾。大陆水产品的种类结构分散度维持平稳,而台湾的该指数则呈现缓慢下降的态势。海峡两岸水产品出口市场结构都表现为日趋多元化的特征,大陆的市场调整幅度要明显大于台湾,市场多元化进程要快于台湾,大陆水产品规避市场风险的能力要强于台湾。

(4)无论从哪个角度分析,大陆水产品的国际市场竞争力均表现为上升趋势,具备竞争力的水产品种类越来越多;而台湾的竞争力则有所下降,且具备竞争力的产品种类较少,主要集中在鱼类产品上。

(5)从细分市场考察,近些年大陆水产品除在韩国市场上的占有率表现为下降态势外,在其他五大出口市场的占有率均表现为上升走势。台湾水产品在韩国、东盟和我国香港市场上的市场占有率表现为上升走势,而在日本、美国和欧盟市场上的占有率表现为下降趋势。

第6章　影响海峡两岸渔业国际竞争力的市场直接因素分析：竞争实力

从第 4 章的理论分析和评价体系的构建可知,影响渔业国际竞争力的直接因素,即竞争实力(strength)可以归结为两个方面:一是水产品价格;二是水产品差异性。本章将围绕这两个因素考察大陆与台湾渔业国际竞争力的直接影响因素。

6.1　价格因素

在评价水产品价格优势时,时常采用价格比较法,即用一国(地区)的出口价格与世界出口均价进行直接比较。另外,鉴于水产品出口市场的差异性,本研究将在研究国际市场均价的同时,分市场考查海峡两岸水产品在六大出口市场的价格变动状况。

6.1.1　海峡两岸水产品出口价格总体比较

1. 海峡两岸水产品出口总体平均价格比较

图 6-1 所示为 1996—2012 年大陆、台湾及世界水产品出口总体平均价格的变动。

由图可知,世界水产品的总体平均价格呈现先下降后上升的走势,先由 1996 年的 2.62 美元/千克下降到 2001 年的 2.12 美元/千克,后持续上升到 2012 年的 4.37 美元/千克。大陆水产品出口总体平均价格保持同样的走势,从 1996 年的 3.74 美元/千克下降到 2001 年的 2.13 美元/千克,后持续上升到 2012 年的 4.92 美元/千克。台湾的情况则较为复杂,在 2004 年以前,台湾水产品出口总体平均价格与世界水产品出口总体平均价格保持相同的走势,但在

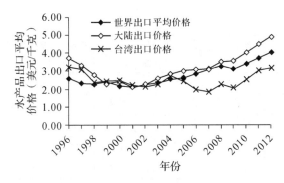

图 6-1　1996—2012 年海峡两岸与世界水产品出口总体平均价格

2005—2007 年,台湾水产品的出口总体平均价格出现了明显的下滑,从 2004 年的 2.73 美元/千克下降到 2012 年的 1.85 美元/千克,而后又持续上升到 2012 年的 3.15 美元/千克。从三者比较看,大陆水产品出口总体平均价格在绝大多数年份要高于世界水平,而台湾则低于世界水平。

2.海峡两岸分种类水产品价格因素比较

从表 6-1 可以看出,世界市场价格最高的水产品种类是"甲壳软体制品",其次是"鲜冷等甲壳软体类"和"干熏腌鱼",2012 年这 3 类水产品在国际市场上的价格分别为 9.41、6.61 和 7.68 美元/千克。另外,价格水平较高的水产品种类还有"鱼制品"、"鲜活冷藏冻鱼"及"水生植物及产品",2012 年这 3 类水产品在国际市场上的价格分别达到 4.88、3.37 及 5.11 美元/千克。而其他类产品的国际市场价格较低。从变化趋势上看,近几年,几乎所有种类水产品的出口均价都表现为上升的趋势。如"鲜活冷藏冻鱼"和"鲜冷等甲壳软体类"两类生鲜产品出口价格分别从 2000 年的 1.93 和 4.49 美元/千克上升到 2012 年的 3.37 和 6.61 美元/千克;而"鱼制品"和"甲壳软体制品"两类加工品的出口价格分别从 2000 年的 2.56 和 6.63 美元/千克上升到 2012 年的 4.88 和 9.41 美元/千克。可见,2000 年以来,世界水产品均价的上涨主要是由各种类水产品单价同步上涨导致的。

表 6-1　1996—2012 年世界分种类水产品出口价格变动

（单位：美元/千克）

年份	鲜活冷藏冻鱼	干熏腌鱼	鲜冷等甲壳软体类	鱼制品	甲壳软体制品	鱼油脂	鱼粉浆渣	珊瑚贝壳和海绵	水生植物及产品	不可食用品
1996	2.07	4.69	4.59	3.94	7.23	0.64	0.63	1.21	2.49	0.38
1997	1.86	4.04	4.29	3.03	6.86	0.67	0.61	1.32	1.95	0.36
1998	2.01	4.69	4.43	3.12	6.90	0.82	0.71	0.92	2.08	0.36

续表

年份	鲜活冷藏冻鱼	干熏腌鱼	鲜冷等甲壳软体类	鱼制品	甲壳软体制品	鱼油脂	鱼粉浆渣	珊瑚贝壳和海绵	水生植物及产品	不可食用品
1999	2.03	4.57	4.46	2.77	7.14	0.41	0.54	0.99	1.69	0.49
2000	1.93	4.25	4.49	2.56	6.63	0.32	0.42	0.92	1.74	0.34
2001	1.89	4.02	4.30	2.47	5.97	0.31	0.48	0.71	1.89	0.34
2002	1.95	4.13	4.15	2.60	6.19	0.67	0.59	0.66	1.92	0.33
2003	2.03	4.34	4.61	2.64	6.06	0.69	0.60	0.90	1.73	0.27
2004	2.22	4.51	4.69	2.87	5.76	0.81	0.62	1.12	1.67	0.32
2005	2.39	4.89	4.69	2.97	5.79	0.87	0.62	0.78	1.90	0.37
2006	2.55	5.23	4.72	3.12	5.72	1.00	0.89	0.84	2.06	0.44
2007	2.83	5.90	5.01	3.42	6.09	1.15	0.96	0.79	2.17	0.56
2008	2.91	6.12	5.33	3.91	6.50	1.91	0.94	0.89	2.39	0.59
2009	2.83	5.43	4.96	3.69	6.60	1.19	0.99	1.31	2.08	0.69
2010	2.96	5.98	5.37	3.79	8.30	1.46	1.43	1.28	2.36	0.71
2011	3.19	6.76	5.99	4.28	8.57	1.83	1.38	1.46	2.35	0.85
2012	3.37	7.68	6.61	4.88	9.41	2.08	1.34	1.39	5.11	0.90

　　从表6-2可以看出,与世界市场的状况相同,大陆出口水产品国际市场价格最高的是"甲壳软体制品",2012年该类产品的出口价格为9.64美元/千克,其次是"水生植物及产品",2012年该类产品的出口平均价格为7.18美元/千克。另外,"干熏腌鱼"、"鲜冷等甲壳软体类"和"鱼制品"的出口价格也维持在高位,2012年这3类水产品的出口价格分别为5.77、5.99和6.00美元/千克。从变化趋势上看,大陆水产品价格与世界水产品价格变动趋势相同,经过1996—2000年的短暂下滑,2001—2012年,几乎所有种类水产品的出口均价都表现出上升的态势,如"甲壳软体制品"和"鲜活冷藏冻鱼"分别从2000年的4.08和1.53美元/千克上升到2012年的9.64和3.43美元/千克。从与国际市场水产品价格的比较看,大陆"干熏腌鱼"、"鲜冷等甲壳软体类"、"甲壳软体制品"、"鱼粉浆渣"和"珊瑚贝壳和海绵"在绝大多数年份的价格均小于国际市场上的同类产品,具备价格优势;"鲜活冷藏冻鱼"在国际市场上同样具备较强的优势,但近几年这种优势正在减弱。而"鱼制品"和"水生植物及产品"等类产品的价格在绝大多数年份高于国际市场同类产品的价格,在价格层面上缺乏竞争优势。

表 6-2　1996—2012 年大陆分种类水产品出口价格变动

(单位:美元/千克)

年份	鲜活冷藏冻鱼	干熏腌鱼	鲜冷等甲壳软体类	鱼制品	甲壳软体制品	鱼油脂	鱼粉浆渣	珊瑚贝壳和海绵	水生植物及产品	不可食用品
1996	2.47	5.37	**2.89**	14.72	**4.50**	2.57	0.83	**0.63**	**2.19**	2.01
1997	2.37	5.77	2.86	10.27	**4.22**	2.65	**0.50**	**0.62**	1.95	0.84
1998	**2.00**	**4.64**	2.35	7.72	**4.22**	**0.75**	1.25	**0.34**	**1.66**	2.09
1999	**1.49**	**3.97**	2.39	6.83	**3.98**	0.83	**0.52**	**0.31**	**1.64**	2.32
2000	**1.53**	4.49	2.68	6.18	**4.08**	11.76	1.22	**0.50**	1.82	2.50
2001	**1.40**	4.41	2.40	4.61	**4.27**	1.96	0.48	**0.56**	**1.66**	0.91
2002	**1.54**	**3.86**	2.13	4.61	**4.76**	3.75	0.46	**0.55**	**1.66**	0.79
2003	**1.87**	4.46	2.57	3.77	**4.99**	6.04	0.63	**0.57**	2.09	1.31
2004	**2.03**	**4.50**	2.81	4.47	**4.82**	5.36	**0.55**	**0.31**	2.13	2.24
2005	**2.31**	**4.14**	2.84	3.92	**4.92**	4.50	**0.61**	**0.29**	2.61	1.97
2006	**2.36**	**4.15**	2.55	3.81	**5.03**	2.40	**0.57**	**0.30**	3.16	1.01
2007	**2.54**	**4.20**	2.58	3.41	**4.92**	4.50	**0.67**	**0.30**	3.47	1.03
2008	**2.87**	**4.76**	3.06	3.68	**5.74**	4.10	**0.81**	**0.27**	4.03	1.29
2009	2.90	**5.08**	4.14	3.71	**6.11**	6.70	**0.83**	**0.24**	4.49	1.46
2010	3.24	**5.21**	4.60	4.46	**6.96**	5.82	**0.97**	**0.25**	4.99	1.80
2011	3.31	**5.28**	5.34	5.16	**8.86**	3.96	0.74	**0.37**	6.07	2.36
2012	3.10	**5.77**	**5.99**	6.00	**9.64**	6.30	**0.91**	**0.40**	7.18	2.97

* 黑体字表示该价格低于国际市场价格。

　　台湾水产品出口价格最高的种类是"珊瑚贝壳和海绵"(见表 6-3),其 17 年平均单价达 21.40 美元/千克,其次是"水生植物及产品",年均单价达 13.88 美元/千克。台湾出口价格较高的产品种类还有"鱼制品"、"甲壳软体制品"及"干熏腌鱼",2012 年这几类水产品出口单价分别高达 7.10、8.68 和 12.62 美元/千克。而其他类水产品的出口价格较低,其中,占台湾水产品出口比重最高的"鲜活冷藏冻鱼"类产品 17 年年均单价仅为 2.37 美元/千克。从与国际市场水产品价格的比较看,近几年,台湾"鲜活冷藏冻鱼"、"鲜冷等甲壳软体类"和"甲壳软体制品"的年均价格低于世界平均价格,在国际市场具一定优势。而其他类水产品在国际市场上缺乏价格优势。

　　从两岸水产品出口价格比较来看,台湾仅在"鲜活冷藏冻鱼"和"鲜冷等甲壳软体类"上较大陆有价格优势。

表 6-3　1996—2012 年台湾分种类水产品出口价格变动

（单位：美元/千克）

年份	鲜活冷藏冷冻鱼	干熏腌鱼	鲜冷等甲壳软体类	鱼制品	甲壳软体制品	鱼油脂	鱼粉浆渣	珊瑚贝壳和海绵	水生植物及产品	不可食用品
1996	2.78	9.13	**3.17**	19.74	10.62	<u>2.30</u>	<u>0.79</u>	12.58	17.06	3.73
1997	2.80	8.69	**3.20**	16.86	11.68	18.02	0.80	6.20	15.95	2.64
1998	2.27	4.81	**1.46**	12.12	9.82	1.00	**<u>0.56</u>**	43.00	15.34	3.31
1999	2.47	**4.39**	**1.72**	9.74	8.62	7.29	0.54	18.34	15.57	4.98
2000	2.33	5.25	**1.70**	9.94	7.75	<u>2.35</u>	<u>0.59</u>	15.17	15.34	4.56
2001	2.12	<u>4.25</u>	**1.88**	7.25	7.03	<u>0.99</u>	0.57	9.03	12.94	4.15
2002	1.97	4.80	**2.29**	7.23	**6.05**	<u>0.77</u>	0.79	8.54	14.25	3.35
2003	2.23	**4.09**	**2.09**	7.15	**5.56**	<u>0.84</u>	0.68	7.09	13.64	4.22
2004	2.58	4.85	**2.80**	10.09	**5.48**	0.84	0.67	2.20	12.01	4.61
2005	**2.29**	8.21	**3.72**	9.61	**5.59**	<u>3.40</u>	0.69	6.54	12.99	3.41
2006	**1.93**	9.39	**1.50**	7.57	**5.05**	1.72	**<u>0.73</u>**	6.89	11.43	2.65
2007	**1.86**	9.34	**1.03**	8.12	**5.56**	7.91	**<u>0.84</u>**	5.03	10.43	1.92
2008	**2.26**	9.95	**1.38**	8.85	6.70	16.92	**<u>0.77</u>**	20.38	11.01	2.21
2009	**2.00**	10.08	**1.58**	6.34	**6.51**	14.71	1.05	15.11	11.91	2.48
2010	**2.40**	9.99	**2.28**	8.99	**7.26**	13.49	1.82	117.61	14.53	4.80
2011	**2.88**	12.51	**3.68**	8.20	<u>8.58</u>	20.21	**1.28**	18.01	11.53	<u>1.99</u>
2012	**3.04**	12.62	**3.48**	7.10	**8.68**	6.30	**1.22**	52.10	19.95	<u>2.70</u>

* 黑体字表示该价格低于国际市场价格，下划线表示该价格低于福建该类产品出口价格。

　　总的来看，虽然大陆较台湾具备价格优势的水产品种类要多，但一些水产品的价格优势正逐步丧失，而台湾则在不断增强，具备竞争优势的水产品种类也不断增加。

　　3. 海峡两岸各省份水产品总体平均价格比较

　　从各省份水产品出口的总体平均价格角度考察（见表 6-4），总体平均价格由低到高的排序为台湾、辽宁、海南、广西、山东、浙江、江苏、福建、广东、天津、河北和上海。另外，内陆省份的水产品出口价格要远高于沿海省份，其水产品缺乏价格优势。台湾水产品的价格优势要强于大陆省份。

表 6-4　2008—2012 年海峡两岸各省份水产品总体平均价格比较

（单位:美元/千克）

省份	2008 年	2009 年	2010 年	2011 年	2012 年
山东	3.48	3.66	3.92	4.04	4.99
江苏	4.30	4.43	4.70	5.53	4.27
福建	3.97	3.83	4.92	5.57	6.23
广东	4.26	4.28	4.86	5.90	6.62
辽宁	2.91	3.08	3.29	3.33	6.23
浙江	3.20	3.04	3.60	4.15	3.55
海南	3.74	3.22	3.49	3.74	4.53
广西	4.05	3.16	3.50	3.96	3.76
河北	4.68	4.08	5.48	7.29	3.77
上海	4.89	6.73	7.90	9.45	7.22
天津	5.83	6.12	5.73	7.24	10.20
内陆省份	5.71	6.64	8.13	10.65	8.88
台湾	2.27	2.06	2.54	3.04	3.15

6.1.2　海峡两岸水产品在主要出口市场上的价格比较

以上的总体评价并不能准确反映两岸水产品在国际市场上的价格状况,还需对其进行细分市场的考察,以期更深入地揭示其价格因素变动状况。

1. 海峡两岸水产品在日本市场的出口价格比较

图 6-2 给出了 1996—2012 年海峡两岸水产品对日本出口平均价格与日本市场进口价格的变动特征。从图中获悉,在样本期内,三者之间基本保持同步波动的态势,其中,大陆水产品对日本的出口价格要低于日本市场的进口平均价格,2012 年大陆水产品对日出口价格为 6.26 美元/千克。而台湾对日出口价格则始终高于日本市场进口平均价格,2012 年台湾水产品出口价格达 8.06 美元/千克。可见,在日本市场,大陆水产品较台湾有价格优势。

为了深入探析两岸水产品在日本市场的价格竞争力,本书将进一步分析海峡两岸各种类水产品在日本市场的价格竞争状况,结果见表 6-5、表 6-6 和表 6-7。

日本市场上价格最高的水产品种类是"干熏腌鱼"(见表 6-5),2012 年进口均价为 15.45 美元/千克,其次是"鲜冷等甲壳软体类"、"甲壳软体制品"和"鱼制品",2012 年在日本市场进口均价分别为 9.62、9.06 和 9.14 美元/千克。另

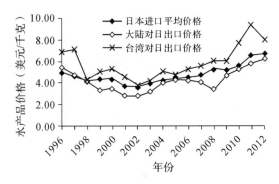

图 6-2 1996—2012 年两岸在日本市场上的水产品平均价格变动

外,价格水平较高的种类还包括"鲜活冷藏冻鱼"和"水生植物及产品",2012 年
其在日本市场的进口均价分别为 6.45 和 5.25 美元/千克。从变化趋势上看,
大多数产品价格均呈现上升趋势,如"鲜活冷藏冻鱼"、"鲜冷等甲壳软体类"、
"鱼制品"、"甲壳软体制品"的进口均价分别从 2000 年的 3.59、7.16、7.77 和
7.80 美元/千克上升到 2012 年的 6.45、9.62、9.06 和 9.14 美元/千克。

表 6-5 1996—2012 年日本市场分种类水产品进口价格变动

（单位:美元/千克）

年份	鲜活冷藏冻鱼	干熏腌鱼	鲜冷等甲壳软体类	鱼制品	甲壳软体制品	鱼油脂	鱼粉浆渣	珊瑚贝壳和海绵	水生植物及产品	不可食用品
1996	4.05	17.52	8.14	10.90	8.40	0.59	0.70	3.37	2.97	1.52
1997	3.79	12.08	7.75	9.53	7.74	0.62	0.69	2.10	2.68	1.46
1998	3.34	10.86	6.78	7.69	7.35	0.89	0.77	1.41	2.31	1.35
1999	3.71	13.18	6.72	7.70	7.47	0.76	0.61	1.50	2.37	1.46
2000	3.59	13.59	7.16	7.77	7.80	0.41	0.54	1.50	2.40	1.51
2001	3.08	12.39	6.39	6.16	7.11	0.51	0.57	1.15	2.32	0.91
2002	3.06	11.73	6.39	6.02	6.45	0.72	0.64	0.86	2.31	0.55
2003	3.51	11.78	6.60	5.60	6.81	0.89	0.65	0.91	2.60	0.64
2004	3.84	11.44	6.61	6.42	6.77	0.87	0.71	0.82	2.36	0.99
2005	4.13	11.26	6.66	6.35	6.80	0.86	0.69	0.94	2.79	1.08
2006	4.33	10.95	6.69	6.42	6.37	0.91	0.98	1.08	3.09	0.99
2007	4.39	12.87	7.04	6.27	6.36	1.52	1.07	1.01	3.06	0.87
2008	5.20	14.50	7.81	6.67	7.29	2.29	1.02	0.97	3.97	0.99
2009	5.10	14.76	7.29	6.56	7.25	1.57	1.00	0.84	3.82	1.11
2010	5.39	13.72	8.18	7.22	7.41	1.95	1.53	0.85	4.09	1.14
2011	6.33	14.26	9.75	8.34	8.83	2.06	1.47	1.12	4.46	0.86
2012	6.45	15.45	9.62	9.06	9.14	2.03	1.38	0.94	5.25	0.92

　　表 6-6 给出的是 1996—2012 年大陆分种类水产品对日出口价格的变动。从表中可知,中国大陆对日出口水产品种类中,价格最高的为"鱼制品"和"甲壳软体制品"两类深加工产品,17 年间对日出口平均价格分别高达 7.77 和 5.26 美元/千克。另外,近些年大陆对日出口价格较高的还有"鲜活冷藏冻鱼"、"干熏腌鱼"、"鲜冷等甲壳软体类"和"水生植物及产品",2012 年这 4 类产品对日出口价格分别为 4.79、5.82、5.97 和 5.83 美元/千克。此外,"鱼制品"对日出口价格波动较大,表现出不稳定的特征。从变化趋势上看,2000 年以来,大陆各类水产品对日出口价格均表现为上升走势,如"鲜活冷藏冻鱼"、"鲜冷等甲壳软体类"、"鱼制品"和"甲壳软体制品"分别从 2000 年的 1.75、3.07、8.27 和 4.27 美元/千克上升到 2012 年的 4.79、5.97、8.70 和 7.70 美元/千克。与日本市场的水产品均价相比,大陆的水产品除"水生植物及产品"等少数种类产品外,几乎所有种类产品均具价格优势。

表 6-6　1996—2012 年大陆分种类水产品对日本市场出口价格变动

(单位:美元/千克)

年份	鲜活冷藏冻鱼	干熏腌鱼	鲜冷等甲壳软体类	鱼制品	甲壳软体制品	鱼油脂	鱼粉浆渣	珊瑚贝壳和海绵	水生植物及产品	不可食用品
1996	**3.89**	**5.46**	**2.91**	17.62	**5.32**	—	1.05	**0.91**	**1.53**	0.74
1997	3.80	**5.90**	**2.83**	13.09	**4.86**	2.59	**0.46**	**0.77**	**1.65**	1.71
1998	**3.14**	**4.49**	**2.52**	9.99	**5.03**	1.44	0.80	**0.57**	**1.39**	1.45
1999	**1.88**	**3.92**	**2.70**	8.84	**4.59**	2.56	0.78	**0.75**	**1.43**	0.71
2000	**1.75**	**3.11**	**3.07**	8.27	**4.27**	2.50	0.81	2.26	**1.62**	1.59
2001	**1.48**	**3.31**	**2.82**	6.15	**4.26**	14.54	**0.46**	2.20	**1.51**	0.59
2002	**1.65**	**3.18**	**2.28**	5.83	**4.33**	27.03	**0.31**	2.07	**1.58**	0.34
2003	**1.92**	**3.70**	**3.17**	5.16	**4.71**	15.97	0.70	1.70	**2.00**	1.13
2004	**2.80**	**3.76**	**3.70**	6.36	**4.87**	7.10	0.73	1.41	**2.04**	2.55
2005	**3.41**	**3.49**	**3.66**	5.88	**5.12**	21.37	0.84	1.23	**2.68**	1.70
2006	**3.37**	**3.76**	**3.36**	5.95	**4.97**	20.50	**0.64**	1.03	**2.75**	0.53
2007	**3.04**	**3.70**	**3.24**	5.47	**5.00**	9.19	0.87	**0.49**	**2.99**	0.48
2008	**1.93**	**4.73**	**3.91**	4.93	**5.59**	18.67	0.88	**0.77**	4.12	0.69
2009	**3.81**	**4.71**	**4.69**	5.67	**5.56**	53.05	0.69	**0.58**	4.47	**1.07**
2010	**4.43**	**4.76**	**4.74**	6.44	**5.85**	43.75	1.91	**0.62**	4.78	0.79
2011	**4.66**	**4.79**	**5.08**	7.80	**7.32**	19.16	**0.49**	**0.79**	5.20	0.72
2012	**4.79**	**5.82**	**5.97**	8.70	**7.70**	1.90	0.88	**0.63**	5.83	0.80

* 黑体字表示该价格低于日本市场价格。

　　表 6-7 给出的是 1996—2012 年台湾分种类水产品对日出口价格变动状况。由表可知,台湾的"珊瑚贝壳和海绵"对日的出口平均价格最高,17 年间的平均价格高达 331.30 美元/千克,但出口价格波动较大;其次是"水生植物及产品",2012 年为 27.20 美元/千克。另外,台湾对日出口单价较高的种类还有"鱼制品"、"甲壳软体制品"和"鲜冷等甲壳软体类",2012 年其对日出口单价分别达到 26.93、12.73 和 12.15 美元/千克。从变化趋势上看,台湾大多数种类的水产品对日出口平均价格都表现为先降后升的趋势,如"鱼制品"和"甲壳软体制品"的价格分别由 1996 年的 20.74 和 12.59 美元/千克下降到 2002 年的 9.17 和 7.93 美元/千克,后又上升到 2012 年的 26.93 和 12.73 美元/千克。从与日本市场价格的比较看,台湾在日本市场具备价格优势的水产品种类有所减少,从 1996 年的 3 种下降到 2012 年的 2 种。

表 6-7　1996—2012 年台湾分种类水产品对日本市场出口价格变动

(单位:美元/千克)

年份	鲜活冷藏冻鱼	干熏腌鱼	鲜冷等甲壳软体类	鱼制品	甲壳软体制品	鱼油脂	鱼粉浆渣	珊瑚贝壳和海绵	水生植物及产品	不可食用品
1996	6.14	**7.34**	**4.42**	20.74	12.59	152.50	**0.66**	417.41	18.96	3.16
1997	6.55	**8.81**	9.86	17.92	29.02	—	**0.62**	320.15	18.14	2.97
1998	4.59	**4.58**	<u>1.48</u>	13.64	15.67	0.84	**0.52**	697.52	18.37	3.33
1999	5.02	**5.11**	3.21	14.02	18.62	—	**0.50**	593.29	16.84	4.38
2000	4.85	6.69	4.44	10.95	18.98	2.84	0.54	520.73	16.23	5.72
2001	4.34	**7.25**	7.27	8.09	8.24	<u>2.53</u>	0.62	178.83	15.56	4.55
2002	3.59	**7.41**	3.50	9.17	7.93	—	**0.56**	63.81	56.61	3.33
2003	4.17	**4.92**	<u>2.46</u>	10.83	11.29	—	**0.53**	30.27	22.61	3.73
2004	4.85	**5.23**	3.81	13.30	10.02	—	**0.67**	306.18	16.62	4.57
2005	4.60	6.08	10.65	17.49	12.04	—	**0.59**	234.29	21.09	6.24
2006	5.10	6.55	**5.63**	15.20	10.44	—	**0.61**	254.29	26.48	7.70
2007	5.37	**7.26**	3.69	14.37	10.85	21.01	**0.74**	140.16	22.29	9.74
2008	5.79	**7.73**	5.14	18.28	9.59	18.69	**0.57**	187.25	24.70	6.17
2009	5.95	**8.08**	**4.14**	15.69	**7.22**	12.98	**0.57**	481.05	25.56	4.92
2010	7.37	**8.44**	5.74	21.32	9.50	<u>12.63</u>	**0.63**	220.00	25.43	6.38
2011	9.20	**11.55**	8.61	29.25	12.40	<u>14.78</u>	**0.64**	970.63	24.55	8.02
2012	7.83	**14.12**	12.15	26.93	12.73	5.47	**0.64**	16.17	27.20	1.43

* 黑体字表示该价格低于日本市场价格,下划线表示该价格低于大陆该类产品对日出口价格。

　　从海峡两岸水产品出口价格比较来看,台湾仅在"鱼粉浆渣"上较大陆具备价格优势,其余产品在日本市场上对大陆水产品均缺乏优势。

　　总的来看,在日本市场上大陆具备价格优势的水产品种类比台湾多,且价格优势明显。

　　2.海峡两岸水产品在美国市场上的出口价格比较

　　图 6-3 给出了 1996—2012 年大陆、台湾对美国市场的出口和美国市场上水产品进口总体平均价格的变动。从图中可以看出,在这 17 年间,美国市场的水产品总平均价格呈现平稳增长的态势,从 1996 年的 4.67 美元/千克上升到 2012 年的 6.90 美元/千克,年均增长率为 2.47%。大陆和台湾水产品对美出口价格均呈现不断增长的势头,分别从 1996 年的 2.59 和 2.40 美元/千克上升到 2012 年的 5.40 和 4.24 美元/千克,年平均增长率分别为 4.70% 和 3.61%。另外,在计算期内的所有年份,大陆和台湾对美水产品出口价格均低于美国市场的进口平均价格,可见两者对美国市场均具备价格优势,且台湾在该方面的优势要强于大陆。

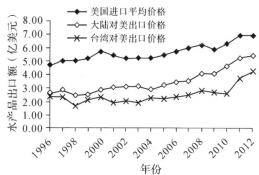

图 6-3　1996—2012 年两岸在美国市场上的水产品平均价格变动

　　为了深入研究两岸水产品在美国市场的价格变动状况,本书将进一步分析两岸各类水产品在美国市场上的价格优势,结果见表 6-8、表 6-9 和表 6-10。

　　从表 6-8 获悉,在美国市场上价格较高的两类水产品是"鲜冷等甲壳软体类"和"甲壳软体制品",2012 年这两类水产品的进口均价达到 8.92 和 10.32 美元/千克。其次是"干熏腌鱼"和"鲜活冷藏冻鱼",2012 年的进口均价分别达 8.18 和 6.01 美元/千克。另外,"鱼制品"、"鱼油脂"和"水生植物及产品"的价格也较高,2012 年平均价格分别达到 5.22、4.94 和 4.39 美元/千克。从变动趋势上看,绝大多数种类保持平稳增长趋势,如"鲜活冷藏冻鱼"、"鱼制品"和"水生植物及产品"的平均价格分别从 1996 年的 3.46、2.96 和 1.33 美元/千克上涨到 2012 年的 6.01、5.22 和 4.39 美元/千克,而甲壳软体类产品("鲜冷等甲壳软体类"和"甲壳软体制品")的价格则基本维持不变。

表 6-8　1996—2012 年美国市场上分种类水产品进口价格变动

（单位：美元/千克）

年份	鲜活冷藏冻鱼	干熏腌鱼	鲜冷等甲壳软体类	鱼制品	甲壳软体制品	鱼油脂	鱼粉浆渣	珊瑚贝壳和海绵	水生植物及产品	不可食用品
1996	3.46	4.56	8.65	2.96	9.77	1.25	0.59	3.09	1.33	0.32
1997	3.73	4.49	9.13	3.03	10.31	2.11	0.59	3.18	1.20	0.34
1998	3.69	4.62	8.80	2.95	9.47	1.87	0.62	3.11	2.06	0.41
1999	4.12	5.15	8.77	2.65	9.18	1.40	0.55	3.65	1.16	0.47
2000	4.37	5.00	9.86	2.49	9.97	1.64	0.56	3.32	1.58	0.56
2001	4.22	5.14	8.72	2.82	8.85	1.68	0.56	2.67	1.33	0.49
2002	4.24	5.22	8.13	2.70	8.31	1.52	0.62	3.22	1.34	0.43
2003	4.42	5.23	7.96	2.61	7.84	1.88	0.62	3.02	1.59	0.52
2004	4.52	5.54	7.84	2.87	7.75	1.72	0.65	3.19	1.72	0.52
2005	4.76	5.79	7.96	3.03	7.61	1.59	0.71	3.74	2.88	0.68
2006	5.23	6.04	7.86	3.25	7.64	3.05	0.74	5.88	2.97	0.55
2007	5.42	6.60	8.10	3.45	7.94	2.94	0.87	3.87	3.31	0.63
2008	6.03	7.38	8.15	3.18	7.99	5.03	1.03	3.21	3.62	3.49
2009	5.48	7.06	7.52	3.68	7.92	5.93	0.90	3.23	3.62	0.68
2010	5.80	7.03	8.41	3.80	8.41	4.77	1.52	2.76	3.42	0.70
2011	6.01	7.86	9.54	4.35	9.94	4.85	1.49	2.81	3.63	1.18
2012	6.01	8.18	8.92	5.22	10.32	4.94	1.37	2.75	4.39	1.56

　　表 6-9 给出的是 1996—2012 年大陆分种类水产品对美出口价格的变动。从表中可知，与美国的进口价格相同，大陆对美出口水产品种类中价格最高的是两类甲壳软体类产品（"鲜冷等甲壳软体类"和"甲壳软体制品"）以及"水生植物及产品"，2012 年对美出口平均价格分别高达 7.07、8.43 和 9.16 美元/千克。另外，"鱼油脂"出口价格也较高，2012 年达 7.17 美元/千克。近些年，大陆水产品对美出口价格较高的还有"鲜活冷藏冻鱼"、"干熏腌鱼"和"鱼制品"，2012 年这 3 类产品出口价格分别为 4.33、4.19 和 5.45 美元/千克。从变化趋势上看，大陆各类水产品对美出口价格均表现为上升的走势，如"鲜活冷藏冻鱼"、"鲜冷等甲壳软体类"和"甲壳软体制品"分别从 1996 年的 1.68、3.99 和 4.73 美元/千克上升到 2012 年的 4.33、7.07 和 8.43 美元/千克，而"鱼制品"类产品出口价格则表现为先降后升的走势，先由 1996 年的 9.24 美元/千克下降到 2004 年的 2.12 美元/千克，后逐步上升到 2012 年的 5.45 美元/千克。与美国市场的水产品均价相比，大陆除"鱼油脂"、"鱼粉浆渣"和"水生植物及产品"等

少数水产品外,其他种类的水产品均具价格优势。

表 6-9　1996—2012 年大陆分种类水产品对美国市场出口价格变动

(单位:美元/千克)

年份	鲜活冷藏冻鱼	干熏腌鱼	鲜冷等甲壳软体类	鱼制品	甲壳软体制品	鱼油脂	鱼粉浆渣	珊瑚贝壳和海绵	水生植物及产品	不可食用品
1996	**1.68**	**4.50**	**3.99**	9.24	**4.73**	8.15	3.05	**2.00**	10.04	2.90
1997	**1.78**	**5.49**	**4.10**	8.70	**4.18**	22.09	—	4.04	9.78	24.98
1998	**1.78**	**3.44**	**3.91**	5.76	**3.82**	17.66	1.17	**0.84**	8.49	3.77
1999	**1.82**	**2.86**	**4.00**	5.20	**4.21**	2.31	2.51	**0.64**	7.91	6.06
2000	**1.83**	**3.11**	**4.24**	4.78	**5.29**	7.95	2.01	**0.87**	6.43	12.70
2001	**1.92**	**2.91**	**3.72**	3.93	**5.52**	8.20	1.39	4.04	6.80	5.45
2002	**2.04**	**3.23**	**3.58**	2.77	**5.92**	7.82	1.24	**1.76**	6.31	**0.00**
2003	**2.09**	**3.10**	**4.02**	2.42	**5.54**	9.37	1.07	**0.69**	7.21	**0.26**
2004	**2.22**	**3.37**	**4.09**	2.12	**5.34**	7.44	1.13	**0.85**	5.91	1.20
2005	**2.62**	**3.28**	**4.31**	2.41	**5.22**	8.16	1.96	**1.84**	7.62	11.21
2006	**2.84**	**3.49**	**4.01**	2.90	**5.65**	6.90	—	**1.64**	9.71	**0.47**
2007	**3.20**	**3.75**	**4.22**	2.71	**5.58**	6.49	—	**1.71**	7.55	**0.58**
2008	**3.36**	**4.07**	**4.13**	3.75	**6.48**	7.08	—	**1.13**	7.58	4.00
2009	**3.49**	**4.33**	**5.12**	3.14	**6.75**	6.45	—	**1.51**	5.81	79.40
2010	**3.79**	**3.96**	**6.21**	4.15	**7.08**	6.44	—	**1.60**	5.90	**0.43**
2011	**4.34**	**4.16**	**6.99**	4.84	**8.41**	6.87	—	**2.72**	7.73	4.02
2012	**4.33**	**4.19**	**7.07**	5.45	**8.43**	7.17	—	**2.01**	9.16	5.67

* 黑体字表示该价格低于美国市场价格。

表 6-10 给出的是 1996—2012 年台湾各类水产品对美国市场出口价格变动状况。从表中可知,台湾对美出口水产品中,"珊瑚贝壳和海绵"的价格最高,但波动较大,如 2010 年该类产品对美出口平均价格高达 1140.00 美元/千克。其次是"鱼制品"、"甲壳软体制品"和"水生植物及产品",2012 年这 3 类水产品对美出口价格分别为 9.37、7.44 和 10.55 美元/千克。从变动趋势上看,除了"鲜活冷藏冻鱼"对美国市场的出口价格呈现缓慢上升外(17 年间的年均增长率为4.22%),其他类产品对美的出口价格均表现为下降的走势,如"干熏腌鱼"、"鱼制品"、"甲壳软体制品"和"水生植物及产品"的平均价格分别由 1996 年的9.33、15.19、10.36 和 14.56 美元/千克下降到 2012 年的 5.74、9.37、7.44 和10.55 美元/千克。从与美国的市场价格比较看,台湾在"鲜活冷藏冻鱼"、"鲜冷等甲壳软体类"和"甲壳软体制品"这 3 类主要水产品上拥有价格优势。

表6-10　1996—2012年台湾分种类水产品对美国市场出口价格变动

(单位:美元/千克)

年份	鲜活冷藏冷冻鱼	干熏腌鱼	鲜冷等甲壳软体类	鱼制品	甲壳软体制品	鱼油脂	鱼粉浆渣	珊瑚贝壳和海绵	水生植物及产品	不可食用品
1996	**2.03**	9.33	**4.49**	15.19	10.36	**1.09**	2.45	57.82	14.56	1.90
1997	**1.96**	9.04	**4.02**	12.82	10.86	—	—	26.70	18.59	0.61
1998	1.51	4.67	**2.75**	9.43	**9.33**	—	—	17.13	13.51	0.78
1999	**1.88**	5.97	**2.71**	7.88	**8.29**	—	—	16.38	16.11	—
2000	**1.99**	9.78	**3.01**	8.70	**7.65**	—	6.00	**2.44**	18.35	—
2001	1.61	5.86	**3.17**	7.06	**8.12**	—	6.60	10.06	11.43	1.54
2002	1.71	5.19	**3.69**	6.53	**6.61**	—	2.65	NS	7.28	1.39
2003	1.65	4.75	**3.28**	6.51	**6.14**	—	—	5.00	6.49	—
2004	**1.95**	6.49	**4.17**	6.88	**5.68**	—	3.15	51.92	5.95	—
2005	**1.92**	6.28	**4.33**	8.48	**5.95**	—	3.45	223.75	5.67	26.67
2006	**2.18**	5.57	**3.44**	6.62	**5.60**	—	—	460.00	4.96	25.00
2007	**2.27**	7.28	**2.61**	7.68	**5.38**	—	6.10	31.71	4.97	6.67
2008	**2.63**	8.45	**2.82**	7.99	**6.62**	—	—	53.33	5.50	180.00
2009	**2.52**	7.42	**2.36**	7.46	**6.31**	—	5.39	—	5.63	9.37
2010	**2.33**	**3.87**	**3.11**	7.71	**6.59**	—	4.43	1140.00	6.53	—
2011	**3.47**	5.66	**4.65**	8.61	**7.00**	—	5.36	**2.12**	9.38	—
2012	**3.93**	5.74	**4.43**	9.37	**7.44**	—	—	3.71	10.55	9.77

＊黑体字表示该价格低于美国市场价格,下划线表示该价格低于大陆该类产品对美出口价格。

　　从海峡两岸水产品出口价格比较来看,虽然大陆水产品对美出口总体平均价格要高于台湾,但在对美存在价格优势的水产品种类上却多于台湾。总的来看,大陆水产品在美国市场上的价格优势要大于台湾。在美国市场上台湾仅在"鱼粉浆渣"上较大陆具备价格优势,其余产品均缺乏优势。

　　3.海峡两岸水产品在韩国市场上的出口价格比较

　　图6-4给出了1996—2012年大陆、台湾对韩国市场的出口价格及韩国市场水产品总体平均价格的变动。由图可看出,韩国水产品总体平均价格变动较为平稳,2006年以后开始平稳上升,从2006年的1.99美元/千克上升到2012年的2.92美元/千克。大陆水产品对韩国市场出口总体平均价格表现为与韩国市场价格同步波动的态势,且长期来其价格略低于韩国市场价格,但2009年以来这种状况开始改变,2012年大陆出口平均价格高出韩国进口价格0.47美元/千克。大陆水产品在韩国市场上的价格优势开始丧失。台湾水产品的总体平均价格自1998年以来一直低于韩国市场价格,且价格优势有进一步加大的态

势,2012 年台湾水产品对韩国出口价格低于韩国市场均价 1.53 美元/千克。可见,台湾水产品在韩国市场上拥有价格优势,且这几年该优势尤为明显。

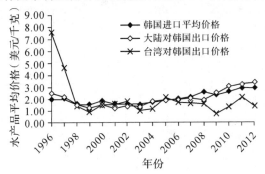

图 6-4　1996—2012 年两岸在韩国市场上的水产品平均价格变动

为了深入探析两岸水产品在韩国市场的价格变动状况,本研究进一步分析了大陆与台湾各类水产品在韩国市场的价格变化情况,结果见表 6-11、表 6-12 和表 6-13。

由表 6-11 可知,在韩国市场上价格最高的水产品种类是加工品("干熏腌鱼"、"鱼制品"以及"甲壳软体制品"),2012 年这 3 类产品在韩国市场上的平均价格分别达到 6.70、6.43 和 5.19 美元/千克。另外,"鲜活冷藏冻鱼"和"鲜冷等甲壳软体类"两类生鲜产品在韩国市场上的平均价格较高,2012 的平均价格分别为 2.51 和 3.74 美元/千克。从变化趋势上看,大多数种类的价格处于稳中有升的状态,如"鲜活冷藏冻鱼"的平均价格在 14 年内缓慢增长,从 1996 年的 1.85 美元/千克上涨到 2012 年 2.51 美元/千克,而"鲜冷等甲壳软体类"的平均价格则稳定在 2～4 美元/千克的范围内。

表 6-11　1996—2012 年韩国市场上分种类水产品进口价格变动（美元/千克）

年份	鲜活冷藏冻鱼	干熏腌鱼	鲜冷等甲壳软体类	鱼制品	甲壳软体制品	鱼油脂	鱼粉浆渣	珊瑚贝壳和海绵	水生植物及产品	不可食用品
1996	1.85	7.77	2.97	10.67	3.12	1.09	0.71	0.85	1.48	3.22
1997	1.88	5.98	3.03	9.45	2.76	0.99	0.70	0.83	1.27	1.72
1998	1.54	4.67	1.94	5.35	3.37	1.03	0.76	0.66	0.91	1.75
1999	1.49	2.19	1.86	5.81	3.13	1.05	0.61	0.55	1.16	1.83
2000	1.77	4.51	2.49	5.09	2.96	0.92	0.56	0.38	1.21	1.88
2001	1.40	3.71	2.40	5.11	3.30	1.11	0.59	0.24	0.79	1.96
2002	1.40	3.26	2.30	4.97	2.89	1.14	0.69	0.35	0.77	0.84
2003	1.36	3.47	2.32	5.20	3.05	1.60	0.69	0.46	0.88	1.00

续表

年份	鲜活冷藏冻鱼	干熏腌鱼	鲜冷等甲壳软体类	鱼制品	甲壳软体制品	鱼油脂	鱼粉浆渣	珊瑚贝壳和海绵	水生植物及产品	不可食用品
2004	1.49	4.36	2.41	5.63	3.02	1.16	0.79	0.35	0.88	1.17
2005	1.59	4.55	2.59	6.06	3.35	1.22	0.78	0.33	1.08	1.60
2006	1.67	4.62	2.65	5.10	3.40	1.36	1.10	0.34	1.43	2.85
2007	1.81	4.62	3.00	5.11	3.85	1.90	1.21	0.33	1.11	3.12
2008	2.26	5.37	3.20	5.82	3.99	2.69	1.14	0.30	1.50	4.56
2009	2.02	5.20	3.07	5.50	3.71	1.56	1.13	0.24	1.38	4.49
2010	2.29	5.54	3.25	6.23	4.18	2.21	1.68	0.26	1.64	4.43
2011	2.52	7.00	3.60	6.57	5.20	2.16	1.69	0.27	1.29	5.04
2012	2.51	6.70	3.74	6.43	5.19	1.74	1.55	0.23	1.35	4.35

表 6-12 给出的是 1996—2012 年大陆分种类水产品对韩国出口价格的变动。从表中可知,大陆对韩国出口水产品价格最高的为"干熏腌鱼"和"甲壳软体制品",2012 年这两类产品对韩国出口平均价格分别高达 9.23 和 5.04 美元/千克。这些年大陆水产品对韩出口价格较高的还有"鲜活冷藏冻鱼"、"鲜冷等甲壳软体类"、"鱼制品"以及"水生植物及产品",2012 年这 4 类产品出口价格分别为 3.36、3.08、2.48 和 3.95 美元/千克。此外,"鱼油脂"对韩出口价格表现出不稳定的态势。从变化趋势上看,大陆各类水产品对韩出口价格均表现为先降后升的走势,如"鲜活冷藏冻鱼"和"鱼制品"两类产品的对韩出口价格分别从 1996 年的 2.84 和 4.99 美元/千克下降到 1999 年的 1.24 和 2.03 美元/千克,后又逐步上升至 2012 年的 3.36 和 2.48 美元/千克。与韩国市场的水产品均价相比,大陆在"鲜冷等甲壳软体类"、"鱼制品"、"甲壳软体制品"、"鱼粉浆渣"以及"珊瑚贝壳和海绵"上具备价格优势,而在"鲜活冷藏冻鱼""干熏腌鱼"以及"水生植物及产品"上缺乏价格优势。

表 6-12　1996—2012 年大陆分种类水产品对韩国市场出口价格变动

(单位:美元/千克)

年份	鲜活冷藏冻鱼	干熏腌鱼	鲜冷等甲壳软体类	鱼制品	甲壳软体制品	鱼油脂	鱼粉浆渣	珊瑚贝壳和海绵	水生植物及产品	不可食用品
1996	2.84	5.17	2.36	4.99	2.36	—	1.26	0.37	0.82	1.56
1997	2.26	5.23	2.14	3.76	2.01	6.79	0.43	0.54	1.07	0.37
1998	1.87	3.80	1.09	2.69	2.17	0.48	0.40	0.19	0.76	0.79
1999	1.24	1.76	1.44	2.03	1.18	0.46	0.35	0.21	1.23	1.60
2000	1.48	2.78	1.73	2.76	1.06	2.48	0.62	0.14	1.07	2.32

续表

年份	鲜活冷藏冻鱼	干熏腌鱼	鲜冷等甲壳软体类	鱼制品	甲壳软体制品	鱼油脂	鱼粉浆渣	珊瑚贝壳和海绵	水生植物及产品	不可食用品
2001	**1.13**	**3.36**	**1.72**	3.95	**1.81**	0.91	0.31	0.13	**0.60**	0.35
2002	**1.28**	4.52	**1.73**	2.14	**1.80**	0.59	0.60	0.17	**0.60**	0.34
2003	**1.20**	4.38	**1.71**	1.99	2.04	26.00	0.50	0.18	1.00	0.32
2004	1.61	5.26	**1.94**	1.87	2.46	0.29	0.59	0.10	1.07	**0.96**
2005	1.59	6.17	**1.97**	2.22	2.83	0.77	0.53	0.14	1.10	**0.92**
2006	1.69	6.22	**1.87**	1.89	3.16	0.79	0.55	0.17	1.57	1.11
2007	1.92	5.24	**1.94**	1.65	2.84	0.87	24.67	0.15	2.58	1.47
2008	**1.53**	7.03	**2.26**	2.17	2.98	33.79	—	0.11	3.12	**2.17**
2009	2.51	8.40	**2.39**	1.83	3.05	2.89	0.57	0.12	3.48	4.80
2010	3.27	9.29	**2.74**	1.79	3.98	3.33	0.67	0.14	4.05	**2.15**
2011	3.27	8.84	**2.96**	2.12	4.76	1.73	0.67	0.16	3.88	**2.07**
2012	3.36	9.23	**3.08**	2.48	5.04	1.56	0.85	0.15	3.95	1.56

*黑体字表示该价格低于韩国市场价格。

表 6-13 给出的是 1996—2012 年台湾各类水产品对韩国市场出口价格变动状况。表中可知,台湾对韩出口价格最高的产品集中在水产品的加工品("干熏腌鱼"、"鱼制品"和"甲壳软体制品"),17 年来的出口均价分别高达 8.55、10.23和 44.01 美元/千克,另外"水生植物及产品"的价格也较高,2012 年对韩出口价格达 8.61 美元/千克。从变动趋势上看,各类产品的价格波动较大,但整体上表现为下行态势,如"鲜活冷藏冻鱼"、"鱼制品"和"甲壳软体制品"的出口价格从 1996 年的 7.51、22.46 和 87.22 美元/千克下降到 2012 年的 1.31、15.50 和16.32 美元/千克。从与韩国市场的价格比较来看,1996—2012 年,台湾在生鲜产品("鲜活冷藏冻鱼"和"鲜冷等甲壳软体类")具备价格优势,其中台湾对韩国出口的主要水产品"鲜活冷藏冻鱼"自 2006 年以来始终保持着价格优势。

表 6-13　1996—2012 年台湾分种类水产品对韩国市场出口价格变动

(单位:美元/千克)

年份	鲜活冷藏冻鱼	干熏腌鱼	鲜冷等甲壳软体类	鱼制品	甲壳软体制品	鱼油脂	鱼粉浆渣	珊瑚贝壳和海绵	水生植物及产品	不可食用品
1996	7.51	—	—	22.46	87.22	—	**0.50**	23.00	52.75	—
1997	4.32	9.02	19.05	12.81	27.19	—	—	—	33.32	—
1998	<u>1.74</u>	—	**0.59**	—	76.10	—	—	—	33.61	—
1999	<u>0.86</u>	5.45	<u>0.45</u>	2.88	84.56	—	—	—	—	—

续表

年份	鲜活冷藏冻鱼	干熏腌鱼	鲜冷等甲壳软体类	鱼制品	甲壳软体制品	鱼油脂	鱼粉浆渣	珊瑚贝壳和海绵	水生植物及产品	不可食用品
2000	**1.42**	7.98	18.33	7.64	65.00	—	—	—	9.19	—
2001	1.47	5.52	6.35	8.74	71.60	**0.52**	—	—	11.39	1550.00
2002	1.78	10.39	**1.99**	8.47	—	**0.51**	—	—	1.19	
2003	**1.01**	6.51	**1.55**	7.23	14.32	—	—	—	48.33	
2004	**1.18**	6.33	**1.86**	**5.05**	36.45	—	—	—	6.81	
2005	1.97	6.17	11.94	6.53	—	42.33	—	12.31	3.97	2.80
2006	**1.65**	6.97	3.33	10.62	43.91	—	—	—	5.94	**1.53**
2007	**1.52**	7.06	3.59	12.21	17.36	—	—	—	6.60	5.28
2008	**1.53**	8.39	**1.02**	13.18	25.17	—	—	—	6.93	**1.08**
2009	**0.77**	9.21	**0.77**	10.09	38.91	—	—	—	7.35	14.43
2010	**1.27**	—	**0.74**	15.91	39.49	—	—	—	7.01	8.44
2011	**1.97**	14.35	**2.57**	16.60	16.61	—	—	—	7.65	8.51
2012	**1.31**	16.32	**1.98**	15.50	16.32	—	—	1640.00	8.61	7.41

* 黑体字表示该价格低于韩国市场价格,下划线表示该价格低于大陆该类产品对韩国出口价格。

从两岸水产品对韩国市场出口价格比较来看,台湾在生鲜水产品("鲜活冷藏冻鱼"和"鲜冷等甲壳软体类")方面较大陆有价格优势,而大陆在加工品("干熏腌鱼"、"鱼制品"和"甲壳软体制品")方面较台湾有价格优势。

总的来看,从水产品种类层面上分析,在韩国市场上大陆在甲壳软体类产品和水产深加工品("鲜冷等甲壳软体类"、"鱼制品"和"甲壳软体制品")上具备价格优势,而台湾则在生鲜水产品("鲜活冷藏冻鱼"和"鲜冷等甲壳软体类")上具有价格优势。两者存在一定程度的互补。

4. 海峡两岸水产品在香港市场上的出口价格比较

图 6-5 给出了 1996—2012 年大陆、台湾对香港市场的出口价格及香港市场水产品总体平均价格的变动。由图可看出,1996 年以来香港市场水产品进口平均价格虽有起伏,但总体上表现为上升的走势,从 1996 年的 5.63 美元/千克上升到 2012 年的 10.48 美元/千克。大陆水产品对香港市场出口总体平均价格在 2008 年以前上升较为平缓,但 2008 年以后呈现快速增长势头,从 2008 年的 2.41 美元/千克上升到 2012 年的 9.11 美元/千克,后者是前者的 3.79 倍。另外,大陆对香港市场的出口价格在计算期内的所有年份均低于香港市场的平均进口价格,表现出一定的价格优势。与大陆相同,台湾水产品的总体平均价格表现为上升走势,同时在 1996—2012 年间要低于香港市场价格,具有价格优势,2012 年台湾水产品对香港出口价格要比香港市场均价低 3.83 美元/千克。

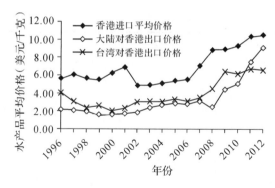

图 6-5　1996—2012 年两岸在香港市场上的水产品平均价格变动

　　为了深入探析两岸水产品在香港市场的价格变动状况,本书进一步分析了大陆与台湾各类水产品在香港市场的价格变化情况,结果见表 6-14、表 6-15 和表 6-16。

　　从表 6-14 可知,在香港市场上进口平均价格最高的是“干熏腌鱼”,2012 年的均价高达 33.57 美元/千克。另外,香港市场进口平均价格较高的水产品还包括“鲜冷等甲壳软体类”和“甲壳软体制品”,2010 年的进口均价分别达到12.49 和 8.47 美元/千克。在变动趋势方面,“甲壳软体制品”进口均价表现出下降态势,从 1996 年的 14.47 美元/千克下降到 2010 年的 8.47 美元/千克,但近两年均价又有所上升,2012 年该类产品进口均价为 12.24 美元/千克;而“鱼制品”价格在波动中维持恒定,1996 年和 2012 年该类产品进口均价分别为3.72 和 4.47 美元/千克。其他类产品均价都表现为上升或先降后升的走势,其中“鲜冷等甲壳软体类”和“水生植物及产品”表现得尤为明显,均价从 1996 年的 8.33 和 1.50 美元/千克上升到 2012 年的 13.03 和 3.42 美元/千克。

表 6-14　1996—2012 年香港市场分种类水产品进口平均价格变动

（单位：美元/千克）

年份	鲜活冷藏冻鱼	干熏腌鱼	鲜冷等甲壳软体类	鱼制品	甲壳软体制品	鱼油脂	鱼粉浆渣	珊瑚贝壳和海绵	水生植物及产品	不可食用品
1996	3.50	18.38	8.33	3.72	14.47	0.74	0.73	1.17	1.50	3.51
1997	3.82	19.12	9.17	4.25	17.29	1.19	0.74	2.00	0.95	3.17
1998	3.12	17.57	8.58	2.99	13.00	1.15	0.80	1.53	0.92	2.14
1999	2.86	17.05	7.99	2.60	14.44	1.38	0.65	1.81	0.83	1.91
2000	3.28	22.18	8.46	2.70	12.69	5.20	0.63	2.32	0.70	2.31
2001	5.08	17.60	8.00	2.64	12.35	5.18	0.65	1.56	0.71	1.86
2002	2.42	16.99	7.63	2.25	9.67	4.00	0.72	1.63	0.53	2.12

续表

年份	鲜活冷藏冻鱼	干熏腌鱼	鲜冷等甲壳软体类	鱼制品	甲壳软体制品	鱼油脂	鱼粉浆渣	珊瑚贝壳和海绵	水生植物及产品	不可食用品
2003	2.26	16.95	7.84	2.25	8.86	2.85	0.81	1.94	0.46	1.83
2004	2.36	19.55	8.27	2.35	9.99	8.24	0.80	2.98	0.39	1.98
2005	2.36	20.06	8.64	2.68	8.43	4.22	0.81	3.72	0.46	3.33
2006	2.50	18.28	8.96	3.25	7.77	9.65	0.92	4.53	0.49	2.49
2007	3.98	18.77	10.12	2.69	7.47	5.03	0.83	6.74	0.46	2.06
2008	5.93	22.80	11.44	7.42	2.69	1.11	4.31	1.20	2.25
2009	6.31	20.40	11.32	3.50	6.44	1.42	1.04	1.69	2.17	3.53
2010	5.77	23.89	12.49	3.50	8.47	15.61	1.51	19.03	2.89	3.23
2011	6.01	27.94	13.39	3.91	12.82	15.86	1.55	32.32	3.26	2.61
2012	7.22	33.57	13.03	4.47	12.24	9.56	1.37	4.44	3.42	1.58

  表 6-15 给出的是 1996—2012 年大陆分种类水产品对香港市场出口价格的变动。由表可知,大陆对香港出口的水产品种类中,均价最高的是"干熏腌鱼"和"甲壳软体制品",17 年间的平均价格分别高达 6.49 和 7.60 美元/千克。近些年,价格较高的产品还有"鲜冷等甲壳软体类",2012 年的平均价格高达12.16 美元/千克。从变化趋势上看,与对韩国市场相同,大陆各类水产品对香港市场的出口价格均表现为先下降后上升的走势,如"鲜活冷藏冻鱼"和"鲜冷等甲壳软体类"产品对香港市场的出口价格分别从 1996 年的 1.81 和 2.33 美元/千克下降到 2000 年的 1.14 和 0.94 美元/千克,后又逐步上升至 2012 年的 5.16 和 12.16 美元/千克。大陆在"鲜活冷藏冻鱼"、"干熏腌鱼"、"鲜冷等甲壳软体类"以及"水生植物及产品"等主要水产品种类上的出口价格长期低于香港市场均价,而在"鱼制品"和"甲壳软体制品"这两类产品的深加工品上缺乏价格优势,价格优势或正在逐步丧失。

表 6-15　1996—2012 年大陆分种类水产品对香港市场的出口价格变动

(单位:美元/千克)

年份	鲜活冷藏冻鱼	干熏腌鱼	鲜冷等甲壳软体类	鱼制品	甲壳软体制品	鱼油脂	鱼粉浆渣	珊瑚贝壳和海绵	水生植物及产品	不可食用品
1996	**1.81**	5.65	**2.33**	3.28	**3.63**	3.16	**0.28**	0.36	**7.09**	3.51
1997	**1.68**	6.28	**2.32**	3.97	**2.93**	4.52	**0.24**	0.81	**6.91**	3.42
1998	**1.51**	6.26	**1.67**	2.91	**2.56**	4.91	1.91	0.31	**5.44**	3.28
1999	**1.13**	5.48	**1.00**	2.56	**2.87**	1.86	**0.24**	0.35	**4.73**	2.83
2000	**1.14**	7.87	**0.94**	2.50	**2.59**	51.15	**0.21**	0.30	**3.83**	2.75

续表

年份	鲜活冷藏冻鱼	干熏腌鱼	鲜冷等甲壳软体类	鱼制品	甲壳软体制品	鱼油脂	鱼粉浆渣	珊瑚贝壳和海绵	水生植物及产品	不可食用品
2001	**1.27**	**8.81**	**1.32**	**2.01**	**2.64**	**5.12**	**0.44**	0.73	**2.68**	2.66
2002	**1.28**	**5.87**	**1.16**	2.77	**6.91**	6.05	1.10	0.33	**2.56**	3.10
2003	**1.33**	**13.00**	**1.56**	2.54	9.29	6.04	1.11	0.49	**1.27**	3.63
2004	**1.55**	**9.04**	**1.90**	4.72	**5.58**	**5.44**	0.88	0.61	**1.55**	3.39
2005	**1.60**	**6.34**	**2.14**	4.66	**6.17**	6.82	**0.13**	0.36	**2.76**	3.98
2006	**1.71**	**3.47**	**2.40**	3.83	**6.84**	6.24	—	0.17	**5.28**	4.27
2007	**1.80**	**3.29**	**2.44**	4.79	**7.03**	**5.82**	—	0.24	**6.71**	3.31
2008	**1.33**	**3.93**	**3.80**	5.36	8.34	6.63	1.47	0.49	**7.35**	3.63
2009	**2.76**	**5.20**	**7.07**	4.54	11.04	7.44	—	0.73	**7.96**	4.58
2010	**3.17**	**5.28**	**6.78**	4.63	16.30	**6.57**	—	0.39	**7.88**	6.07
2011	**4.27**	**6.69**	**9.26**	6.32	16.99	**7.39**	—	0.27	**7.83**	8.62
2012	**5.16**	**7.91**	**12.16**	7.62	17.44	**8.06**	31.00	0.35	6.90	5.11

* 黑体字表示该价格低于香港市场价格。

　　表 6-16 给出的是 1996—2012 年台湾各类水产品对香港市场的出口价格变动状况。由表可知，这些年，台湾对香港市场出口价格最高的产品种类是"鱼油脂"和"珊瑚贝壳和海绵"，2012 年这两类水产品的出口均价分别达到 48.63 和 38.17 美元/千克，其次是 "干熏腌鱼"、"鲜冷等甲壳软体类"和"甲壳软体制品"，2012 年的均价分别达到 12.78、14.62 和 9.46 美元/千克。从变动趋势分析，除"鱼制品"价格表现为平稳下降的走势外，其他类水产品都呈现平稳上升或先降后升的走势，如"鲜冷等甲壳软体类"的单价由 1996 年的 3.29 美元/千克下降到 2000 年的 1.05 美元/千克，后又逐步上升到 2012 年的 14.62 美元/千克。从与香港市场水产品价格的比较看，台湾的"鲜活冷藏冻鱼"、"干熏腌鱼"、"鲜冷等甲壳软体类"、"甲壳软体制品"和"鱼制品"这五类产品在绝大多数年份对香港的出口价格要小于香港市场上的平均价格。可见，在香港市场，台湾在 5 类主要水产品上具备价格优势，但在生鲜水产品（"鲜活冷藏冻鱼"和"鲜冷等甲壳软体类"）上的价格优势呈现逐步丧失的态势。

表 6-16　1996—2012 年台湾分种类水产品对香港市场出口价格变动

（单位：美元/千克）

年份	鲜活冷藏冷冻鱼	干熏腌鱼	鲜冷等甲壳软体类	鱼制品	甲壳软体制品	鱼油脂	鱼粉浆渣	珊瑚贝壳和海绵	水生植物及产品	不可食用品
1996	**2.57**	11.09	**3.29**	6.44	**7.89**	<u>1.75</u>	2.12	1.19	18.21	13.56
1997	**0.97**	8.37	**3.16**	9.53	**8.42**	32.21	4.69	**0.56**	7.86	7.33
1998	**1.09**	5.14	**2.48**	4.58	**7.27**	6.18	<u>1.05</u>	**1.05**	8.12	4.05
1999	1.61	3.51	**2.50**	3.44	**7.76**	24.67	0.68	**0.55**	7.16	4.29
2000	2.53	4.59	1.05	3.47	**7.28**	11.88	2.29	**0.84**	10.45	**1.49**
2001	1.81	3.06	1.67	3.39	**5.85**	8.24	0.89	1.90	4.70	4.61
2002	2.07	3.43	3.23	3.09	**4.87**	7.38	3.77	5.26	3.33	5.04
2003	<u>1.54</u>	<u>3.73</u>	6.96	2.97	**4.31**	6.07	1.18	**1.39**	1.94	5.85
2004	**1.54**	4.44	8.10	<u>2.90</u>	**4.26**	**5.56**	**0.15**	20.26	3.29	5.99
2005	**1.43**	9.88	6.18	<u>2.87</u>	**4.26**	12.46	10.25	5.76	5.95	**2.63**
2006	**1.68**	11.02	3.99	<u>2.91</u>	**4.08**	18.76	7.30	**3.56**	6.25	**0.50**
2007	1.93	9.97	3.76	<u>2.86</u>	**4.71**	28.93	11.38	2357.00	<u>5.23</u>	**0.80**
2008	**4.10**	10.09	4.24	<u>3.06</u>	**6.90**	21.75	5.95	364.24	<u>6.40</u>	**1.83**
2009	7.29	**11.38**	**6.92**	<u>3.18</u>	7.24	38.47	—	26.29	<u>6.23</u>	6.11
2010	6.04	**12.55**	14.47	<u>3.41</u>	8.63	48.27	—	27.20	<u>7.47</u>	14.54
2011	6.57	**13.27**	17.76	<u>3.58</u>	**10.26**	46.46	—	6.56	15.47	**1.48**
2012	**6.81**	**12.78**	14.62	<u>3.91</u>	9.46	48.63	—	38.17	8.21	4.14

＊黑体字表示该价格低于香港市场价格，下划线表示该价格低于大陆该类产品对香港出口价格。

　　从两岸的比较看，台湾在水产品的深加工品（"鱼制品"和"甲壳软体制品"）上较大陆更具价格优势，2004 年以后台湾的"鱼制品"和"甲壳软体制品"对香港市场的出口均价低于大陆的出口均价。

　　总的来看，从水产品种类层面上分析，在香港市场，大陆在鲜活水产品方面有价格优势，而台湾则在水产深加工品上保有价格优势。

　　5. 海峡两岸水产品在东盟市场上的出口价格比较

　　图 6-6 给出了 2000—2012 年大陆、台湾对东盟市场的出口和东盟市场水产品进口总体平均价格的变动。从图中可以看出，在这 13 年间，在东盟市场上大陆在所有年份的水产品总平均价格都高于东盟市场价格，台湾的出口价格仅在2011 年高于东盟水产品均价，而其余年份则均低于东盟市场均价，可见，在东盟市场上大陆水产品缺乏价格优势而台湾水产品则拥有价格优势。在变化趋势方面，东盟市场水产品总平均价格呈现平稳增长的态势，从 2000 年的 1.10

美元/千克上升到 2012 年的 3.02 美元/千克,后者是前者的 2.75 倍。大陆与台湾的水产品对东盟市场的出口价格均呈现不断增长的势头,分别从 2000 年的 1.45 和 0.63 美元/千克上升到 2012 年的 4.32 和 2.06 美元/千克,后者分别是前者的 2.98 和 3.27 倍。

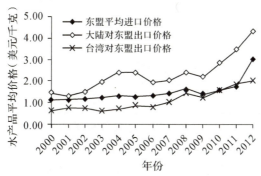

图 6-6　2000—2012 年两岸在东盟市场上的水产品平均价格变动

为了深入研究两岸水产品在东盟市场上的价格变动状况,本研究进一步分析了两岸各类水产品在东盟市场上的价格优势,结果见表 6-17、表 6-18 和表 6-19。

从表 6-17 获悉,东盟市场上的水产品的进口价格明显低于其他目标市场,其中价格最高的水产品种类是"甲壳软体制品",2012 年均价高达 4.38 美元/千克,其次为"鱼制品"和"鲜冷等甲壳软体类",2012 年的均价分别达到 3.34 和 2.47 美元/千克。东盟进口的各类水产品中,"鲜活冷藏冻鱼"、"鱼制品"和"鱼油脂"等鱼类产品的价格上升较为明显,分别从 2000 年的 0.85、1.86 和 0.57 美元/千克上升至 2012 年的 3.47、3.34 和 1.70 美元/千克。而"干熏腌鱼"、"鲜冷等甲壳软体类"和"甲壳软体制品"等产品的价格则表现为持续下滑的走势,分别由 2000 年的 2.04、3.00 和 6.44 美元/千克下滑至 2011 年的 1.61、2.36 和 4.13 美元/千克。

表 6-17　2000—2012 年东盟市场上分种类水产品进口价格变动

(单位:美元/千克)

年份	鲜活冷藏冻鱼	干熏腌鱼	鲜冷等甲壳软体类	鱼制品	甲壳软体制品	鱼油脂	鱼粉浆渣	珊瑚贝壳和海绵	水生植物及产品	不可食用品
2000	0.85	2.04	3.00	1.86	6.44	0.57	0.45	1.40	6.42	5.01
2001	0.95	1.67	2.47	1.83	3.90	0.72	0.50	0.81	4.36	4.03
2002	0.87	1.86	3.11	1.91	5.04	0.93	0.55	1.21	4.01	2.12
2003	0.92	2.25	3.07	1.91	3.96	1.17	0.58	1.23	3.02	2.45
2004	0.99	2.22	3.39	1.97	4.50	1.55	0.63	1.38	1.95	1.32
2005	1.04	1.99	3.02	2.12	3.59	1.32	0.67	1.44	1.84	1.42

续表

年份	鲜活冷藏冻鱼	干熏腌鱼	鲜冷等甲壳软体类	鱼制品	甲壳软体制品	鱼油脂	鱼粉浆渣	珊瑚贝壳和海绵	水生植物及产品	不可食用品
2006	1.08	2.16	2.96	2.18	3.63	1.17	0.86	0.93	1.84	1.54
2007	1.25	1.98	2.81	2.44	5.32	1.28	0.91	1.46	1.72	1.56
2008	1.51	1.81	2.91	2.81	5.79	1.98	0.99	1.76	2.47	2.00
2009	1.25	1.28	2.34	2.44	5.40	1.13	0.96	1.56	1.80	2.02
2010	1.37	1.31	2.46	2.84	5.61	1.82	1.31	1.41	1.98	2.72
2011	1.52	1.61	2.36	2.98	4.13	1.85	1.32	1.92	2.42	2.77
2012	3.47	2.25	2.47	3.34	4.38	1.70	1.69	2.05	3.09	3.28

表 6-18 给出的是 2000—2012 年大陆分种类水产品对东盟出口价格的变动。从表中可知,大陆对东盟的出口产品中,价格较高的为"干熏腌鱼"、"甲壳软体制品"以及"水生植物及产品",2012 年这三类产品对东盟市场的出口价格分别高达 12.44、13.56 和 11.64 美元/千克,单价均超过 10 美元/千克。从变化趋势上看,大陆各类水产品对东盟的出口价格均表现为上升的走势,如"鲜活冷藏冻鱼"、"鲜冷等甲壳软体类"、"鱼制品"和"甲壳软体制品"对东盟的出口价格分别从 2000 年的 0.48、2.69、2.05 和 4.68 美元/千克上升到 2012 年的 2.33、8.78、4.73 和 13.56 美元/千克。与东盟市场的水产品均价相比,这几年,大陆在水产品上价格优势不明显。

表 6-18　2000—2012 年大陆分种类水产品对东盟市场出口价格变动

(单位:美元/千克)

年份	鲜活冷藏冻鱼	干熏腌鱼	鲜冷等甲壳软体类	鱼制品	甲壳软体制品	鱼油脂	鱼粉浆渣	珊瑚贝壳和海绵	水生植物及产品	不可食用品
2000	**0.48**	11.46	**2.69**	2.05	**4.68**	1.71	4.55	**0.10**	6.62	**2.21**
2001	**0.64**	5.24	**1.95**	2.10	**2.77**	0.87	0.57	**0.08**	5.34	**0.81**
2002	**0.60**	1.13	**3.05**	2.00	5.72	**0.64**	0.72	**0.16**	5.39	**0.61**
2003	**0.68**	0.99	3.29	2.00	5.57	**1.05**	0.68	**0.17**	4.58	**0.57**
2004	**0.83**	1.64	3.41	**1.80**	6.25	**1.03**	0.50	**0.10**	4.82	1.44
2005	1.06	2.44	**2.82**	**1.82**	5.87	1.85	0.47	**0.46**	4.32	**1.21**
2006	**0.93**	9.22	**2.37**	2.81	5.39	8.88	0.54	**0.28**	6.30	**0.68**
2007	**1.06**	9.02	**1.61**	2.53	5.50	1.94	0.66	**0.35**	7.55	**0.87**
2008	**1.21**	9.92	**2.50**	**2.36**	6.81	10.11	0.67	**0.23**	8.31	**1.12**
2009	1.30	9.00	5.46	2.46	7.87	11.56	**0.72**	**0.33**	7.92	**1.28**
2010	1.70	11.06	6.21	3.49	8.81	1.90	**0.83**	**0.47**	9.71	**1.21**
2011	1.99	11.68	8.18	3.91	11.44	**1.55**	0.77	2.29	11.41	3.25
2012	**2.33**	12.44	8.78	4.73	13.56	1.99	—	**1.07**	11.64	6.55

* 黑体字表示该价格低于东盟市场价格。

表 6-19 给出的是 2000—2012 年台湾各类水产品对东盟市场的出口价格变动状况。由表中可知,这几年,台湾对东盟出口水产品中以"干熏腌鱼"和"水生植物及产品"的出口单价最高,2012 年分别达到 10.50 和 11.61 美元/千克,超过 10 美元/千克。从变动趋势分析,台湾有 3 类水产品对东盟市场的出口价格保持上升走势,分别是"鲜活冷藏冻鱼""干熏腌鱼"和"鲜冷等甲壳软体类",出口单价分别由 2001 年的 0.74、7.93 和 0.68 美元/千克上升到 2012 年的 2.03、10.50 和 1.55 美元/千克。而"鱼制品""甲壳软体制品"以及"水生植物及产品"等水产品深加工品的出口价格则表现为下降趋势,分别由 2000 年的 7.36、7.54 和 13.09 美元/千克下降到 2012 年的 5.50、6.91 和 11.61 美元/千克。对比东盟市场上的水产品价格,台湾在水产品加工品上除不具价格优势的"干熏腌鱼"、"鱼制品"、"甲壳软体制品"以及"水生植物及产品"等外,其余种类水产品均保有价格优势。

表 6-19　2000—2012 年台湾分种类水产品对东盟市场的出口价格变动

(单位:美元/千克)

年份	鲜活冷藏冻鱼	干熏腌鱼	鲜冷等甲壳软体类	鱼制品	甲壳软体制品	鱼油脂	鱼粉浆渣	珊瑚贝壳和海绵	水生植物及产品	不可食用品
2000	**0.62**	17.16	**0.65**	7.36	7.54	1.45	0.48	3.04	13.09	**4.46**
2001	**0.74**	7.93	**0.68**	7.22	**3.47**	0.81	**0.46**	1.69	11.36	**3.30**
2002	0.72	3.54	0.79	5.71	8.10	0.91	0.48	1.18	8.02	3.08
2003	0.59	1.99	0.63	4.77	6.26	0.39	0.49	4.23	10.42	1.94
2004	0.68	2.75	0.96	5.20	5.50	0.25	0.54	0.91	10.10	1.56
2005	0.77	2.33	1.08	7.43	5.33	0.36	0.52	8.71	8.65	0.96
2006	0.73	5.08	0.58	8.01	4.50	0.37	0.57	4.58	8.98	1.74
2007	0.90	13.27	0.59	5.79	6.40	0.58	0.52	0.15	9.75	1.52
2008	1.40	14.27	0.73	4.87	**3.92**	0.81	0.73	0.41	13.60	1.85
2009	1.14	9.55	0.61	4.87	**4.18**	0.53	0.68	20.00	10.76	1.42
2010	1.49	10.69	0.82	4.14	**4.92**	0.69	1.83	3.64	10.71	2.28
2011	1.70	10.83	1.10	5.03	6.14	1.01	0.56	0.35	8.52	1.66
2012	**2.03**	10.50	**1.55**	5.50	6.91	0.89	0.77	0.56	11.61	3.07

﹡黑体字表示该价格低于东盟市场价格,下划线表示该价格低于大陆该类产品对东盟出口价格。

从两岸水产品对东盟市场上的出口价格比较来看,大陆水产品除了在"鱼制品"上较台湾有价格优势外,其余产品价格在近几年均高于台湾出口价格,台湾水产品在东盟市场上较大陆有明显的价格优势。

6. 海峡两岸水产品在欧盟市场的出口价格比较

图 6-7 给出了 2000—2012 年大陆、台湾的水产品对欧盟市场的出口和欧盟市场上的水产品进口总体平均价格的变动。从图中可以看出,在这 13 年间,在欧盟市场上水产品总平均价格呈现平稳增长的态势,从 2000 年的 2.27 美元/千克上升到 2012 年的 4.26 美元/千克,后者是前者的 1.88 倍。大陆与台湾水产品对欧盟市场的出口价格均呈现不断增长的势头,但大陆水产品对欧盟市场的出口价格呈平稳上升态势,从 2000 年的 2.02 美元/千克上升到 2012 年的 4.30 美元/千克,后者是前者的 2.13 倍。而台湾水产品对欧盟市场的出口价格则呈现波动上升的走势,2012 年水产品对欧盟市场出口额达 3.87 美元/千克,是 2000 年的 2.60 倍。另外,在计算期内的所有年份,大陆与台湾对欧盟水产品出口价格(大陆 2012 年除外)均低于欧盟市场进口价格,可见两者对欧盟市场具备价格优势,且台湾的该优势要强于大陆。

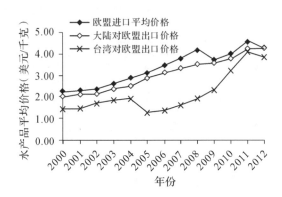

图 6-7　2000—2012 年两岸在欧盟市场的水产品平均价格变动

为了深入研究两岸水产品在欧盟市场的价格变动状况,本研究进一步分析了两岸各类水产品在欧盟市场的价格优势,结果见表 6-20、表 6-21 和表 6-22。

从表 6-20 获悉,在欧盟市场上价格最高的两类水产品种类是"干熏腌鱼"和"甲壳软体制品",2012 年这两类水产品的进口均价高达 6.44 和 7.76 美元/千克。其次是"鲜冷等甲壳软体类"和"鱼制品",2012 年其平均价格分别达到 5.85 和 5.39 美元/千克。另外,"鲜活冷藏冻鱼"的出口价格也较高,2012 年其平均价格达到 4.06 美元/千克。从变动趋势上看,绝大多数种类保持平稳增长趋势,如"鲜活冷藏冻鱼"、"鱼制品"和"甲壳软体制品"平均价格分别从 2000 年的 2.38、2.40 和 5.72 美元/千克上涨到 2012 年的 4.06、5.39 和 7.76 美元/千克。

表 6-20　2000—2012 年欧盟市场分种类水产品进口价格变动

（单位：美元/千克）

年份	鲜活冷藏冻鱼	干熏腌鱼	鲜冷等甲壳软体类	鱼制品	甲壳软体制品	鱼油脂	鱼粉浆渣	珊瑚贝壳和海绵	水生植物及产品	不可食用品
2000	2.38	4.51	4.19	2.40	5.72	0.34	0.44	2.04	1.50	0.19
2001	2.34	4.84	3.86	2.43	5.25	0.46	0.50	1.34	1.28	0.18
2002	2.46	4.83	3.87	2.66	5.09	0.68	0.64	0.71	1.35	0.17
2003	2.68	5.37	4.44	2.83	5.31	0.74	0.67	0.61	1.31	0.17
2004	2.94	5.84	4.58	2.95	5.74	0.77	0.69	0.91	1.58	0.20
2005	3.29	6.02	4.67	3.09	5.86	0.89	0.69	1.61	1.74	0.21
2006	3.67	6.61	1.81	3.26	5.92	1.02	0.99	1.46	2.13	0.26
2007	4.01	7.72	5.03	3.80	6.30	1.15	1.18	1.00	2.22	0.35
2008	4.17	8.13	5.50	4.62	6.78	1.95	1.06	1.79	2.24	0.37
2009	3.85	6.21	4.85	4.24	6.60	1.03	1.03	0.89	2.25	0.37
2010	4.06	6.13	5.37	4.46	6.53	1.29	1.46	1.81	2.25	0.38
2011	4.45	6.90	6.38	4.72	7.36	1.64	1.48	1.28	1.46	0.46
2012	4.06	6.44	5.85	5.39	7.76	1.86	1.35	1.41	1.66	0.52

表 6-21 给出的是 2000—2012 年大陆分种类水产品对欧盟市场出口价格的变动。从表中可知，大陆对欧出口种类中，价格最高的三类产品为"鱼油脂"、"甲壳软体制品"和"水生植物及产品"，13 年间对欧盟出口平均价格分别高达 8.57、6.14 和 6.86 美元/千克。从变化趋势上看，大陆各类水产品对欧盟出口价格均表现为上升的走势，如"鲜活冷藏冻鱼""干熏腌鱼"和"鱼制品"对欧盟出口价格分别从 2000 年的 1.57、2.14 和 1.53 美元/千克上升到 2012 年的 3.75、4.95 和 4.45 美元/千克。与欧盟市场的水产品均价相比，大陆在"鲜活冷藏冻鱼"、"干熏腌鱼"、"鲜冷等甲壳软体类""鱼制品"和"甲壳软体制品"等主要水产品上具备价格优势，但 2008 年以后，"甲壳软体制品"类产品的价格优势逐步丧失，2012 年该类产品对欧盟市场的出口价格比欧盟市场价格高出 3.60 美元/千克。

表 6-21　2000—2012 年大陆分种类水产品对欧盟市场出口价格变动

（单位：美元/千克）

年份	鲜活冷藏冻鱼	干熏腌鱼	鲜冷等甲壳软体类	鱼制品	甲壳软体制品	鱼油脂	鱼粉浆渣	珊瑚贝壳和海绵	水生植物及产品	不可食用品
2000	**1.57**	**2.14**	**3.77**	**1.53**	**4.35**	1.73	12.69	—	3.67	2.52
2001	**1.84**	**2.33**	**3.15**	**1.51**	**4.01**	16.04	0.92	1.39	6.02	2.70

续表

年份	鲜活冷藏冻鱼	干熏腌鱼	鲜冷等甲壳软体类	鱼制品	甲壳软体制品	鱼油脂	鱼粉浆渣	珊瑚贝壳和海绵	水生植物及产品	不可食用品
2002	**2.09**	**2.70**	**2.30**	**1.35**	**3.81**	—	—	1.59	5.26	15.98
2003	**2.32**	**3.22**	**2.08**	**1.36**	**3.80**	—	1.22	1.38	5.32	7.72
2004	**2.42**	**3.44**	**2.48**	**1.43**	**3.76**	—	1.81	1.90	4.90	4.91
2005	**2.68**	**3.37**	**3.11**	**1.73**	**4.35**	9.62	1.01	**1.58**	6.08	1.49
2006	**2.92**	**3.55**	**2.64**	**2.29**	**4.91**	**9.29**	0.41	**1.31**	8.20	1.79
2007	**3.17**	**3.95**	**3.15**	**2.65**	**5.09**	**7.69**	0.45	1.20	7.68	1.92
2008	**3.33**	**4.10**	**3.51**	**2.97**	7.05	**7.77**	0.50	**1.42**	7.24	3.14
2009	**3.38**	**4.45**	**3.70**	**2.64**	7.69	8.34	—	1.56	8.14	3.24
2010	**3.46**	**4.57**	**4.23**	**2.83**	8.10	7.34	3.75	**1.14**	8.72	3.66
2011	**3.77**	**4.67**	**4.91**	**3.86**	11.49	8.74	—	2.07	9.71	7.54
2012	**3.75**	**4.95**	**4.78**	**4.45**	11.36	9.13	20.73	1.61	8.24	5.63

* 黑体字表示该价格低于欧盟市场价格。

　　表 6-22 给出的是 2000—2012 年台湾各类水产品对欧盟市场的出口价格变动状况。从表中可知,在台湾对欧盟的出口产品中,"珊瑚贝壳和海绵"的价格最高,13 年间对欧盟市场的出口平均价格高达 817.13 美元/千克。其次是"鱼制品"和"水生植物及产品",13 年间对欧盟市场的出口平均价格分别高达 14.37 和 22.52 美元/千克。从变化趋势上分析,台湾有 3 类水产品对欧盟的出口价格呈现明显的上升态势,分别是"鲜冷等甲壳软体类"、"鱼制品"和"水生植物及产品",均价分别从 2000 年的 1.37、12.38 和 20.77 美元/千克上涨到 2012 年的 3.73、17.07 和 28.49 美元/千克。而"干熏腌鱼"和"甲壳软体制品"的价格则表现出明显的下降态势,分别由 2000 年的 23.21 和 15.72 美元/千克下降到 2012 年的 7.87 和 9.65 美元/千克。

表 6-22　2000—2012 年台湾分种类水产品对欧盟市场的出口价格变动

(单位:美元/千克)

年份	鲜活冷藏冻鱼	干熏腌鱼	鲜冷等甲壳软体类	鱼制品	甲壳软体制品	鱼油脂	鱼粉浆渣	珊瑚贝壳和海绵	水生植物及产品	不可食用品
2000	<u>**1.46**</u>	23.21	<u>**1.37**</u>	12.38	15.72	—	—	2760.00	20.77	—
2001	<u>**1.32**</u>	7.78	<u>**1.68**</u>	10.75	18.40	—	—		20.73	
2002	<u>**1.19**</u>	7.00	**2.63**	10.14	14.63	—	—	2372.00	20.01	<u>**0.00**</u>
2003	<u>**1.41**</u>	—	**2.30**	11.27	6.66	—	—	1333.00	21.01	
2004	<u>**1.32**</u>	3.46	**2.08**	14.16	10.70	—	—		20.50	17.77

年份	鲜活冷藏冷冻鱼	干熏腌鱼	鲜冷等甲壳软体类	鱼制品	甲壳软体制品	鱼油脂	鱼粉浆渣	珊瑚贝壳和海绵	水生植物及产品	不可食用品
2005	**0.83**	6.63	**2.76**	15.21	8.81	—	—	154.74	13.99	—
2006	**0.96**	**3.78**	**2.20**	14.67	9.64	—	—	659.00	14.02	—
2007	**1.11**	17.47	**1.87**	14.14	**6.04**	—	—	684.14	20.62	43.85
2008	**1.42**	**7.33**	**1.64**	14.30	7.33	—	—	176.70	23.42	**0.00**
2009	**1.45**	**4.40**	**2.22**	14.51	**5.15**	—	—	110.05	32.74	—
2010	**1.55**	9.37	**3.67**	17.60	**6.96**	—	—	447.04	38.42	**0.00**
2011	**2.37**	**5.91**	**3.73**	20.57	9.41	—	—	228.15	20.73	—
2012	**1.85**	7.87	**3.73**	17.07	9.65	—	—	860.25	28.49	—

* 黑体字表示该价格低于欧盟市场价格,下划线表示该价格低于大陆该类产品对欧盟出口价格。

从与欧盟市场水产品价格的比较看,台湾在"鲜活冷藏冷冻鱼"和"鲜冷等甲壳软体类"这两类产品方面在样本期内保持着价格优势,而其他类产品不具价格优势。

从海峡两岸的情况比较来看,虽然大陆水产品对欧盟市场出口的总体平均价格要高于台湾,但其对欧盟拥有价格优势的水产品种类却多于台湾。总的来看,大陆水产品在欧盟市场上的价格优势要大于台湾。台湾仅在"鲜活冷藏冷冻鱼"和"鲜冷等甲壳软体类"两类生鲜水产品上较大陆具备价格优势,其余水产品在欧盟市场上与大陆相比均缺乏价格优势。

6.2　质量因素

同质水产品竞争力的直接影响因素为价格因素,而产品的质量差异性也是影响水产品国际竞争力的重要因素,本书用质量升级指数考察两岸水产品的质量优势。

质量升级指数(QC)通过计算每单位水产品出口价格的变化来间接反映出口水产品的质量变化。计算公式为

$$QC_{MWi} = \frac{E_{MWi}^t / X_{MWi}^t}{E_{MWi}^0 / X_{MWi}^0} \tag{6-1}$$

式中:QC_{MWi} 表示 M 国或地区向 W 市场出口 i 产品的质量变化;E_{MWi}^t 表示报告期 M 国或地区向 W 市场出口 i 产品的总额;X_{MWi}^t 表示报告期 i 产品的出口额;E_{MWi}^0 表示基期 i 产品的出口总额;X_{MWi}^0 表示基期 i 产品的出口额。

(6-1)式中的 E_{MWi}/X_{MWi} 表示出口单价,因此(6-1)式也可写成(6-2)式的形式,其中 P_{MWi}^0 和 P_{MWi}^t 分别表示 M 国或地区向 W 市场出口 i 产品在基期和报告期的出口价格。

$$QC_{MWi} = \frac{P_{MWi}^t}{P_{MWi}^0} \qquad (6\text{-}2)$$

质量升级指数大于 1 表明报告期相对于基期质量上升;小于 1 表明质量下降。该指数越大表明报告期相对于基期的产品出口质量升级越快。该指数的优点在于简便,而缺点则是没有排除由市场需求或通货膨胀等因素引起的水产品实际价格的变动。为此,本书将出口国或地区的报告期和基期价格相比的结果再与进口市场的报告期和基期价格比值相比,以期弥补这一缺点。计算公式为

$$QC_{CMi} = \frac{P_{MWi}^t / P_{MWi}^0}{P_{Wi}^t / P_{Wi}^0} \qquad (6\text{-}3)$$

式中: P_{Wi}^t / P_{Wi}^0 表示进口市场 W 在报告期和基期进口 i 产品的价格的比值。

6.2.1　海峡两岸水产品质量竞争力总体比较

1. 海峡两岸水产品质量升级指数的整体比较

为了在相同背景下考察两岸水产品的质量优势,本书选取两岸加入 WTO 前的 2000 年的出口价格作为基期,以后各年作为报告期,根据公式(6-3)分别计算出 2001—2012 年大陆与台湾对世界市场的质量升级指数,结果见图 6-8。

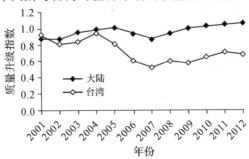

图 6-8　2001—2012 年海峡两岸水产品对世界市场的质量升级指数变动

由图 6-8 可以看出,整体上看,大陆水产品的质量升级指数在加入 WTO 后虽有起伏,但大体表现为上升的走势,特别是在 2007 年以后该趋势尤为明显,2012 年质量升级指数达到 1.07。而台湾水产品的质量升级指数则出现持续下滑的走势,特别是 2004 年以来该指数下滑明显,虽然在经历 2007 年的低点后有所反弹,但总的趋势是下降的,2012 年该指数仅为 0.68。可见加入 WTO 以后,大陆水产品出口的质量优势有所提升,而台湾水产品则逐步失去了质量优势。

2. 海峡两岸分种类水产品质量升级指数比较

从分种类的角度考察，大陆方面，如表 6-23 所示，"鲜活冷藏冻鱼"、"鲜冷等甲壳软体类"、"甲壳软体制品"和"水生植物及产品"这 4 类水产品的质量升级指数表现为上升的走势，2011 年这 4 类产品的质量升级指数分别达到 1.31、1.50、1.68 和 2.46，而其他类水产品的质量升级指数均在下降，其中以"鱼油脂"类下降得最为明显，2011 年该类产品的质量升级指数仅为 0.06。另外，"干熏腌鱼"和"鱼制品"这两类水产加工品的质量升级指数也在下降，2012 年这两类产品的质量升级指数分别为 0.71 和 0.51。

表 6-23　2001—2012 年大陆分种类水产品对世界市场的质量升级指数变动

年份	鲜活冷藏冻鱼	干熏腌鱼	鲜冷等甲壳软体类	鱼制品	甲壳软体制品	鱼油脂	鱼粉浆渣	珊瑚贝壳和海绵	水生植物及产品	不可食用品
2001	0.93	1.04	0.94	0.77	1.16	0.17	0.34	1.47	0.84	0.37
2002	1.00	0.89	0.86	0.73	1.25	0.15	0.27	1.56	0.82	0.33
2003	1.16	0.97	0.93	0.59	1.34	0.23	0.36	1.17	1.15	0.66
2004	1.15	0.95	1.01	0.64	1.36	0.18	0.31	0.52	1.22	0.95
2005	1.22	0.80	1.01	0.55	1.38	0.14	0.34	0.69	1.31	0.74
2006	1.17	0.75	0.91	0.50	1.43	0.06	0.22	0.66	1.47	0.31
2007	1.13	0.67	0.86	0.41	1.31	0.07	0.24	0.71	1.53	0.25
2008	1.24	0.74	0.96	0.39	1.43	0.06	0.30	0.55	1.61	0.30
2009	1.29	0.89	1.40	0.42	1.50	0.15	0.29	0.34	2.07	0.29
2010	1.38	0.83	1.44	0.49	1.36	0.11	0.23	0.36	2.02	0.35
2011	1.31	0.74	1.50	0.50	1.68	0.06	0.19	0.47	2.46	0.38
2012	1.28	0.71	1.52	0.51	1.66	0.08	0.23	0.54	1.34	0.45

如表 6-24 所示，台湾方面，除了"干熏腌鱼"和"鲜冷等甲壳软体类"的质量升级指数有所上升外（2012 年这两类产品的质量升级指数分别达 1.33 和 1.39），其他类产品的质量升级指数均在下降。可见，从分种类的角度考察，台湾水产品的质量优势在逐步减弱。

表 6-24　2001—2012 年台湾分种类水产品对世界市场的质量升级指数变动

年份	鲜活冷藏冻鱼	干熏腌鱼	鲜冷等甲壳软体类	鱼制品	甲壳软体制品	鱼油脂	鱼粉浆渣	珊瑚贝壳和海绵	水生植物及产品	不可食用品
2001	0.93	0.86	1.16	0.75	1.01	0.42	0.85	0.78	0.78	0.92
2002	0.84	0.94	1.46	0.72	0.84	0.15	0.95	0.79	0.84	0.77
2003	0.91	0.76	1.20	0.70	0.79	0.16	0.81	0.48	0.89	1.18
2004	0.96	0.87	1.58	0.90	0.81	0.14	0.77	0.12	0.81	1.08
2005	0.80	1.36	2.10	0.83	0.83	0.52	0.79	0.51	0.77	0.70

续表

年份	鲜活冷藏冷冻鱼	干熏腌鱼	鲜冷等甲壳软体类	鱼制品	甲壳软体制品	鱼油脂	鱼粉浆渣	珊瑚贝壳和海绵	水生植物及产品	不可食用品
2006	0.63	1.46	0.84	0.62	0.76	0.23	0.58	0.50	0.63	0.45
2007	0.54	1.28	0.54	0.61	0.78	0.92	0.63	0.38	0.54	0.26
2008	0.64	1.32	0.69	0.58	0.88	1.19	0.58	1.38	0.52	0.28
2009	0.59	1.51	0.85	0.44	0.84	1.66	0.76	0.70	0.65	0.27
2010	0.67	1.35	1.12	0.61	0.75	1.24	0.91	5.59	0.70	0.51
2011	0.75	1.50	1.63	0.49	0.86	1.48	0.66	0.75	0.55	0.18
2012	0.75	1.33	1.39	0.37	0.79	0.41	0.65	2.27	0.44	0.22

总的来看,大陆在国际市场上质量升级指数上升的产品种类要多于台湾,上升的速度也快于台湾,大陆水产品在国际市场上比台湾水产品拥有更强的质量竞争优势。

3.海峡两岸各省份水产品质量升级指数比较

从各省份的角度考察,如表 6-25 所示,除了海南和广西外,其他各省份水产品的质量优势均在不断增强,其中上海、河北、内陆省份、福建、广东、台湾、江苏的质量优势上升明显,2012 年这几省的质量升级指数均在 1.10 以上。

表 6-25　2009—2012 年海峡两岸各省份水产品质量升级指数比较

省份	2009 年	2010 年	2011 年	2012 年
山东	1.11	1.08	1.02	1.00
江苏	1.09	1.04	1.13	1.18
福建	1.02	1.18	1.23	1.36
广东	1.06	1.09	1.21	1.19
辽宁	1.12	1.08	1.00	0.99
浙江	1.00	1.07	1.14	1.15
海南	0.91	0.89	0.88	0.82
广西	0.82	0.82	0.86	0.76
河北	0.92	1.12	1.37	1.26
上海	1.45	1.54	1.70	1.70
天津	1.11	0.94	1.09	1.24
内陆省份	1.23	1.36	1.64	1.68
台湾	0.96	1.07	1.18	1.13

6.2.2　海峡两岸水产品在主要出口市场上的质量竞争力比较

为了进一步分析海峡两岸水产品质量因素的变动状况,本书从细分市场的角度出发,考察两者在日本、美国、韩国、东盟、欧盟和我国香港这六大主要出口市场的质量升级指数(QC)的变动。

1. 海峡两岸水产品在日本市场上的质量竞争力比较

图 6-9 给出了 2001—2012 年大陆与台湾水产品在日本市场上的质量升级指数。从图中可以看出,大陆水产品在日本市场上的质量升级指数虽有起伏(2008 年达到 0.82 的低点),但总体上表现为上升走势,从 2001 年的 0.98 上升到 2012 年的 1.20。而台湾水产品的该指数则始终在 1 左右徘徊,2012 年台湾水产品质量升级指数是 1.01。可见,大陆水产品在日本市场上的质量竞争力不断增强,而台湾的则变化不大。

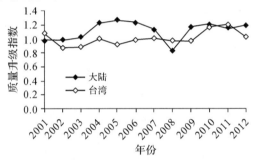

图 6-9　2001—2012 年海峡两岸水产品在日本市场上的质量升级指数变动

表 6-26 给出了大陆与台湾主要水产品种类在日本市场上的质量升级指数。从表中可以看出,大陆方面,除了"鱼制品"类外(计算期内其 QC 值均小于 1)其余主要出口水产品的质量升级指数均表现为上升的趋势,"鲜活冷藏冻鱼"、"干熏腌鱼"、"鲜冷等甲壳软体类"、"甲壳软体制品"以及"水生植物及产品"的 QC 值分别从 2001 年的 0.98、1.17、1.03、1.09 和 0.97 上升到 2012 年的 1.52、1.64、1.44、1.54 和 1.65。台湾方面,"干熏腌鱼"和"鱼制品"这两类主要水产品的质量升级指数保持上升趋势,分别从 2001 年的 1.19 和 0.93 上升到 2012 年的 1.86 和 2.11,而"鲜活冷藏冻鱼"和"鲜冷等甲壳软体类"产品的该指数则在 1 左右徘徊,其中后者起伏较大,有 7 年的质量升级指数大于 1,其余年份则小于 1。此外,"鱼制品"和"水生植物及产品"的质量升级指数表现为下降趋势。可见,大陆主要水产品种类对日出口的质量优势在不断增强,而台湾仅鱼类加工品的质量优势在不断提高。

表 6-26　2001—2012 年两岸主要出口水产品种类对日本市场上的质量升级指数变动

年份	大陆						台湾					
	鲜活冷藏冻鱼	干熏腌鱼	鲜冷等甲壳软体类	鱼制品	甲壳软体制品	水生植物及产品	鲜活冷藏冻鱼	干熏腌鱼	鲜冷等甲壳软体类	鱼制品	甲壳软体制品	水生植物及产品
2001	0.98	1.17	1.03	0.94	1.09	0.97	1.04	1.19	1.84	0.93	0.48	0.99
2002	1.10	1.18	0.83	0.91	1.23	1.01	0.87	1.28	0.88	1.08	0.50	3.63
2003	1.12	1.37	1.12	0.86	1.27	1.14	0.88	0.85	0.60	1.37	0.68	1.29
2004	1.49	1.43	1.30	0.93	1.31	1.28	0.93	0.93	0.93	1.47	0.61	1.04
2005	1.69	1.35	1.28	0.87	1.38	1.42	0.82	1.10	2.58	1.96	0.73	1.12
2006	1.59	1.50	1.17	0.87	1.43	1.32	0.87	1.22	1.36	1.68	0.67	1.27
2007	1.42	1.26	1.07	0.82	1.44	1.45	0.91	1.15	0.85	1.63	0.70	1.08
2008	0.76	1.42	1.17	0.70	1.40	1.54	0.82	1.08	1.06	1.94	0.54	0.92
2009	1.53	1.39	1.50	0.81	1.40	1.74	0.86	1.11	0.92	1.70	0.41	0.99
2010	1.68	1.52	1.35	0.84	1.44	1.74	1.01	1.25	1.13	2.09	0.53	0.94
2011	1.51	1.47	1.21	0.88	1.52	1.73	1.08	1.64	1.42	2.49	0.58	0.82
2012	1.52	1.64	1.44	0.90	1.54	1.65	0.90	1.86	2.04	2.11	0.57	0.77

2. 海峡两岸水产品在美国市场上的质量竞争力比较

图 6-10 计算出了 2001—2012 年海峡两岸水产品在美国市场上的质量升级指数。从图中可以看出，2001 年以来，大陆水产品在美国市场上的质量升级指数呈现平稳上升的走势，从 2001 年的 1.12 上升到 2012 年的 1.58。而台湾水产品的该指数则上升得较为缓慢，但近两年的上升趋势明显，2012 年台湾水产品在美国市场上的质量升级指数达到 1.53。

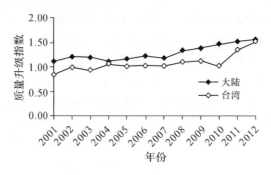

图 6-10　2001—2012 年海峡两岸水产品在美国市场上的质量升级指数变动

表 6-27 给出了大陆与台湾主要水产品种类在美国市场上的质量升级指数。从表中可以看出，大陆的"鲜活冷藏冻鱼"、"鲜冷等甲壳软体类"和"甲壳软体制品"这三类水产品的质量升级指数表现为上升走势，分别从 2001 年的 1.09、

0.99 和 1.18 上升到了 2012 年的 1.72、1.84 和 1.54。而"干熏腌鱼"、"鱼制品"和"水生植物及产品"的质量升级指数呈现下降趋势，分别从 2001 年的 0.91、0.73 和 1.34 下降到 2012 年的 0.82、0.54 和 0.55。台湾方面，仅"鲜活冷藏冻鱼"和"鲜冷等甲壳软体类"这两类生鲜产品的质量升级指数上升趋势明显，分别从 2001 年的 0.84 和 1.19 上升到 2012 年的 1.43 和 1.63，而其他类产品的质量升级指数则呈现不同程度的下降，其中下降最为显著的是"干熏腌鱼"和"水生植物及产品"这两类产品，其指数分别从 2001 年的 0.58 和 0.79 下降到 2012 年的 0.36 和 0.22。

表 6-27 2001—2012 年两岸主要出口水产品种类在美国市场上的质量升级指数变动

年份	大陆						台湾					
	鲜活冷藏冻鱼	干熏腌鱼	鲜冷等甲壳软体类	鱼制品	甲壳软体制品	水生植物及产品	鲜活冷藏冻鱼	干熏腌鱼	鲜冷等甲壳软体类	鱼制品	甲壳软体制品	水生植物及产品
2001	1.09	0.91	0.99	0.73	1.18	1.34	0.84	0.58	1.19	0.72	1.20	0.79
2002	1.15	0.99	1.02	0.53	1.34	1.23	0.88	0.51	1.49	0.69	1.04	0.50
2003	1.13	0.95	1.18	0.48	1.33	1.19	0.82	0.46	1.35	0.71	1.02	0.37
2004	1.18	0.98	1.22	0.38	1.30	0.90	0.95	0.60	1.74	0.69	0.96	0.32
2005	1.32	0.91	1.26	0.42	1.29	0.69	0.89	0.55	1.78	0.80	1.00	0.18
2006	1.30	0.93	1.19	0.47	1.39	0.86	0.91	0.47	1.43	0.58	0.95	0.15
2007	1.41	0.91	1.21	0.41	1.60	0.60	0.92	0.56	1.06	0.64	0.88	0.14
2008	1.33	0.89	1.18	0.61	1.53	0.55	0.96	0.58	1.14	0.72	1.08	0.14
2009	1.53	0.98	1.58	0.44	1.61	0.42	1.01	0.54	1.03	0.58	1.04	0.14
2010	1.56	0.90	1.72	0.57	1.59	0.45	0.88	0.28	1.21	0.58	1.02	0.17
2011	1.73	0.85	1.71	0.58	1.59	0.56	1.27	0.37	1.60	0.57	0.92	0.24
2012	1.72	0.82	1.84	0.54	1.54	0.55	1.43	0.36	1.63	0.51	0.94	0.22

3. 海峡两岸水产品在韩国市场上的质量竞争力比较

从整体上看，如图 6-11 所示，2001 年以来，大陆水产品在韩国市场上的质量升级指数虽有波动，但总体上呈现持续上升的走势，从 2001 年的 0.99 上升到 2012 年的 1.41。而台湾水产品的该指数则在 2005 年后表现出下降态势，2012 年该指数下降到 0.60。

表 6-28 给出了大陆与台湾主要水产品种类在韩国市场上的质量升级指数。从表中可以看出，大陆的"甲壳软体制品"和"水生植物及产品"的质量升级指数表现为上升的走势，分别从 2001 年的 1.52 和 0.85 上升到 2012 年的 2.70 和 3.31。而其他类水产品的该指数维持在较为平稳的状态，变化不大。反观台湾，除"鱼制品"的质量竞争力有小幅上升外，其余种类都表现出下降态势，下降

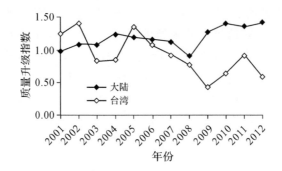

图 6-11　2001—2012 年海峡两岸水产品在韩国市场上的质量升级指数变动

幅度最大的是"鲜冷等甲壳软体类",2012 年其质量升级指数仅为 0.07。

表 6-28　2001—2012 年两岸主要出口水产品种类在韩国市场上的质量升级指数变动

年份	大陆						台湾					
	鲜活冷藏冻鱼	干熏腌鱼	鲜冷等甲壳软体类	鱼制品	甲壳软体制品	水生植物及产品	鲜活冷藏冻鱼	干熏腌鱼	鲜冷等甲壳软体类	鱼制品	甲壳软体制品	水生植物及产品
2001	0.97	1.47	1.04	1.42	1.52	0.85	1.32	0.84	0.36	1.14	0.99	1.88
2002	1.10	2.26	1.08	0.79	1.73	0.87	1.59	1.80	0.12	1.13	—	0.20
2003	1.06	2.05	1.06	0.71	1.86	1.28	0.92	1.06	0.09	0.93	0.21	7.19
2004	1.29	1.96	1.16	0.61	2.26	1.37	0.99	0.82	0.10	0.60	0.55	1.01
2005	1.20	2.05	1.10	0.67	2.35	1.16	1.55	0.77	0.63	0.72	—	0.48
2006	1.21	2.19	1.01	0.68	2.59	1.24	1.23	0.85	0.17	1.39	0.59	0.55
2007	1.26	1.85	0.93	0.59	2.05	2.62	1.05	0.87	0.16	1.59	0.21	0.78
2008	0.81	2.13	1.02	0.69	2.08	2.35	0.84	0.88	0.04	1.51	0.29	0.61
2009	1.49	2.63	1.12	0.61	2.29	2.85	0.48	1.00	0.03	1.22	0.48	0.70
2010	1.72	2.72	1.22	0.53	2.65	2.80	0.69	—	0.03	1.70	0.43	0.56
2011	1.55	2.05	1.18	0.60	2.55	3.40	0.97	1.16	0.10	1.68	0.15	0.78
2012	1.60	2.24	1.19	0.71	2.70	3.31	0.65	1.38	0.07	1.60	0.14	0.84

4. 海峡两岸水产品在香港市场上的质量竞争力比较

从整体上看,如图 6-12 所示,2001 年至 2012 年,大陆与台湾的水产品在香港市场上的质量升级指数都有一定程度的提升,但大陆的提升幅度要大于台湾,2012 年两者的该指数分别达到 3.34 和 1.96。

表 6-29 给出了大陆与台湾主要水产品种类在香港市场上的质量升级指数。从表中可以看出,大陆的"干熏腌鱼"和"水生植物及产品"在香港市场上的质量竞争优势丧失得比较严重,2012 年其质量升级指数分别 0.66 和 0.37,而其他 4 类水产品的质量升级指数有大幅度的提升,其中"鲜冷等甲壳软体类"的提升幅

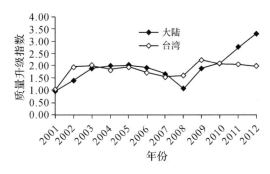

图 6-12　2001—2012 年海峡两岸水产品在香港市场上的质量升级指数变动

度最大，2012 年该指数达 8.38。台湾则除"鱼制品"和"水生植物及产品"的质量升级指数有大幅下降外，其他 4 类水产品的该指数均表现出上升走势。与大陆情况相似，台湾水产品中质量升级指数提升最为显著的是"鲜冷等甲壳软体类"产品，在 2012 年其质量升级指数高达 9.00。

表 6-29　2001—2012 年两岸主要出口水产品种类在韩国市场上的质量升级指数变动

年份	大陆						台湾					
	鲜活冷藏冻鱼	干熏腌鱼	鲜冷等甲壳软体类	鱼制品	甲壳软体制品	水生植物及产品	鲜活冷藏冻鱼	干熏腌鱼	鲜冷等甲壳软体类	鱼制品	甲壳软体制品	水生植物及产品
2001	0.72	1.41	1.48	0.82	1.05	0.69	0.46	0.84	1.68	1.00	0.83	0.44
2002	1.52	0.97	1.36	1.33	3.51	0.88	1.11	0.97	3.40	1.07	0.88	0.42
2003	1.69	2.16	1.78	1.21	5.14	0.50	0.88	1.06	7.13	1.02	0.85	0.28
2004	1.89	1.30	2.07	2.17	2.74	0.73	0.85	1.10	7.85	0.96	0.74	0.57
2005	1.95	0.89	2.22	1.88	3.59	1.09	0.79	2.38	5.74	0.83	0.88	0.86
2006	1.97	0.54	2.41	1.27	4.32	1.95	0.87	2.91	3.57	0.69	0.91	0.85
2007	1.30	0.49	2.17	1.92	4.62	2.68	0.63	2.56	2.98	0.83	1.10	0.77
2008	0.64	0.49	2.98	1.78	5.52	1.12	0.90	2.14	2.97	0.73	1.62	0.36
2009	1.26	0.72	5.62	1.40	8.41	0.67	1.50	2.69	4.90	0.71	1.96	0.19
2010	1.58	0.62	4.88	1.43	9.45	0.50	1.36	2.54	9.29	0.76	1.78	0.17
2011	2.04	0.67	6.22	1.74	6.51	0.44	1.42	2.29	10.64	0.71	1.40	0.32
2012	2.05	0.66	8.38	1.84	6.99	0.37	1.22	1.84	9.00	0.68	1.35	0.16

5. 海峡两岸水产品在东盟市场上的质量竞争力比较

图 6-13 计算出了 2001—2012 年海峡两岸水产品在东盟市场上的质量升级指数。由图获悉，2001 年以来，大陆水产品在东盟市场上的质量升级指数呈现先上升后下降再上升的走势，但总的来说是上升的。该指数先由 2001 年的 0.87 上升到 2005 年的 1.44，后逐步下滑至 2007 年的 1.06，而后又攀升到 2011

年的 1.53。而台湾水产品的该指数则呈现先下降后上升的基本走势,先从 2001 年的 1.17 下降到 2003 年的 0.89,后逐步上升到 2011 年的 1.87。

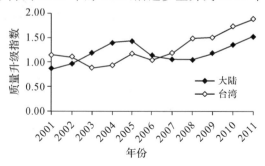

图 6-13　2001—2011 年海峡两岸水产品在东盟市场上的质量升级指数变动

　　表 6-30 给出了大陆与台湾主要水产品种类在东盟市场上的质量升级指数。从表中可以看出,除了"鱼制品"外,大陆其他主要种类水产品的质量升级指数均表现出上升的走势,"鲜活冷藏冻鱼"、"干熏腌鱼"、"鲜冷等甲壳软体类"、"甲壳软体制品"以及"水生植物及产品"的该指数分别从 2001 年的 1.19、0.56、0.88、0.98 和 1.19 上升到 2011 年的 2.33、1.29、3.85、3.81 和 4.57。而"鱼制品"的该指数则表现为先下降后上升的走势,先由 2001 年的 1.04 下降到 2005 年的 0.78,后逐步上升到 2011 年的 1.19。台湾方面,与大陆的情况类似,除了"干熏腌鱼"和"鱼制品"外(2011 年其质量升级指数分别为 0.80 和 0.43),其余种类水产品的质量升级指数均呈现上升的走势,2011 年"鲜活冷藏冻鱼"、"鲜冷等甲壳软体类"、"甲壳软体制品"和"水生植物及产品"的质量升级指数分别达到 1.53、2.14、1.27 和 1.73。

表 6-30　2001—2011 年两岸主要出口水产品种类在东盟市场上的质量升级指数变动

年份	大陆						台湾					
	鲜活冷藏冻鱼	干熏腌鱼	鲜冷等甲壳软体类	鱼制品	甲壳软体制品	水生植物及产品	鲜活冷藏冻鱼	干熏腌鱼	鲜冷等甲壳软体类	鱼制品	甲壳软体制品	水生植物及产品
2001	1.19	0.56	0.88	1.04	0.98	1.19	1.07	0.56	1.28	1.00	0.76	1.28
2002	1.24	0.11	1.09	0.94	1.56	1.30	1.14	0.23	1.17	0.75	1.37	0.98
2003	1.32	0.08	1.19	0.94	1.93	1.47	0.88	0.11	0.95	0.63	1.35	1.69
2004	1.50	0.13	1.12	0.83	1.91	2.40	0.94	0.15	1.31	0.68	1.04	2.56
2005	1.81	0.22	1.04	0.78	2.25	2.27	1.01	0.14	1.65	0.88	1.27	2.30
2006	1.53	0.76	0.89	1.17	2.04	3.31	0.93	0.28	0.91	0.93	1.06	2.39
2007	1.51	0.81	0.64	0.94	1.42	4.26	0.99	0.79	0.98	0.60	1.03	2.79
2008	1.43	0.98	0.95	0.76	1.62	3.27	1.28	0.94	1.15	0.44	0.58	2.70

续表

年份	大陆						台湾					
	鲜活冷藏冻鱼	干熏腌鱼	鲜冷等甲壳软体类	鱼制品	甲壳软体制品	水生植物及产品	鲜活冷藏冻鱼	干熏腌鱼	鲜冷等甲壳软体类	鱼制品	甲壳软体制品	水生植物及产品
2009	1.86	1.25	2.59	0.91	2.00	4.26	1.26	0.89	1.20	0.50	0.66	2.92
2010	2.21	1.50	2.81	1.11	2.16	4.75	1.49	0.97	1.54	0.37	0.75	2.65
2011	2.33	1.29	3.85	1.19	3.81	4.57	1.53	0.80	2.14	0.43	1.27	1.73

6.海峡两岸水产品在欧盟市场上的质量竞争力比较

图 6-14 计算出了 2001—2012 年海峡两岸水产品在欧盟市场上的质量升级指数。从图中可以看出,2001 年以来大陆水产品在欧盟市场上的质量升级指数呈现缓慢上升的走势,从 2001 年的 1.04 上升到 2012 年的 1.13。而台湾水产品的该指数则波动较大,从 2001 年的 0.99 下降到 2005 年的低点,后逐步上升到 2012 年的 1.39。

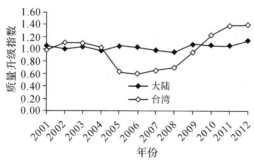

图 6-14　2001—2012 年海峡两岸水产品在欧盟市场上的质量升级指数变动

表 6-31 给出了大陆与台湾主要水产品种类在欧盟市场上的质量升级指数。从表中可以看出,大陆主要水产品种类的质量升级指数均表现出上升的走势,如"鲜活冷藏冻鱼"、"干熏腌鱼"、"鱼制品"和甲壳软体制品"的质量升级指数分别从 2001 年的 1.19、1.02、0.97 和 1.00 上升到 2012 年的 1.40、1.62、1.30 和 1.92。而"鲜活等甲壳软体类"和"水生植物及产品"的质量升级指数则表现出先下降后上升的走势,前者由 2001 年的 0.91 下降到 2006 年的 0.61,后逐步上升到 2012 年的 0.91,而后者则从 2001 年的 1.91 下降到 2004 年的 1.26,后逐步上升到 2012 年的 2.02。而台湾仅有"鲜冷等甲壳软体类"和"水生植物及产品"这两类产品的质量优势有明显的提升,其质量升级指数分别从 2001 年的 1.34 和 1.16 上升到 2012 年的 1.96 和 1.23,其他类产品的质量优势有明显的丧失。

表 6-31　2001—2012 年两岸主要出口水产品种类在欧盟市场上的质量升级指数变动

年份	大陆						台湾					
	鲜活冷藏冻鱼	干熏腌鱼	鲜冷等甲壳软体类	鱼制品	甲壳软体制品	水生植物及产品	鲜活冷藏冻鱼	干熏腌鱼	鲜冷等甲壳软体类	鱼制品	甲壳软体制品	水生植物及产品
2001	1.19	1.02	0.91	0.97	1.00	1.91	0.92	0.31	1.34	0.85	1.27	1.16
2002	1.29	1.18	0.66	0.80	0.98	1.58	0.79	0.28	2.09	0.74	1.05	1.07
2003	1.31	1.26	0.52	0.75	0.94	1.65	0.86	—	1.59	0.77	0.46	1.16
2004	1.24	1.24	0.60	0.76	0.86	1.26	0.74	0.12	1.39	0.93	0.68	0.81
2005	1.23	1.18	0.74	0.88	0.98	1.43	0.41	0.21	1.81	0.95	0.55	0.58
2006	1.21	1.13	0.61	1.10	1.09	1.57	0.43	0.11	1.41	0.87	0.59	0.47
2007	1.20	1.08	0.69	1.09	1.06	1.41	0.45	0.44	1.14	0.72	0.35	0.67
2008	1.21	1.06	0.71	1.01	1.37	1.31	0.56	0.18	0.92	0.60	0.39	0.75
2009	1.33	1.51	0.85	0.98	1.53	1.47	0.62	0.14	1.40	0.66	0.28	1.05
2010	1.29	1.57	0.88	1.09	1.63	1.58	0.62	0.30	2.10	0.83	0.39	1.23
2011	1.28	1.42	0.85	1.28	2.05	2.72	0.87	0.17	1.80	0.84	0.47	1.03
2012	1.40	1.62	0.91	1.30	1.92	2.02	0.75	0.24	1.96	0.61	0.45	1.23

6.3　本章小结

本章从竞争实力的角度分别考察了海峡两岸水产品的竞争力状况,得出以下 4 个主要结论。

(1)就价格因素从总体上看,大陆较台湾具备价格优势的水产品种类要多,但一些水产品的价格优势正逐步丧失,而台湾则在不断增强,具备竞争优势的水产品种类不断增加。另外,从各省份的比较看,台湾水产品出口均价最低,较具价格优势。

(2)就价格因素从细分市场考察,在日本、美国以及欧盟市场,大陆几乎所有种类的水产品均具备价格优势;然而,在东盟市场上大陆的水产品则不具备价格优势;在韩国市场上,大陆在甲壳软体类产品和水产深加工品上具备价格优势;而在香港市场上,大陆则在鲜活水产品方面拥有价格优势。

台湾在日本市场上具备价格优势的水产品种类越来越少;而在美国、韩国和欧盟市场上,台湾在生鲜水产品上拥有价格优势,其"甲壳软体制品"在美国市场上也具价格优势;在香港市场上,台湾在水产深加工品上保有价格优势;而在东盟市场上,除了水产品加工品,台湾在其余种类水产品上均保有价格优势。

(3)从质量竞争力的总体考察质量竞争力,大陆在国际市场上质量升级指数上升的水产品种类要多于台湾,上升的速度也快于台湾,可见,大陆水产品在国际市场上较台湾拥有更强的质量竞争优势。从两岸各省份分析,除海南和广西外,其他各省份(包括台湾)水产品的质量优势均在不断增强。

(4)从细分市场考察质量竞争力,大陆在日本、韩国和欧盟市场上各主要水产品种类的质量竞争力均表现为上升走势;在香港市场上大陆除在“干熏腌鱼”和“水生植物及产品”方面的质量竞争优势丧失得比较严重外,其他类产品的质量竞争优势均有大幅提升;而在美国市场上大陆在生鲜产品和甲壳软体动物制品方面的质量竞争优势日益增强;在东盟市场上除鱼类加工品外,大陆其余种类产品的质量竞争优势均呈现上升的走势。

台湾各种类水产品在各大市场上的质量竞争优势的变化趋势不同:“鲜活冷藏冻鱼”类产品在美国、东盟以及我国香港市场上的质量竞争优势日趋明显;“鲜冷等甲壳软体类”产品则在美国、东盟、欧盟以及我国香港市场上表现出日益增强的质量竞争优势;“鱼制品”和“甲壳软体制品”类产品的质量竞争优势仅在日本和香港市场上不断上升;“水生植物及产品”在东盟和欧盟市场上的质量竞争优势不断提升。

第7章　海峡两岸渔业国际竞争力内部产业因素分析:竞争潜力

在上两章的研究中,本书以水产品作为研究对象,考察两岸渔业国际竞争业绩和竞争实力。然而,产品的国际竞争力是产业发展水平的具体体现。为此,本章将深入两岸渔业的产业层面,利用波特"国家钻石"模型,针对生产要素、内部需求、相关产业发展水平以及渔业发展战略这四个关系到产业发展水平的要素,考察海峡两岸渔业国际竞争力的内部产业影响因素。此外,本章在进行规范性研究的基础上,遵循第4章的理论分析框架和评价方法体系,选择代理变量,对各影响因素进行计量分析,估算出各变量的影响权重。

7.1　海峡两岸渔业生产要素比较

正如第4章所分析的,渔业生产要素包括初级生产要素和高级生产要素。其中,渔业初级生产要素包括自然资源和劳动力资源,高级生产要素包括基础设施、人力资本和生产技术水平等。以下将根据相关统计数据对两岸渔业生产要素条件进行比较分析。

7.1.1　海峡两岸渔业初级生产要素比较

1.海峡两岸渔业自然资源比较

中国大陆位居太平洋西岸,气候多样,在东南沿海地区有着丰富的海洋资源和水资源。据统计,中国大陆内陆水域面积达 17600 平方千米,海岸线长度为 32000 千米,海洋滩涂面积达 21704 平方千米,河川年径流量为 27000 千米,水资源总量达 28000 亿立方米。

有着"宝岛"美誉的台湾四面环海,海岸线全长约 1566.339 千米,此外还有小岛 70 余处，海洋滩涂面积达 38.85 平方千米。台湾全年雨量充沛，年均降水量 1089 亿立方米，内陆水域面积达 2097 平方千米，全年河川净流量达 784.82 亿立方米，水资源总量为 835.32 亿立方米，人均为 3641 立方米。

另外，两岸可享受到全中国的海洋面积达 473 万平方千米，其中大陆架渔场面积为 28000 万公顷。可见，两岸均有着丰富的自然资源（见表 7-1）。

表 7-1　2010 年海峡两岸自然资源比较

项目	大陆	台湾	世界
面积（万平方千米）	960	3.6	14900
海岸线长度（千米）	32000	1566.339	1634701
海洋滩涂面积（平方千米）	21704	38.85	
河川年径流量（亿立方米）	27000	784.82	436640
内陆水域面积（平方千米）	176000	2097	
水资源总量（亿立方米）	28000	835.32	542284
人均水资源量（立方米）	2200	3641	8467
年均温度（℃）	—	22	—
中国海域面积（万平方千米）	473	473	36100

为了明确两岸在自然资源上的相对丰富程度，本研究用资源禀赋系数加以考察。资源禀赋系数（EF）是国际上通常采用的用于反映一个国家或地区某种资源相对丰富程度的计量指标，其定义为某一国家（地区）某种资源在世界或某国的份额与该国（地区）内生产总值在全世界或某国（地区）国内（地区）生产总值中的份额之比。它所揭示的是一个国家（地区）在资源领域的竞争优势。其计算公式为

$$EF = \frac{V_t/V_{wt}}{Y/Y_w} \tag{7-1}$$

式中：V_t 为两岸拥有的 t 资源；V_{wt} 为世界拥有的 t 资源；Y 为两岸的 GDP；Y_w 为世界总的 GDP。如果 EF 大于 1，则该国（地区）在该产品的生产上具有比较优势；如果 EF 小于 1，则不具有比较优势。

从自然资源禀赋方面看（见表 7-2），两岸除在人均水资源上相对世界具有比较优势外，其他均不具有比较优势。两岸的自然资源在世界上是较匮乏的。但比较而言，大陆自然资源相对于台湾更丰富。

表 7-2　2010 年海峡两岸自然资源禀赋系数比较

项目	大陆	台湾
土地面积(万平方千米)	0.69	0.04
海岸线长度(千米)	0.21	0.14
海洋滩涂面积(平方千米)	—	—
河川年径流量(亿立方米)	0.67	0.26
内陆水域面积(平方千米)	—	—
水资源总量(亿立方米)	0.56	0.22
人均水资源量(立方米)	2.80	62.40
中国海域面积(万平方千米)	0.14	1.90

但是,两岸都有着丰富的渔业资源。大陆迄今已记录有 3048 种鱼类,分属 288 个科,约占全球海洋鱼类总数的 23％,是世界鱼类种类最丰富的国家之一。贝、藻,鱼、虾种类更为丰富,位居世界前列。台湾的海洋生物种类同样丰富,目前在台湾所发现的海洋生物种类大约占全球物种的十分之一,共有海藻 500 种以上,螺、贝、章鱼、乌贼等软体动物 2500～3000 种,螃蟹约 300 种,虾类约 270 种,鱼类 2600 种以上,因此台湾可以说是世界上鱼类的宝库。

(1)海峡两岸人均水产养殖面积比较

水产养殖业是渔业的重要产业之一,水产养殖面积是渔业自然资源的反映,优良的养殖产地的建立是以丰裕的海洋滩涂资源为基础的。为此,人均水产养殖面积的变动是体现渔业自然资源变动的重要指标。

总体上分析,大陆人均水产养殖面积呈现上升趋势(见图 7-1),从 1996 年的 46.41 平方米/人上升到 2012 年的 59.74 平方米/人,年平均增长率为

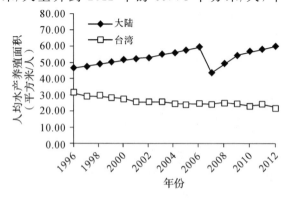

图 7-1　1996—2012 年海峡两岸水产养殖面积变动趋势

1.59%。至于 2007 年人均水产养殖面积的突然下滑,可能是由统计方法的改进造成的。与大陆相反,台湾人均水产养殖面积则出现缓慢下滑的状态,从 1996 年的 31.41 平方米/人持续缓慢下滑至 2012 年的 22.39 平方米/人,仅为 1996 年的 71.29%。可见,台湾的水产养殖资源面临衰退的局面。

从两岸各省人均水产养殖面积的比较看(见表 7-3),两岸各省份的水产养殖面积排名为:辽宁、江苏、山东、福建、海南、浙江、广东、内陆省份、广西、天津、河北、台湾和上海。其 2012 年的人均水产养殖面积分别为 231.40、97.37、82.96、64.79、63.52、55.32、54.30、50.00、48.93、29.26、29.10、22.39 以及 9.26 平方米/人。其中,台湾排在第 12 位,与河北相当。从变动情况来看,山东、江苏、福建、辽宁、广西、河北以及内陆省份的人均水产养殖面积呈现上升走势,1996—2012 年间的年平均增长率分别达 4.18%、1.19%、1.31%、8.09%、0.45%、2.46% 和 1.02%,而广东、浙江、海南、上海、天津和台湾的水产养殖面积则有所下滑。

表 7-3 1996—2012 年两岸各省份人均水产养殖面积变动

(单位:平方米/人)

省份	1996 年	2001 年	2008 年	2009 年	2010 年	2011 年	2012 年
山东	43.07	61.16	70.33	72.46	79.02	81.24	82.96
江苏	80.62	100.04	90.63	92.88	95.32	97.40	97.37
福建	52.63	67.40	56.88	61.09	62.68	63.91	64.79
广东	70.30	66.27	55.01	55.49	53.96	54.63	54.30
辽宁	66.68	91.47	131.16	191.80	219.70	217.43	231.40
浙江	58.10	68.41	59.12	59.51	57.44	55.65	55.32
海南	67.87	76.17	49.28	61.88	62.38	62.71	63.52
广西	45.51	50.85	43.48	44.86	48.08	48.59	48.93
河北	19.73	23.19	26.06	27.43	27.63	29.02	29.10
上海	24.40	26.82	13.63	11.89	10.96	10.18	9.26
天津	35.93	36.59	34.70	34.12	31.98	29.83	29.26
内陆省份	42.53	44.53	40.66	45.15	46.61	48.16	50.00
台湾	31.41	25.45	24.88	23.94	23.28	23.79	22.39

(2)海峡两岸水产养殖资源禀赋比较

同样用以下计算公式计算两岸水产养殖面积的禀赋系数:

$$EN = \frac{V_t/V_{tn}}{Y/Y_n}$$
(7-2)

式中:V_t 为两岸各省份拥有的 t 资源;V_{tn} 为全国拥有的 t 资源;Y 为两岸各省份的渔业总产值;Y_n 为全国渔业总产值。如果 EN 大于 1,则该国(地区)在该产品的生产上具有比较优势;如果 EN 小于 1,则不具有比较优势。

表 7-4 给出的是两岸各省水产养殖的资源禀赋系数(EN),由表可知,2011年 EN 值大于 1 的省份包括内陆省份、河北、辽宁和江苏,该年其 EN 值分别为1.54、1.51、1.51 和 1.03。其中,具备海水养殖禀赋的省份有 5 个,分别为河北、台湾、天津、辽宁和江苏,2011 年其 EN 值分别为 3.16、2.53、2.27、2.26 和1.75。而具备内陆养殖禀赋的省份只有内陆省份和辽宁 2 个,EN 值分别为1.30 和 1.08。从变化趋势上看,具备禀赋优势的省份数量正逐步减少,EN 值大于 1 的省份从 1996 年的 5 个下降到 2011 年的 4 个,特别是海水养殖的资源禀赋优势省份更是从 1996 年的 9 个下降到 2011 年的 5 个,而内陆养殖 EN 值大于 1 的省份则由 1996 年的 4 个减少到 2011 年的 2 个。可见,海峡两岸均面临着保护养殖资源的任务。

表 7-4   1996—2011 年两岸各省份水产养殖面积资源禀赋系数变动趋势

省份	1996 年			2001 年			2009 年			2011 年		
	总体	海水	内陆	总体	海水	内陆	总体	海水	内陆	总体	海水	内陆
山东	0.46	0.53	0.81	0.57	0.83	0.84	0.69	0.87	0.88	0.73	0.91	0.87
江苏	1.07	14.21	0.77	1.32	4.17	0.89	1.02	1.77	0.81	1.03	1.75	0.82
福建	0.44	0.67	0.53	0.29	0.43	0.56	0.31	0.34	0.58	0.32	0.33	0.60
广东	0.62	1.56	0.47	0.58	0.99	0.49	0.52	0.62	0.50	0.49	0.56	0.48
辽宁	0.61	0.80	1.26	0.80	1.34	1.12	1.47	2.21	1.23	1.51	2.26	1.08
浙江	0.96	0.87	1.20	0.98	1.27	1.09	1.01	0.93	1.16	0.87	0.79	0.97
海南	1.46	2.16	1.30	1.02	1.33	0.96	0.56	0.63	0.54	0.53	0.57	0.51
广西	1.00	2.08	0.82	0.67	0.71	0.74	0.59	0.46	0.67	0.55	0.41	0.64
河北	1.43	4.32	0.94	1.39	3.33	0.92	1.45	3.02	0.81	1.51	3.16	0.81
上海	0.72	5.73	0.60	0.98	2.43	0.72	0.88	—	0.73	0.77	—	0.65
天津	0.73	12.67	0.54	0.71	5.74	0.47	0.69	2.30	0.54	0.66	2.27	0.52
内陆省份	1.56	141.11	1.31	1.76	—	1.28	1.54	—	1.27	1.54	—	1.30
台湾	0.77	181.23	0.50	0.75	3.83	0.47	0.98	4.19	0.65	0.89	2.53	0.65

2.海峡两岸劳动力资源比较

劳动力资源是水产业发展的重要影响因素,波特将生产要素分为通用要素(generalized factor)和专用要素(specialized factor),与渔业劳动力相关的通用要素主要包括劳动力资源(15～64 岁的人口数),而专用要素包括渔业劳动力资源。以下将从通用要素和专用要素两方面对海峡两岸渔业劳动力资源进行比较分析。

(1)海峡两岸劳动力资源总体比较

从海峡两岸劳动力人口的变动状况上分析(见图 7-2),虽然两岸劳动力人口数都呈现出增长的势头,但大陆劳动力人口的增长速度要快于台湾。大陆劳动力人口从 1996 年的 82245 万人上升到 2011 年的 100283 万人,年均增长率达 1.33%,而台湾则从 1996 年的 1485.13 万人上升到 2012 年的 1730.40 万人,年均增长率仅为 0.96%。

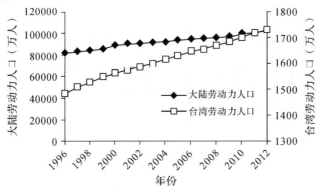

图 7-2　1996—2012 年海峡两岸劳动力人口比较

劳动力资源禀赋系数(resource endowment index of labor force)是衡量一国或地区劳动力资源丰富程度的常用指标。劳动力资源禀赋系数的计算方法和自然资源禀赋系数的计算方法一致,计算出的劳动力资源禀赋系数 > 1,说明该国或地区的劳动力资源在赫克歇尔—俄林模型意义上是丰富的,如果该系数 < 1,则说明该国或地区的劳动力资源是贫乏的。

从两岸劳动力资源禀赋系数的变动看(见表 7-5),大陆劳动力资源禀赋系数呈现不断下滑的态势,从 1996 年的 11.33 下降到 2012 年的 2.64,但资源禀赋系数始终大于 1,说明大陆在世界范围内具备劳动力优势。台湾的劳动力资源禀赋系数在计算期内的所有年份始终小于 1,可见,在世界范围内,台湾始终不具有劳动力优势。比较两岸情况来看,大陆该项指数始终高于台湾,说明大陆较台湾更具有劳动力优势。

表 7-5   1996—2012 年海峡两岸劳动力资源禀赋比较

年份	大陆		台湾	
	比重（％）	资源禀赋系数	比重（％）	资源禀赋系数（％）
1996	67.20	11.33	68.99	0.61
1997	67.50	10.13	69.34	0.66
1998	67.60	9.38	69.79	0.61
1999	67.70	9.06	70.13	0.58
2000	70.15	8.69	70.26	0.59
2001	70.40	7.77	70.39	0.64
2002	70.30	7.27	70.56	0.62
2003	70.40	7.18	70.94	0.66
2004	70.92	6.83	71.19	0.65
2005	72.04	6.35	71.56	0.69
2006	72.32	5.71	71.88	0.71
2007	72.53	4.98	72.24	0.76
2008	72.80	4.21	72.62	0.86
2009	73.05	3.61	73.03	0.80
2010	74.53	3.36	73.61	0.76
2011	74.43	2.99	74.04	0.83
2012	74.15	2.64	74.22	0.79

从海峡两岸劳动力占总人口的比重看,大陆与台湾的劳动力比重在这 17 年里都表现出上升的态势,分别从 1996 年的 67.20％和 68.99％上升到了 2012 年的 74.15％和 74.22％。

此外,从两岸范围内考察,沿海各省份的劳动力优势均在不断丧失(见表 7-6)。如山东、江苏、福建、广东、辽宁和浙江的该系数分别从 1996 年的 10.15、8.29、8.11、6.47、9.54 和 7.45 下降到 2012 年的 1.64、1.28、1.64、1.65、1.63 和 1.44。但就世界范围来看,除了天津,大陆其他各省份还是具备劳动力优势的。虽然台湾劳动力资源禀赋系数表现出上升的走势(从 1996 年的 0.61 上升到 2012 年的 0.79),但在 2012 年,其资源禀赋系数为 0.79,从两岸范围内看,其最不具有劳动力优势。

表 7-6　1996—2012 年两岸各省份劳动力资源禀赋比较

省份	1996 年	2001 年	2008 年	2009 年	2010 年	2011 年	2012 年
山东	10.15	6.23	2.81	2.33	2.46	1.89	1.64
江苏	8.29	4.99	2.28	1.86	1.95	1.48	1.28
福建	8.11	5.11	2.97	2.41	2.60	1.95	1.64
广东	6.47	4.28	2.36	2.04	2.34	1.81	1.65
辽宁	9.54	5.65	2.99	2.47	2.51	1.85	1.63
浙江	7.45	4.51	2.20	1.87	2.06	1.61	1.44
海南	11.61	8.66	4.85	4.11	4.10	3.07	2.64
广西	15.86	13.25	5.80	4.84	4.49	3.27	2.83
河北	12.76	7.69	4.05	3.40	3.57	2.64	2.31
上海	3.54	2.24	1.30	1.10	1.47	1.24	1.13
天津	6.08	3.66	1.59	1.39	1.55	1.15	0.99
内陆省份	16.18	10.41	4.70	3.90	3.94	2.89	2.48
台湾	0.61	0.64	0.86	0.80	0.76	0.83	0.79

(2) 海峡两岸渔业劳动力资源比较

图 7-3 给出了 1996—2012 年大陆渔业从业人员变动情况。从图中可以看出,大陆渔业劳动力呈现不断上升的走势,从 1996 年的 1207.62 万人上升到 2012 年的 1444.05 万人,年平均增长率为 1.12%。而由图 7-4 可知,台湾渔业劳动力表现为先上升后下降的态势,先由 1996 年的 30.32 万人上升到 2008 年的 35.15 万人,后又回落到 2011 年的 32.87 万人,可见台湾渔业劳动力人口相对稳定。

渔业劳动力专业化程度是度量一个地区渔业劳动力质量的重要指标。专业化分工有利于提高渔业劳动者的熟练程度,从而提高劳动生产效率。从图 7-3 和图 7-4 可知,台湾渔业劳动力的专业化程度要高于大陆,2012 年专业劳动力比重为 73.88%,而大陆仅为 54.73%。不仅如此,大陆渔业专业劳动力在总劳动力中的比重还在不断下降,从 1996 年的 68.07% 下降到 2012 年的 61.96%。而台湾的该比重则在不断上升,从 1996 年的 60.49% 上升到 2011 年的 74.18%。可见,台湾渔业劳动力在质量上要优于大陆。

从两岸各省份渔业劳动力的分布状况看(见表 7-7),沿海各省份占据着总量一半以上的渔业劳动力,且比重有进一步上升的趋势,其比重从 1996 年的 52.15% 上升到了 2011 年的 55.67%。其中,山东、江苏和广东的比重最高,

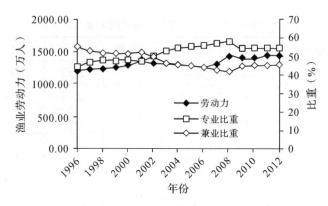

图 7-3 1996—2012 年大陆渔业从业人口及其比重变动状况

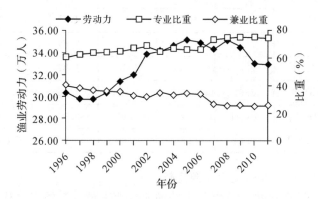

图 7-4 1996—2012 年台湾渔业从业人口及其比重变动状况

2012 年的比重分别为 12.43%、9.33% 和 10.08%。

表 7-7 1996—2012 年两岸各省份渔业从业人口分布状况 （单位:%）

省份	1996 年	2001 年	2008 年	2009 年	2010 年	2011 年	2012 年
山东	7.07	7.52	7.89	8.44	9.48	9.35	12.43
江苏	9.45	8.46	8.67	8.50	5.62	9.26	9.33
福建	7.13	6.36	5.78	6.45	6.46	6.23	7.38
广东	10.39	9.28	12.60	9.51	9.35	9.11	10.08
辽宁	2.59	2.72	4.79	4.11	3.95	4.98	4.36
浙江	5.97	5.60	5.43	5.67	5.62	5.41	6.21
海南	1.31	1.51	2.10	1.88	1.69	1.63	1.68
广西	4.25	4.65	4.63	5.05	5.07	5.47	6.75

续表

省份	1996 年	2001 年	2008 年	2009 年	2010 年	2011 年	2012 年
河北	0.96	0.94	1.46	1.58	1.62	1.53	1.95
上海	0.29	0.27	0.21	0.24	0.25	0.21	0.17
天津	0.29	0.28	0.28	0.30	0.31	0.28	0.32
内陆省份	47.85	50.12	43.80	45.86	48.28	44.33	37.51
台湾	2.45	2.28	2.36	2.43	2.31	2.20	1.82

但从劳动力资源禀赋系数看(见表 7-8),1996 年台湾渔业劳动力资源禀赋为 0.20,排在沿海各省份的最后一名,但到 2012 年各省份的渔业劳动力资源禀赋排名为:广西、内陆省份、广东、河北、山东、浙江、江苏、福建、台湾、海南、辽宁、上海和天津,台湾处在倒数第 6 的位置,位于中下游水平。另外,2012 年除了内陆省份和广西外,其余省份的劳动力资源禀赋系数均低于 1。这表明大陆沿海各省份均存在渔业劳动力资源匮乏的现象。

总的来看,台湾的渔业劳动力资源禀赋不及大陆,但在劳动力质量上要优于大陆。

表 7-8　1996—2012 年两岸各省份渔业劳动力资源禀赋系数变动趋势

省份	1996 年	2001 年	2008 年	2009 年	2010 年	2011 年	2012 年
山东	0.55	0.67	0.62	0.61	0.74	0.69	0.85
江苏	0.95	0.79	0.71	0.64	0.48	0.70	0.77
福建	0.73	0.60	0.57	0.62	0.63	0.59	0.72
广东	0.82	0.75	1.05	0.78	0.83	0.80	0.97
辽宁	0.55	0.45	0.68	0.50	0.51	0.62	0.59
浙江	0.70	0.56	0.69	0.70	0.71	0.61	0.79
海南	1.10	0.60	0.81	0.66	0.63	0.59	0.62
广西	1.06	0.90	1.21	1.26	1.35	1.33	1.78
河北	0.67	0.48	0.77	0.79	0.75	0.69	0.96
上海	0.26	0.21	0.20	0.25	0.31	0.28	0.25
天津	0.57	0.43	0.35	0.34	0.40	0.36	0.46
内陆省份	2.30	2.39	1.81	2.32	1.95	2.13	1.52
台湾	0.20	0.34	0.66	0.71	0.74	0.73	0.69

7.1.2　海峡两岸渔业高级生产要素比较

上文分析了两岸渔业初级生产要素状况,可以看出,大陆各省份在渔业自然资源和劳动力资源上较台湾有优势。但在高级生产要素方面两岸间又存在怎样的差距呢?下文将进行详细的探讨。

1.海峡两岸渔业基础设施比较

(1)海峡两岸渔船状况比较

1)海峡两岸渔船拥有状况比较

图 7-5 给出的是 1996—2012 年大陆与台湾年末渔船拥有量变动状况。从图中可以看出,1996—2012 年大陆年末渔船拥有量呈现先下降后上升的走势,先由 1996 年的 98.15 万艘下降到 2003 年的 93.18 万艘,后逐步上升到 2012 年的 106.99 万艘。而台湾的年末渔船拥有量则表现出波动下滑的态势,从 1996 年的 1.41 万艘下降到 2012 年的 1.24 万艘。

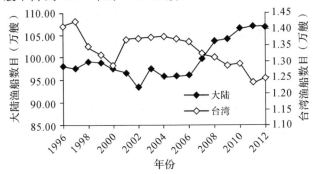

图 7-5　1996—2012 年海峡两岸年末渔船拥有量变动趋势

从两岸各省份的渔船拥有量比较看(见表 7-9),内陆省份、江苏、山东的年末渔船拥有量最高,2012 年的拥有量分别达到 36.26、25.68 和 10.72 万艘;另外,浙江、广东和福建的渔船拥有量也较高,2012 年分别达到 7.96、7.20 和 6.57 万艘;而台湾的渔船拥有量在两岸各省份中处在末尾,仅比上海和天津略高。从变化趋势角度考察,除了上海和台湾外,其余各省份的年末渔船数量均呈现上升的走势。

表 7-9　1996—2012 年海峡两岸各省份年末渔船拥有量　　　(单位:万艘)

省份	1996 年	2001 年	2008 年	2009 年	2010 年	2011 年	2012 年
山东	10.40	10.89	11.18	11.32	11.87	11.29	10.72
江苏	20.89	21.35	24.59	25.14	26.38	25.15	25.68
福建	7.58	6.50	6.93	6.88	6.72	6.56	6.57

续表

省份	1996 年	2001 年	2008 年	2009 年	2010 年	2011 年	2012 年
广东	8.33	8.42	7.71	7.66	7.41	7.25	7.20
辽宁	3.94	4.22	4.54	4.73	4.82	4.75	4.70
浙江	10.96	10.48	8.42	8.46	8.23	8.11	7.96
海南	1.72	1.85	2.58	2.60	2.67	2.71	2.76
广西	2.23	2.17	2.97	2.98	2.86	2.74	2.77
河北	3.63	3.40	1.92	1.96	1.76	1.76	1.74
上海	0.69	0.61	0.21	0.24	0.22	0.17	0.17
天津	0.29	0.34	0.32	0.39	0.37	0.37	0.46
内陆省份	27.48	26.49	32.56	31.88	33.26	36.09	36.26
台湾	1.41	1.37	1.31	1.28	1.29	1.23	1.24

　　此外,从渔船的人均拥有量考察(见图 7-6),大陆渔船的人均拥有量要远高于台湾,2012 年大陆渔船的人均拥有量为 0.28 艘/人,而台湾则为 0.04 艘/人,大陆是台湾的 7 倍。但两岸的人均渔船拥有量都呈现下降的走势,大陆从 1996年的 0.39 艘/人下降到 2012 年的 0.28 艘/人,而台湾则从 0.05 艘/人下降到0.04 艘/人。

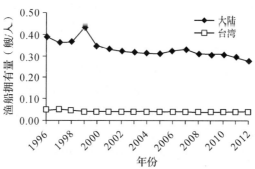

图 7-6　1996—2012 海峡两岸渔船人均拥有量比较

　　比较各省份的情况来看(见表 7-10),渔船人均拥有量最多的省份为江苏,其次是海南和天津,2012 年的人均拥有量分别为 0.15 艘/人、0.09 艘/人和0.08 艘/人。从变化趋势上看,几乎所有省份的渔船人均拥有量都呈现下降的走势,如山东的人均渔船拥有量从 1996 年的 0.12 艘/人下降到 2012 年的 0.05艘/人。台湾的人均渔船拥有量处在两岸各省份的中游位置。

表 7-10　1996—2012 海峡两岸各省份渔船人均拥有量比较　（单位:艘/人）

省份	1996 年	2001 年	2008 年	2009 年	2010 年	2011 年	2012 年
山东	0.12	0.10	0.10	0.09	0.09	0.08	0.05
江苏	0.18	0.18	0.19	0.21	0.33	0.18	0.15
福建	0.09	0.07	0.08	0.08	0.07	0.07	0.05
广东	0.06	0.06	0.04	0.06	0.06	0.05	0.04
辽宁	0.12	0.11	0.06	0.06	0.06	0.06	0.06
浙江	0.15	0.13	0.10	0.11	0.10	0.10	0.07
海南	0.11	0.09	0.08	0.10	0.11	0.11	0.09
广西	0.04	0.03	0.04	0.04	0.04	0.03	0.02
河北	0.30	0.26	0.09	0.09	0.08	0.08	0.05
上海	0.19	0.16	0.07	0.07	0.06	0.06	0.05
天津	0.08	0.08	0.08	0.09	0.09	0.09	0.08
内陆省份	0.05	0.04	0.05	0.05	0.05	0.05	0.05
台湾	0.05	0.04	0.04	0.04	0.04	0.04	0.04

2)渔船现代化水平比较

以上本书比较了两岸的渔船数量,但基础设施对渔业国际竞争力的影响不仅表现在"量"上,还体现在"质"上。为此,本研究将以机动渔船所占比重以及机动渔船的平均吨位数来考察两岸在渔业现代化水平上的差距。

从图 7-7 可知,大陆机动渔船的比重不断上升,从 1996 年的 46.07% 上升到 2012 年的 65.01%,说明大陆渔船现代化水平在不断提升。而台湾的机动渔船比重要远高于大陆(见图 7-8),2012 年台湾机动渔船比重为 98.67%,其渔船已基本实现了机械化,且机械化程度越来越高,该比重从 1996 年的 92.33% 上升到 2012 年的 98.67%。可见,台湾渔船的机械化水平要高于大陆。

从各省份的机动渔船比重看(见表 7-11),排在前六的分别是:海南、台湾、广西、福建、辽宁和广东,2012 年均在 90% 以上,分别达到 99.48%、98.67%、96.96%、95.90%、93.82% 以及 92.53%。另外,上海和天津的机动渔船比重也较高,2012 年分别达到 89.08% 和 87.05%。从变化趋势上考察,所有省份的机动渔船的比重均在不断提高,如海南、广西和福建的比重分别从 1996 年的 76.27%、75.63% 和 74.77% 上升到 2012 年的 99.48%、96.96% 和 95.90%。台湾的机动渔船比重仅排在海南之后,可见,其渔船机械化水平较高。

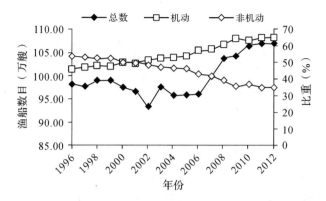

图 7-7 1996—2012 年大陆年末渔船拥有量及比重变动趋势

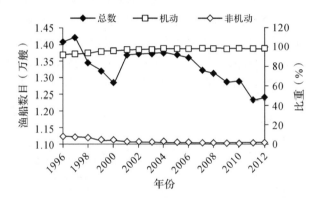

图 7-8 1996—2012 年台湾年末渔船拥有量及比重变动趋势

表 7-11 1996—2012 年海峡两岸各省份机动渔船比重变动 (单位:%)

省份	1996 年	2001 年	2008 年	2009 年	2010 年	2011 年	2012 年
山东	48.62	47.99	61.57	62.14	63.42	62.90	60.91
江苏	40.00	39.53	42.02	52.16	49.89	51.30	51.06
福建	74.77	87.92	94.71	94.37	95.40	95.97	95.90
广东	81.57	84.40	90.48	91.77	92.91	92.92	92.53
辽宁	82.12	85.10	94.42	93.75	93.44	93.59	93.82
浙江	52.15	53.54	59.65	61.19	61.36	62.00	62.34
海南	76.27	80.84	99.21	99.24	99.26	99.45	99.48
广西	75.63	87.64	96.12	96.93	97.11	97.32	96.96
河北	23.75	26.11	72.33	70.49	74.53	72.43	75.79

续表

省份	1996 年	2001 年	2008 年	2009 年	2010 年	2011 年	2012 年
上海	40.95	44.16	66.02	78.10	80.69	94.65	89.08
天津	33.97	36.44	59.45	67.10	67.51	76.42	87.05
内陆省份	22.36	28.71	48.70	52.34	50.56	55.48	55.92
台湾	92.33	97.16	98.72	98.76	98.79	98.60	98.67

此外,从两岸机动渔船的平均吨位数可以看出两岸渔船现代化水平的差距。从图 7-9 可以看出,台湾机动渔船的平均吨位数要远大于大陆,2012 年台湾机动渔船的平均吨位数为 50.46 吨/艘,而大陆仅为 13.72 吨/艘,台湾是大陆的 3.68 倍。可见,台湾渔船现代化水平要高于大陆。但从变化趋势上考察,大陆机动渔船的平均吨位数呈现缓慢上升的走势,从 1996 年的 13.13 吨/艘上升到 2012 年的 13.72 吨/艘,年均增长率为 0.28%;而台湾则表现为下降趋势,从 1996 年的 62.85 吨/艘下降到 2012 年的 50.46 吨/艘,这主要是由于台湾远洋渔业的萎缩。

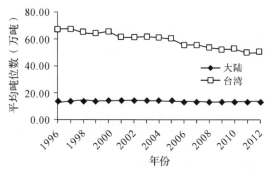

图 7-9　1996—2012 年海峡两岸机动渔船平均吨位变动趋势

另外,从两岸各省份的机动渔船平均吨位数排名考察(见表 7-12),2012 年两岸各省份渔船平均吨位数排名为:上海、浙江、台湾、河北、辽宁、山东、海南、福建、广西、广东、天津、江苏以及内陆省份。2012 年其机动渔船平均吨位数分别为 85.81、54.13、50.46、17.89、17.12、16.26、15.98、15.78、13.54、13.26、9.26、7.52、4.80 吨/艘。其中,上海、浙江和台湾的平均吨位数远大于其他省份。从变化趋势上考察,除了天津、江苏、台湾和内陆省份外,其余各省份的机动渔船平均吨位数均呈现上升走势,如福建和广东的机动渔船平均吨位数分别从 1996 年的 10.87 和 12.40 吨/艘上升到 2012 年 15.78 和 13.26 吨/艘。

表 7-12　1996—2012 年海峡两岸各省份机动渔船平均吨位变动趋势

(单位:吨/艘)

省份	1996 年	2001 年	2008 年	2009 年	2010 年	2011 年	2012 年
山东	14.55	15.76	13.70	13.18	13.89	14.79	16.26
江苏	8.53	8.57	7.75	7.39	7.45	7.45	7.52
福建	10.87	11.22	12.33	12.76	13.38	14.39	15.78
广东	12.40	11.77	11.69	11.48	11.83	12.35	13.26
辽宁	9.64	14.91	16.88	16.81	16.99	17.22	17.12
浙江	30.98	40.81	45.09	45.33	45.76	49.12	54.13
海南	12.79	14.91	13.21	15.52	15.50	15.48	15.98
广西	11.74	12.54	12.12	10.96	12.94	11.37	13.54
河北	13.86	19.09	19.06	19.07	17.27	16.70	17.89
上海	39.05	43.37	79.97	62.45	65.72	72.18	85.81
天津	29.88	32.15	13.60	10.65	11.92	10.17	9.26
内陆省份	5.21	4.59	5.30	5.08	5.26	4.79	4.80
台湾	68.03	61.59	53.62	52.43	52.82	49.40	50.46

(2)海峡两岸水产冷藏设施比较

由于国际市场对水产品的风味和保鲜的要求越来越高,因此一国或地区的水产加工业的基础设施状况(如速冻和保鲜能力)是影响该国(地区)水产品国际竞争力的重要因素。表 7-13 给出的是 1996—2012 年海峡两岸水产加工基础设施(冷库)水平的比较。

表 7-13　1996—2012 年海峡两岸水产冷冻设施变化

年份	大陆			台湾		
	冷库数 (个)	日均冻结能力 (吨/库)	日均冷藏能力 (吨/库)	冷库数 (个)	日均冻结能力 (吨/库)	日均冷藏能力 (吨/库)
1996	4241	18.28	261.61	428	93.46	554.38
1997	4518	19.17	249.69	410	66.05	655.07
1998	4258	25.41	294.98	425	64.86	570.78
1999	4392	24.70	277.18	364	288.81	544.66
2000	4617	29.25	276.83	353	343.67	514.04

续表

年份	大陆			台湾		
	冷库数（个）	日均冻结能力（吨/库）	日均冷藏能力（吨/库）	冷库数（个）	日均冻结能力（吨/库）	日均冷藏能力（吨/库）
2001	5772	26.68	241.94	323	324.42	486.80
2002	5607	30.15	302.14	316	470.78	477.41
2003	5864	36.45	354.59	325	489.82	515.08
2004	5964	42.16	365.82	293	559.56	848.96
2005	6328	41.80	405.64	308	382.01	886.01
2006	6552	45.32	432.36	293	415.67	1093.43
2007	6857	43.99	434.58	269	444.42	1338.07
2008	7439	57.92	451.24	245	490.19	1392.57
2009	7548	66.20	477.42	223	481.57	1299.58
2010	7970	61.60	512.16	211	524.71	1370.63
2011	9173	73.88	466.26	195	599.62	1519.82
2012	8835	66.66	511.04	217	514.29	1345.28

　　从表 7-13 中可以看出，从水产品冷库的日均冻结和冷藏能力的角度考察，大陆要远低于台湾，2011 年大陆水产冷库的日均冻结和冷藏能力分别为 73.88 和 466.26 吨/库，而台湾则分别高达 599.62 和 1519.82 吨/库，后者分别是前者的 8.12 和 3.26 倍。从变化趋势上考察，两岸水产品冷库的冻结和冷藏能力都在不断提升，但台湾的冷库水平提升速度从总体上看要快于大陆。大陆的水产品冷库的日均冻结和冷藏能力分别从 1996 年的 18.28 和 261.61 吨/库上升到 2012 年的 66.66 和 511.04 吨/库，年平均增长率为 8.42％和 4.27％，而台湾则分别高达 11.25％和 5.70％。可见，总体而言台湾水产品冷冻、冷藏能力要高于大陆。

　　比较两岸各省份的情况来看（见表 7-14），单位冷库的日均冻结能力最强的是台湾，2011 年达 599.62 吨/库，是排在第二名的山东（145.52 吨/库）的 4.12 倍，但山东的冷库数量众多（2011 年为 2670 个，是台湾的 13.69 倍），其总冻结能力还是在台湾之上的，达 388538.4 吨，是台湾的 3.32 倍，但冻结水平要低于台湾。另外，大陆日均冻结能力较强的省份还包括辽宁和内陆省份，2011 年的日均冻结能力分别为 83.24 和 75.26 吨/库。从增长速度上考察，台湾的日均冻结能力增长率最高，1996—2011 年的年平均增长率高达 13.19％，其次是山东,达 12.07%。另外,增长率较高的省份还有内陆省份、广东和辽宁,其增长率分别为 10.91%、9.90% 和 9.19%。

表 7-14　1996 年、2011 年海峡两岸各省份水产冷冻设施

省份	1996 年			2011 年		
	冷库数（个）	日均冻结能力（吨/库）	日均冷藏能力（吨/库）	冷库数（个）	日均冻结能力（吨/库）	日均冷藏能力（吨/库）
山东	877	26.34	344.87	2670	145.52	535.39
江苏	317	18.68	238.20	1101	25.49	139.83
福建	442	12.13	180.20	733	19.99	497.16
广东	296	9.02	188.08	543	37.17	486.46
辽宁	348	22.27	390.63	828	83.24	792.73
浙江	1109	13.14	255.69	1384	25.32	583.73
海南	86	13.33	91.43	148	29.18	225.66
广西	25	21.32	413.08	50	46.36	1550.46
河北	144	27.96	180.32	222	27.79	269.50
上海	47	70.36	867.70	36	28.39	320.83
天津	34	26.65	1126.76	20	11.60	10047.25
内陆省份	516	15.92	103.57	1438	75.26	151.24
台湾	428	93.46	554.38	195	599.62	1519.82

在日均冷藏能力方面,两岸各省份中冷藏能力最强的 3 个省份分别是天津、广西和台湾,其 2011 年的单位冷库的日均冷藏能力分别为 10047.25、1550.46 和 1519.82 吨/库。其他冷藏能力较强的省份还有辽宁、浙江和山东,其 2011 年的日均冷藏能力分别为 792.73、583.73 和 535.39 吨/库。从增长趋势上分析,除了江苏和上海出现负增长外,其余省份的冷藏能力均在提高,16 年来的平均增长率从高到低排名为:天津、广西、福建、台湾、广东、海南、浙江、辽宁、山东、河北和内陆省份,其增长率分别为 15.70%、9.22%、7.00%、6.95%、6.54%、6.21%、5.66%、4.83%、2.98%、2.72% 和 2.56%。

可见,以远洋捕捞为主要生产方式的台湾,有着发达的冷库建设水平,在冷库的冻结和冷藏能力上要远强于大陆的绝大多数省份。

2.海峡两岸渔业人力资本比较

人力资本(human capital management,HCM)理论的创立者是美国经济学

家舒尔茨(T. W. Schultz)和贝克尔(Stanley Becker),该理论的核心内容包括：

(1)人力资源是一切资源中最主要的资源,表现为知识、技能、健康状况等。

(2)人力资本投资是经济增长的源泉,在经济增长中,人力资本的作用要大于物质资本的作用。

(3)人力资本投资是效益最佳的投资,教育投资是人力投资的主要部分。

(4)教育投资应以市场供求关系为依据,以人力价格的浮动为衡量符号。

舒尔茨和贝克尔的研究在经济界引起了轰动,并影响深远,两者分别在1979年和1992年获得诺贝尔经济学奖。

渔业领域的人力资本主要是指渔业生产经营活动的管理者和参与渔业技术推广的技术人员。然而,由于两岸渔业经营活动和技术推广的方式和结构不同,大陆的渔业人力资本主要体现在渔业推广人员的数量及其在渔业劳动力的比重上,而台湾则体现在乙级会员数量变动及其在渔业劳动力中的比重。

表7-15给出了1996—2012年大陆与台湾渔业人力资本的变动状况。从表中看出,虽然大陆在渔业人力资本上要大于台湾,但在占渔业劳动力比重上却远小于台湾。以2012年为例,大陆技术推广人数占渔业劳动力的比重仅为0.29%,而台湾则高达5.46%。虽然由于统计方法和组织管理制度上的差别,这只是个大致的横向比较,但已足以说明大陆的渔业人力资本比台湾匮乏。

表7-15   1996—2012年海峡两岸渔业人力资本状况变动

年份	大陆		台湾	
	技术推广人数/人	占渔业劳动力比重/%	乙类会员人数/人	占渔业劳动力比重/%
1996	39884	0.33	22681	7.48
1997	43464	0.36	22054	7.41
1998	45780	0.37	23185	7.80
1999	45863	0.36	22735	7.47
2000	45950	0.36	21523	6.85
2001	42925	0.31	21538	6.73
2002	38805	0.30	18836	5.56
2003	37416	0.28	18507	5.42
2004	39269	0.30	18309	5.29
2005	37479	0.29	18221	5.18
2006	43642	0.35	18513	5.30

年份	大陆		台湾	
	技术推广人数/人	占渔业劳动力比重/%	乙类会员人数/人	占渔业劳动力比重/%
2007	36021	0.27	18766	5.47
2008	36887	0.25	18942	5.39
2009	36947	0.27	18677	5.42
2010	36992	0.26	18596	5.63
2011	37602	0.26	19826	6.03
2012	42598	0.29	17804	5.46

从变动趋势上看,大陆与台湾的相对数量都在减少。大陆技术推广人数在17年内基本维持恒定,但占渔业劳动力的比重却从1996年的0.33%下降到2012年的0.29%;而台湾乙级会员人数由1996年的22681人下降到2012年的17804人,比重则从7.48%下降到5.46%。

从两岸各省份渔业人力资本的比较看(见表7-16),2012年两岸各省份渔业人力资本的排名为:台湾、上海、天津、河北、江苏、山东、广东、辽宁、广西、福建、浙江和海南,占渔业劳动力比重分别为5.46%、1.50%、0.64%、0.26%、0.19%、0.17%、0.13%、0.13%、0.13%、0.09%、0.09%和0.04%。可见,台湾在海峡两岸渔业人力资本上较大陆其他省份有优势。另外,从变化趋势上考察,几乎所有省份的人力资本相对数量都在减少,以山东、江苏和福建为例,其人力资本在渔业劳动力中的比重分别从1996年的0.35%、0.36%和0.15%下降到2012年的0.17%、0.19%和0.09%。

表 7-16　1996—2012 年海峡两岸各省份渔业人力资本状况变动　　(单位:%)

省份	1996 年	2001 年	2008 年	2009 年	2010 年	2011 年	2012 年
山东	0.35	0.37	0.28	0.29	0.25	0.22	0.17
江苏	0.36	0.36	0.22	0.25	0.36	0.20	0.19
福建	0.15	0.17	0.14	0.13	0.13	0.12	0.09
广东	0.17	0.17	0.11	0.15	0.16	0.16	0.13
辽宁	0.48	0.27	0.14	0.18	0.08	0.06	0.13
浙江	0.14	0.14	0.14	0.14	0.14	0.14	0.09
海南	0.13	0.09	0.05	0.05	0.05	0.05	0.04

续表

省份	1996 年	2001 年	2008 年	2009 年	2010 年	2011 年	2012 年
广西	0.21	0.32	0.20	0.19	0.15	0.20	0.13
河北	0.58	0.93	0.49	0.42	0.47	0.40	0.26
上海	1.85	1.14	1.29	0.84	0.92	1.39	1.50
天津	0.73	0.82	0.76	0.65	0.53	0.31	0.64
内陆省份	0.40	0.35	0.34	0.34	0.33	0.36	0.40
台湾	7.48	6.73	5.39	5.42	5.63	6.03	5.46

可见，由于渔业生产条件较差和工作较为辛苦，很多有知识、有技术的年轻人不愿意从事渔业这项艰苦的工作，这是两岸未来发展渔业面临的共同挑战。

3. 海峡两岸渔业技术水平比较

技术优势对一国（地区）渔业国际竞争力发展水平的提升起着重要作用，特别是在渔业资源和劳动力增长缓慢甚至开始下降的今天，技术水平在一国或地区渔业国际竞争力的构成中扮演着越来越重要的角色。度量渔业技术水平的主要指标有单位渔船捕捞量、养殖单产和渔业劳动生产率，本研究将从以上几个方面考察海峡两岸渔业技术水平的差距。

（1）海峡两岸单位渔船捕捞量比较

单位渔船捕捞量是衡量一国或地区捕捞渔业技术水平的重要指标，一国（地区）的单位渔船捕捞量越大表明其捕捞技术越先进。

图 7-10 给出的是 1996—2012 年大陆与台湾单位渔船捕捞量的计算结果。从图中可知，在计算期内的所有年份，台湾的单位渔船捕捞量都要远大于大陆，以 2012 年为例，台湾单位渔船捕捞量为 160.87 吨/艘，而大陆仅为 15.14 吨/艘，台湾是大陆的 10.63 倍。可见，台湾在捕捞技术上要优于大陆。

另外，从变化趋势上看，大陆的单位渔船捕捞量呈现先上升后略微下降的走势，从 1996 年的 13.06 吨/艘上升到 2005 年的 17.83 吨/艘，后又下降到 2012 年的 15.14 吨/艘。前期的上升是大陆捕捞技术的进步所致，而后期的下降是大陆水产养殖业迅速发展所产生的替代效应以及政府的休渔政策所致的。台湾方面，这几年，其单位渔船捕捞量在波动中维持平稳，2005 年为 147.41 吨/艘，到 2012 年仍然维持在 160.87 吨/艘。这主要是因为台湾的捕捞渔业以远洋捕捞为主，远洋捕捞具有较大的不确定性，加之近来公海管理的日趋严格，导致台湾单位渔船捕捞量波动较大，且总体表现为下降态势。

从两岸各省份单位渔船捕捞量比较看（见表 7-17），2012 年两岸各省份单位渔船捕捞量的排名为台湾、上海、浙江、海南、福建、广西、辽宁、广东、天津、和江

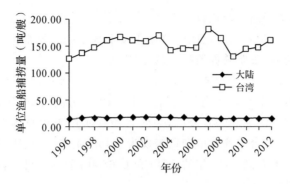

图 7-10　1996—2012 年海峡两岸单位渔船捕捞量变动状况

苏,其单位渔船捕捞量分别为 159.37、81.44、44.59、40.95、33.87、28.85、27.88、23.57、8.36 和 3.56 吨/艘。可见,台湾在海峡两岸捕捞技术水平上要远高于大陆其他省份。另外,从变化趋势上考察,上海、海南、浙江的单位渔船捕捞量上升较快,分别从 1996 年的 21.81、21.70 和 24.23 吨/艘上升到 2012 年81.44、40.95 和 44.59 吨/艘。上海和浙江捕捞水平的上升是发达的远洋捕捞业所致,而海南则得益于其丰富的南海渔业资源。

表 7-17　1996—2012 年海峡两岸各省份单位渔船捕捞量变动状况

(单位:吨/艘)

省份	1996 年	2001 年	2008 年	2009 年	2010 年	2011 年	2012 年
山东	18.77	3.37	23.36	22.77	22.18	23.45	24.60
江苏	3.88	4.29	3.66	3.54	3.46	3.63	3.56
福建	23.57	310.18	29.69	30.62	32.33	33.30	33.87
广东	21.61	23.89	21.57	21.56	22.29	22.81	23.57
辽宁	27.69	36.29	25.93	25.15	25.69	26.70	27.88
浙江	24.23	32.17	31.20	33.85	37.40	41.49	44.59
海南	21.70	53.08	37.10	37.76	37.96	39.53	40.95
广西	29.63	45.82	25.95	26.15	27.44	28.92	28.85
河北	7.30	11.42	17.39	17.40	19.62	19.97	20.10
上海	21.81	18.18	85.17	67.33	57.40	73.26	81.44
天津	14.19	15.08	10.30	8.66	9.42	9.79	8.36
内陆省份	3.41	4.70	3.89	3.62	3.70	3.19	3.31
台湾	135.37	151.32	165.36	132.65	143.44	156.16	159.37

（2）海峡两岸养殖单产比较

养殖单产是衡量一国或地区养殖渔业技术水平的重要指标，一国（地区）的单位养殖单产越高，表明其养殖技术越先进。

从海峡两岸的情况比较来看（见图7-11），台湾在计算期（1996—2012年）内的所有年份的养殖单产都要高于大陆。以2012年为例，台湾养殖单产为6.66吨/公顷，而大陆仅为5.30吨/公顷，表明台湾在水产养殖技术上要优于大陆。从走势分析，大陆和台湾养殖单产均表现为上升的走势，分别从1996年的2.70和4.03吨/公顷上升到2012年的5.30和6.66吨/公顷。可见，两岸水产养殖技术均在不断进步。

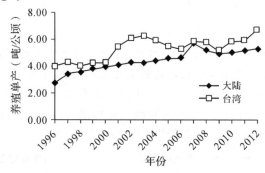

图7-11　1996—2012年海峡两岸养殖单产变动状况

从两岸各省份养殖单产的比较看（见表7-18），2012年两岸各省份养殖单产的排名为福建、广西、广东、海南、天津、上海、山东、台湾、浙江、江苏、河北、辽宁以及内陆省份。养殖单产分别为16.73、13.70、10.78、10.59、7.89、7.36、7.20、6.66、6.09、5.22、3.83、3.42以及3.27吨/公顷。台湾在两岸各省中处于中游的水平，但在特色的、高附加值的产品养殖技术上颇具优势，如虱目鱼、石斑鱼等。从走势上分析，除辽宁外，其余各省份的养殖单产均表现为上升走势，如排名前三的福建、广西和广东的养殖单产分别从1996年的6.18、2.71和4.39吨/公顷上升到2012年的16.73、13.70和10.78吨/公顷，年平均增长率分别高达6.42％、10.65％和5.78％。

表7-18　1996—2012年海峡两岸各省份养殖单产变动状况（单位：吨/公顷）

省份	1996年	2001年	2008年	2009年	2010年	2011年	2012年
山东	5.85	7.22	7.08	7.23	6.87	7.01	7.20
江苏	2.52	3.11	4.76	4.88	4.92	5.00	5.22
福建	6.18	14.01	16.24	15.94	15.98	16.21	16.73

续表

省份	1996 年	2001 年	2008 年	2009 年	2010 年	2011 年	2012 年
广东	4.39	7.06	9.45	9.56	10.01	10.40	10.78
辽宁	4.46	5.15	4.59	3.38	3.19	3.41	3.42
浙江	2.82	4.20	5.07	4.90	5.44	5.90	6.09
海南	1.86	4.02	10.34	8.88	8.87	9.66	10.59
广西	2.71	6.11	8.26	8.46	8.89	9.30	13.70
河北	1.89	2.96	3.47	3.44	3.61	3.41	3.83
上海	3.75	4.18	4.88	5.63	6.43	6.70	7.36
天津	3.68	5.82	7.09	7.16	7.47	7.82	7.89
内陆省份	1.74	2.34	3.34	3.23	3.30	3.34	3.27
台湾	4.03	5.49	5.79	5.10	5.85	5.95	6.66

（3）海峡两岸渔业劳动生产率比较

渔业劳动生产率是衡量渔业劳动者生产效率的主要指标，指平均每个渔业从业人员在单位时间内生产的水产品量或产值，或生产单位水产品消耗的劳动时间。渔业劳动生产率越高表明渔业劳动者的技术水平越高。1996—2012 年海峡两岸渔业劳动生产率如图 7-12 所示。

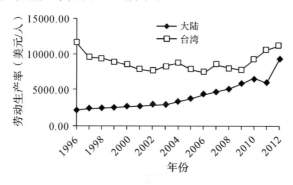

图 7-12　1996—2012 年海峡两岸渔业劳动生产率变动状况

从图 7-12 可以知道，在计算期内的所有年份，台湾渔业劳动生产率都要高于大陆，表明台湾渔业总体技术水平要高于大陆。但从变化趋势上看，大陆渔业劳动生产率呈现不断上升的走势，从 1996 年的 2091.00 美元/人上升到 2012 年的 9364.06 美元/人，年平均增长率为 9.82%。而台湾渔业劳动生产率则表现为先下降后上升的走势，1996 年台湾渔业劳动生产率为 11690.82 美元/人，到 2012 年仍然维持在 11176.42 美元/人。可见,随着大陆水产养殖技术的进步,大陆渔业劳动生产率正不断提升,而台湾则受到其自然资源的限制,技术优势无法有效发挥。

另外,从两岸各省份的渔业劳动生产率的比较看(见表 7-19),在 1996 年,台湾渔业劳动生产率要远远高于大陆其他省份。但到 2012 年,大陆的上海、天津、辽宁和海南的渔业劳动生产率均高于台湾,分别达到 31408.02、17019.26、13181.92 和 12585.48 美元/人;另外,福建、江苏和山东的渔业劳动生产率也接近台湾,分别达到 10832.60、10075.55 和 9145.36 美元/人。可见,随着技术的进步,大陆各省份渔业劳动生产率提升明显。

表 7-19　1996—2012 年海峡两岸各省份渔业劳动生产率变动状况

(单位:美元/人)

省份	1996 年	2001 年	2008 年	2009 年	2010 年	2011 年	2012 年
山东	4247.38	4006.80	8400.01	9138.91	9223.10	11186.71	9145.36
江苏	2460.49	3392.44	7423.56	8733.45	14279.03	11088.86	10075.55
福建	3202.56	4463.45	9183.67	9049.26	10763.48	13161.03	10832.60
广东	2848.78	3611.85	5007.97	7172.24	8186.63	9666.73	8026.16
辽宁	4197.39	5989.06	7664.05	11172.88	13422.23	12410.55	13181.92
浙江	3312.04	4817.55	7619.37	7924.06	9579.57	12624.04	9785.15
海南	2118.61	4475.74	6436.50	8433.40	10851.22	13100.61	12585.48
广西	2197.26	2994.65	4321.56	4428.61	5031.52	5807.09	4346.25
河北	3473.93	5569.04	6801.81	7089.98	9068.17	11288.97	8056.59
上海	9023.35	12803.48	26287.24	22404.66	21763.64	27205.45	31408.02
天津	4107.38	6262.14	15048.24	16199.28	16953.56	21454.75	17019.26
内陆省份	1010.45	1125.58	2889.69	2403.18	3477.27	3627.66	5099.70
台湾	11690.82	7830.36	7978.61	7803.05	9225.05	10677.51	11176.42

7.2　海峡两岸水产品内部需求条件比较

内部市场需求是"国家钻石"模型中 4 个主要影响因素之一。波特认为,在需求条件较高的环境下成长的企业具有较强的竞争力。为此,本书将围绕海峡两岸内部市场的总体消费规模和水产品的消费量展开讨论,以深入探讨内部市场需求对两岸渔业国际竞争力的影响。

7.2.1　海峡两岸消费规模比较

根据消费经济学的理论,影响消费的因素有收入水平、产品价格、替代品或互补品价格以及前期消费、消费偏好、人口和市场发展程度等。本研究旨在研究消费需求对两岸渔业国际竞争力的影响,因此重点关注与水产品有直接关系的消费需求条件并展开讨论,主要包括人口数量、人均 GDP 和人均年消费支出3 个方面。

1.海峡两岸人口数量比较

2012 年台湾人口为 0.32 亿,仅为大陆 1.72%(见图 7-13)。另外,从人口增长率的角度考察,大陆人口从 1996 年的 12.24 亿上升到 2012 年的 13.54 亿,年均增长率为 0.63%,而台湾则从 0.22 亿增长到 0.23 亿,年均增长率为0.50%。为此,从人口数量上比较,台湾水产品的内在消费潜力要远小于大陆。

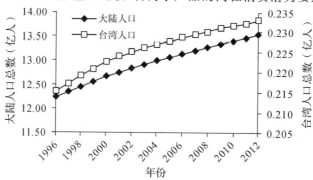

图 7-13　1996—2012 年海峡两岸人口数量变动状况

不仅如此,从海峡两岸各省份的角度考察(见表 7-20),台湾的人口数量也较少,2012 年其人口数量为 2332 万人,仅排在海南和天津之前。为此,台湾人口基数的不足将阻碍其水产品消费的增长。在沿海各省份中广东的人口基数最大,2012 年达到 10594 万人。

表 7-20　1996—2012 年海峡两岸各省份人口变动状况　　　(单位:万人)

省份	1996 年	2001 年	2008 年	2009 年	2010 年	2011 年	2012 年
山东	8738	9041	9417	9470	9588	9637	9685
江苏	7110	7359	7762	7810	7869	7899	7920
福建	3261	3445	3639	3666	3693	3720	3748
广东	6961	8733	9893	10130	10441	10505	10594

续表

省份	1996 年	2001 年	2008 年	2009 年	2010 年	2011 年	2012 年
辽宁	4116	4194	4315	4341	4375	4383	4389
浙江	4343	4729	5212	5276	5447	5463	5477
海南	734	796	854	864	869	877	887
广西	4589	4788	4816	4856	4610	4645	4682
河北	6484	6699	6989	7034	7194	7241	7288
上海	1419	1668	2141	2210	2303	2347	2380
天津	948	1004	1176	1228	1299	1355	1413
内陆省份	72592	74122	75144	75454	75698	75970	76942
台湾	2153	2241	2304	2312	2316	2322	2332

2.海峡两岸人均 GDP 比较

一个国家或地区的水产品消费规模,取决于这个国家或地区的人口数量,更取决于这个国家或地区的经济发展水平,因此经济发展水平也是水产品消费的重要影响因素。

从人均 GDP 的角度考察(见图 7-14),台湾的人均 GDP 要远高于大陆,2012 年大陆的人均 GDP 为 6075.88 美元,而台湾则高达 20670.56 美元,后者是前者的 3.40 倍。另外,从变化趋势看,两岸人均 GDP 均呈现上升的走势,分别从 1996 年的 703.13 美元和 13360.37 美元上升到 2012 年的 6075.88 美元和 20670.56 美元,年均增长率分别为 14.43% 和 2.77%。

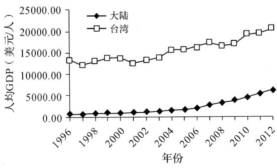

图 7-14 1996—2012 年海峡两岸人均 GDP 变动状况

另外,从海峡两岸各省份人均 GDP 的比较看(见表 7-21),虽然各省份的人均 GDP 都表现为上升的走势,但到 2012 年各省份人均 GDP 从大到小排名为台湾、天津、上海、江苏、浙江、辽宁、广东、福建、山东、河北、内陆省份、海南和广西,其人均 GDP 分别达到 20670.56、14444.24、13377.07、10813.25、10009.38、8951.63、8533.58、8327.40、8180.65、5776.87、5373.32、5101.54 和 4409.05 美元。可见,台湾在沿海各省份中人均 GDP 排名第一。因此,台湾人均 GDP 的优势使得台湾水产品的消费量始终大于大陆。

表 7-21　1996—2012 年海峡两岸各省份人均 GDP 变动状况

(单位:美元/人)

省份	1996 年	2001 年	2008 年	2009 年	2010 年	2011 年	2012 年
山东	820.44	1261.26	4729.71	5239.89	6034.87	7287.81	8180.65
江苏	1015.70	1561.62	5747.21	6458.71	7776.63	9626.06	10813.25
福建	953.00	1491.77	4282.40	4886.32	5894.90	7308.60	8327.40
广东	1126.41	1473.06	5355.53	5705.73	6510.02	7842.38	8533.58
辽宁	922.73	1449.88	4561.04	5130.10	6232.08	7851.48	8951.63
浙江	1148.22	1724.02	5929.27	6379.06	7518.23	9159.52	10009.38
海南	638.30	828.66	2534.19	2802.80	3509.45	4453.56	5101.54
广西	490.02	563.00	2099.12	2339.12	3066.53	3906.81	4409.05
河北	640.52	1005.95	3298.76	3587.04	4187.75	5241.98	5776.87
上海	2459.94	3586.00	9462.25	9966.84	11010.78	12663.06	13377.07
天津	1398.65	2214.29	8226.58	8966.89	10489.99	12920.13	14444.24
内陆省份	503.63	749.58	2746.26	3061.75	3729.19	4736.14	5373.32
台湾	13360.37	12663.52	16671.34	16854.35	19355.23	19538.52	20670.56

3. 海峡两岸人均年消费水平比较

一个市场的水产品消费规模除了与该市场的人口数量和 GDP 有关,还与居民人均年消费水平有直接关系。

由图 7-15 可知,台湾居民人均年消费支出要远大于大陆,2011 年台湾居民人均年消费支出达 7315.40 美元,而大陆仅为 1597.40 美元,台湾是大陆的4.58 倍。但大陆居民人均年消费支出的年均增长率要高于台湾,1996—2011年大陆居民人均年消费支出年均增长率为 13.67%,而台湾仅为 1.68%。

可见,台湾市场的人均消费规模要大于大陆,但消费潜力要小于大陆。

另外,从两岸各省份的比较看(见表 7-22),台湾居民人均年消费支出高居榜首,2011 年达 7315.40 美元/人,比第二名的上海高出一倍。而大陆省份中人

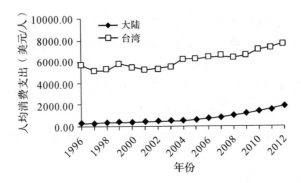

图 7-15　1996—2012 年海峡两岸居民人均年消费水平变动状况

数据来源:《中国统计年鉴》,"台湾行政院主计处",经笔者整理计算。

均年消费支出位居前三的省份分别为上海、浙江和天津,2011 年的人均消费水平分别为 3653.70、2533.01 和 2499.36 美元/人,另外,广东和江苏的年人均消费支出也较高,2011 年的人均消费水平分别为 2433.97 和 2085.83 美元/人。

可见,总体上看,台湾的人均消费规模要远大于大陆。

表 7-22　1996—2012 年两岸各省份居民人均年消费水平变动状况

(单位:美元/人)

省份	1996 年	2001 年	2008 年	2009 年	2010 年	2011 年	2012 年
山东	218.69	342.95	1038.11	1183.92	1204.28	1596.72	1821.12
江苏	287.76	415.29	1255.94	1447.85	1552.60	2085.83	2414.42
福建	231.53	391.94	1193.18	1368.94	1276.21	1923.06	2229.22
广东	426.58	532.70	1643.55	1833.54	1814.24	2433.97	2776.50
辽宁	269.49	376.08	1166.51	1335.76	1323.90	1767.57	2052.14
浙江	350.61	545.45	1702.51	1890.61	1727.10	2553.01	2778.10
海南	191.12	259.62	824.21	955.46	932.64	1307.80	1547.93
广西	191.42	266.22	733.78	881.67	739.97	1210.96	1423.59
河北	173.70	247.69	785.66	888.77	871.97	1216.43	1381.11
上海	699.98	991.09	2621.74	2886.39	3213.43	3653.70	3916.88
天津	401.24	597.62	1615.41	1827.87	1778.68	2499.36	2830.55
内陆省份	168.57	281.02	806.30	966.46	926.36	1343.12	1558.19
台湾	5701.63	5250.53	6408.13	6596.36	7115.71	7315.40	7732.43

7.2.2　海峡两岸水产品消费量比较

从图 7-16 可知,台湾水产品人均年消费量要高于大陆。以 2011 年为例,台湾水产品的人均年消费量为 27.04 千克/人,而大陆城镇居民和农村居民的水产品人均年消费量则为 14.62 和 5.36 千克/人。随着人民生活水平的不断提高,无论是城镇居民还是农村居民,大陆水产品人均年消费量均表现为上升的走势(图 7-16),城镇和农村居民水产品人均年消费量分别从 1996 年的 9.25 和 3.68 千克/人上升到 2011 年的 14.62 和 5.36 千克/人,年平均增长率分别为 3.10% 和 2.54%。而台湾则出现下滑的走势,从 1996 年的 39.02 千克/人下滑到 2012 年的 26.64 千克/人,下降了 31.74%。可见,大陆水产品的消费需求还有很大的增长空间,而台湾水产品的消费需求增长空间较小。

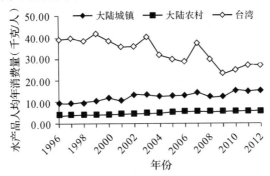

图 7-16　1996—2012 年海峡两岸水产品人均年消费量变动状况

数据来源:《中国统计年鉴》《中国渔业统计年鉴》、台湾"行政院渔业署"《渔业统计年报》,经笔者整理计算。

虽然大陆水产品总体的人均年消费量不如台湾(见表 7-23),但到 2011 年,已有福建、广东、浙江、海南和上海 5 个省份的水产品的人均年消费量超过台湾,分别达到 52.80、47.17、45.67、38.64 和 44.84 千克/人。可见,随着经济的发展,大陆沿海发达省份的水产品消费量上升趋势明显,而台湾则表现为下降的走势。

台湾水产品消费量下降的主要原因是,1996 年以来其恩格尔系数均在 20% 以下,达到极富裕阶段,因此台湾居民更加关注食品的风味和质量,以远洋捕捞业为主的台湾渔业无法满足台湾居民对水产品的多样化需求,从而导致台湾水产品消费量的下降。

表 7-23   1996—2012 年海峡两岸各省份水产品人均年消费量变动状况

(单位:千克/人)

省份	1996 年	2001 年	2008 年	2009 年	2010 年	2011 年	2012 年
山东	5.84	7.68	15.90	17.77	14.76	16.28	15.50
江苏	12.58	12.61	17.37	17.88	18.17	17.70	19.71
福建	14.92	80.66	49.64	56.87	39.49	52.80	57.64
广东	23.38	24.78	41.34	45.14	40.67	47.17	51.30
辽宁	13.32	14.99	21.22	21.10	17.88	21.48	24.73
浙江	22.67	24.82	40.64	43.82	31.26	45.67	52.99
海南	19.16	21.32	36.28	36.80	31.33	38.64	46.13
广西	5.10	6.22	14.58	15.24	9.32	15.09	21.71
河北	3.41	3.89	7.23	7.74	5.08	6.30	7.21
上海	39.86	38.94	37.60	40.14	41.91	44.84	45.22
天津	18.06	22.46	21.90	23.75	22.22	25.71	29.14
内陆省份	3.14	3.96	6.06	8.00	5.14	7.47	6.67
台湾	39.02	35.14	29.69	22.83	24.70	27.04	26.64

7.3   海峡两岸渔业相关与支持性产业比较

波特认为,形成国家竞争优势的另一个关键要素是相关与支持性产业的发展,某一特定产业的上游和下游产业的竞争力情况会影响到该产业的国际竞争力。渔业的相关与支持性产业包括上游的动物饲料业以及下游的水产加工业。

7.3.1   海峡两岸饲料业发展状况比较

1.海峡两岸动物饲料产业发展状况

从国际竞争力的角度考察(见图 7-17),大陆动物饲料产业的贸易竞争力指数在计算期内的绝大多数年份(13 年)均为正值,特别是在 2000 年以后,大陆动物饲料产业的国际竞争力逐步增强,贸易竞争力指数从 2000 年的 -0.21 上升到 2012 年的 0.77,表明大陆的动物饲料产业在国际市场上具备很强的竞争优势,且优势正逐步增强。而台湾则始终为负值,且在 2001 年之后,台湾该产业的贸易竞争力指数还在不断下降,从 2001 年的 -0.21 下降到 2012 年的

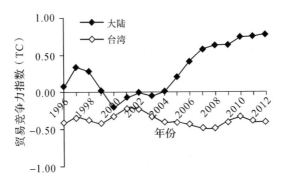

图 7-17　1996—2012 年海峡两岸动物饲料业竞争力指数比较

—0.40。

2.海峡两岸鱼饲料产业发展状况

鱼饲料是水产养殖业生产的重要生产资料之一，它的供给状况直接影响到水产养殖业的生产状况。以下本书通过收集相关资料考察两岸鱼饲料产业发展状况。

1996—2012 年，海峡两岸鱼饲料的产量变动状况如图 7-18 所示。由图获悉，大陆鱼饲料产量在这 17 年内呈现波动上升的走势，产量从 1996 年的 35.95 万吨上升到 2012 年的 195.26 万吨，年平均增长率高达 11.16%。而台湾鱼饲料产量则保持平稳，且有逐步萎缩的趋向，产量从 1996 年的 50.10 万吨缓慢下降至 2012 年的 47.44 万吨。

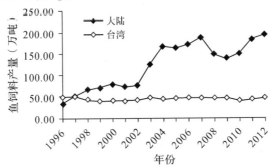

图 7-18　1996—2012 年海峡两岸水产饲料产量变动趋势

数据来源：《中国渔业统计年鉴》、台湾"行政院渔业署"《渔业统计年报》，经笔者整理计算。

另外，从 1996—2012 年海峡两岸各省份的鱼饲料产量状况看（见表 7-24），两岸沿海各省份的鱼饲料总产量排名为江苏、台湾、山东、福建、浙江、广东、辽宁、河北、海南和广西。2011 年这几个沿海省份的鱼饲料产量分别为 62.25 万、

43.80 万、35.55 万、31.97 万、17.87 万、17.30 万、6.96 万、5.76 万、1.52 万和
0.27 万吨,而天津和上海则在近些年没有鱼饲料的生产记录,该产业向其他省
份转移。从变化趋势上看,大多数省份的鱼饲料总产量表现为上升的走势,如
江苏、福建和广东的鱼饲料产量分别从 1996 年的 0.22、1.40 和 0.98 万吨上升
到 2012 年的 83.15 万、30.03 万和 9.14 万吨,年平均增长率分别高达 44.91%、
21.12% 和 14.98%。而台湾的渔业总产值则出现略有下降的状态。从两岸各
省份情况比较来看,台湾的鱼饲料生产在两岸各省份中位列前茅,在 2009 年以
前均排在第一的位置,但 2010 年以后被该产业快速发展的江苏赶上,但仍然排
在第二的位置。

表 7-24　1996—2012 年海峡两岸各省份鱼饲料产量变动状况 （单位:万吨）

省份	1996 年	2001 年	2008 年	2009 年	2010 年	2011 年	2012 年
山东	24.80	33.65	33.18	29.26	31.79	35.55	38.16
江苏	0.22	0.56	18.53	19.59	46.45	62.25	83.15
福建	1.40	23.09	44.87	44.07	27.50	31.97	30.03
广东	0.98	3.63	14.40	11.23	11.45	17.30	9.14
辽宁	0.37	2.62	8.10	6.01	6.73	6.96	7.51
浙江	7.23	7.95	13.43	13.74	14.85	17.87	17.87
海南	0.09	0.49	1.36	1.40	1.45	1.52	0.00
广西	0.27	0.20	0.06	0.03	0.23	0.27	0.28
河北	0.00	0.02	6.35	5.80	5.81	5.76	6.68
上海	0.40	0.04	0.00	0.00	0.00	0.00	0.00
天津	0.08	0.00	0.00	0.00	0.00	0.00	0.00
内陆省份	0.11	0.08	7.73	5.33	3.03	2.72	2.43
台湾	50.10	41.50	47.66	47.08	41.94	43.80	47.44

7.3.2　海峡两岸水产加工业发展状况比较

水产品加工业是渔业重要的下游相关产业,正如第 4 章所分析的,随着世
界水产品消费偏好导向生鲜水产品和水产深加工品,水产加工业的发展水平直
接决定着渔业的国际竞争力。下面,本书将从两岸水产加工业产值以及水产加
工业总产值与渔业总产值之间的比值(水产品加工度)来比较研究两岸水产加
工业的发展状况。

1.海峡两岸水产加工业总体比较

1996 年以来,大陆的水产加工业同样呈现快速增长的势头(见图 7-19),产值从 1996 年的 40.53 亿美元上升到 2011 年的 321.88 亿美元,年平均增长率高达 14.81％,而台湾渔业则出现增长停滞状态,1996 年其水产加工业总产值为 4.89 亿美元,2011 年仍维持在 5.04 亿美元。

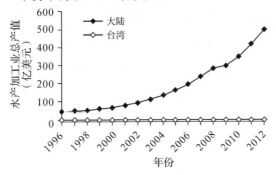

图 7-19　1996—2012 年海峡两岸水产加工业产值变动状况

可见,17 年间,大陆渔业(渔业第一产业)和水产加工业(渔业第二产业)都保持快速增长的势头,而台湾水产加工业的发展则遇到一定的瓶颈,出现增长停滞的状态。

从两岸各省份渔业总产值的比较看(见表 7-25),两岸沿海各省份渔业总产值排名为山东、福建、浙江、辽宁、江苏、海南、广西、台湾、上海、河北和天津。其中,山东的水产加工业总产值最高,其 2011 年产值高达 109.20 亿美元。另外,福建和浙江 2011 年的水产加工业总产值也较高,均在 70 亿美元以上。从变化趋势上看,除了台湾,其他各省份的水产加工业均呈现迅猛增长的态势,如山东、福建、浙江的水产加工业产值分别从 1996 年的 10.63 亿、5.35 亿和 7.77 亿美元上升到 2011 年的 109.20 亿、70.94 亿和 70.61 亿美元,年均增长率分别高达 16.80％、18.81％和 15.85％。从两岸比较看,1996 年台湾还仅排在山东、广东、浙江和福建之后,但之后排名一路下滑,2011 年其渔业总产值排在第 10 位,与广西相当。

表 7-25　1996—2012 年两岸各省份水产加工产值变动状况　(单位:亿美元)

省份	1996 年	2001 年	2008 年	2009 年	2010 年	2011 年	2012 年
山东	10.63	23.00	79.89	85.48	96.10	109.20	130.63
江苏	2.68	4.75	15.27	17.26	16.81	21.44	26.19
福建	5.35	15.44	35.89	40.42	53.62	70.94	86.62

续表

省份	1996 年	2001 年	2008 年	2009 年	2010 年	2011 年	2012 年
广东	8.08	8.97	26.52	28.10	30.70	32.80	34.50
辽宁	3.34	6.39	23.33	27.68	32.68	38.75	44.81
浙江	7.77	11.80	70.31	55.22	59.66	70.61	78.80
海南	0.46	0.91	5.61	7.07	7.73	9.10	11.29
广西	0.40	0.94	1.55	2.32	6.12	7.43	6.88
河北	0.42	0.98	1.74	2.04	2.42	2.11	2.99
上海	0.38	0.25	0.90	1.87	1.79	2.41	2.62
天津	0.10	0.10	0.00	0.05	0.01	0.01	0.01
内陆省份	1.11	1.67	22.85	29.16	40.79	51.39	73.30
台湾	5.03	3.07	3.89	3.37	4.49	5.15	5.10

2. 海峡两岸水产品加工度比较

水产品加工的发展是渔业现代化的标志,反映了一国或地区渔业的发达程度。从两岸水产加工业占渔业的比重(即水产品加工度)可以看出,大陆水产品加工度越来越高,从 1996 年的 13.83% 上升到 2011 年的 21.58%,水产品的附加值日益增长(见图 7-20)。台湾方面的水产品加工度基本维持恒定,在 13% 左右徘徊。因此,台湾水产品的附加值明显低于大陆。

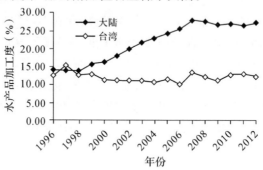

图 7-20　1996—2012 年海峡两岸水产加工业占渔业的比重(%)

从 1996—2012 年两岸各省份水产品加工度比较看(见表 7-26),两岸沿海各省份水产品加工度排名为山东、浙江、福建、辽宁、海南、上海、广东、广西、台湾、江苏、河北和天津。其中山东和浙江的水产品加工度最高,2011 年分别高达 41.17% 和 40.94%。另外,福建和辽宁的水产品加工度也较高,2011 年分别高达 36.73％和 29.62％。从变化趋势上看，除了台湾，其他各省份水产品加工度均呈现增长的态势，如山东、浙江、福建的水产品加工度分别从 1996 年的 22.24％、24.09％和 15.90％上升到 2011 年的 41.17％、40.94％和 36.73％。从两岸比较看，1996 年台湾的该项指标排在第 7 位，之后排名一路下滑，2011 年其水产加工业占渔业的比重排在第 10 位，与江苏相当。

表 7-26　1996—2012 年两岸各省份水产品加工度变动状况　　（单位：％）

省份	1996 年	2001 年	2008 年	2009 年	2010 年	2011 年	2012 年
山东	22.24	35.18	44.72	43.86	43.43	41.17	39.08
江苏	8.52	10.52	13.74	14.09	12.76	12.28	13.46
福建	15.90	27.89	31.21	32.80	35.00	36.73	37.71
广东	18.08	16.00	22.01	22.50	21.88	19.98	19.24
辽宁	19.85	21.80	29.92	29.83	30.06	29.62	30.33
浙江	24.09	23.73	53.29	46.41	43.61	40.94	42.00
海南	11.78	8.71	21.78	23.92	22.76	22.21	23.02
广西	3.34	4.58	4.94	6.82	14.35	13.55	11.57
河北	9.17	11.69	10.50	11.42	10.33	7.57	9.61
上海	10.38	4.95	9.83	19.65	18.71	22.17	21.04
天津	6.35	3.73	0.07	0.75	0.07	0.06	0.10
内陆省份	1.82	2.07	10.81	15.71	14.50	17.65	17.63
台湾	12.44	10.92	12.17	11.12	12.84	12.79	12.27

7.4　海峡两岸渔业发展战略比较

波特认为，一个企业的发展战略将影响一个企业的国际竞争力。在渔业领域也是如此。大陆渔业奉行"以养为主"的发展战略，养殖产量占渔业总产量的 70％以上，而台湾则以远洋捕捞为主，捕捞产量占其水产品总产量的 60％左右，不同的发展战略将反映到两者的渔业产业结构上。以下，本书将以两岸渔业产业结构为衡量指标，考察渔业发展战略对渔业国际竞争力的影响。

7.4.1　海峡两岸渔业总产值比较

总的来看，大陆渔业总产值在 17 年间保持快速增长势头（见图 7-21），从

1996 年的 252.52 亿美元上升到 2011 年的 1169.91 亿美元,年平均增长率达
10.76%。而台湾渔业总产值则出现缓慢下滑的走势,由 1996 年的 35.44 亿美
元下降到 2012 年的 34.87 亿美元。可见,台湾渔业发展面临困境。

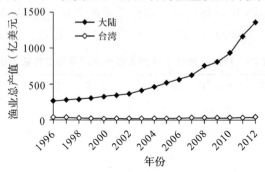

图 7-21   1996—2012 年海峡两岸渔业产值变动状况

从两岸各省份渔业总产值的比较看(见表 7-27),2011 年两岸沿海各省份渔
业总产值排名为山东、江苏、广东、福建、浙江、辽宁、广西、台湾、海南、河北、天
津和上海。其中,山东、江苏、广东、福建、浙江的渔业总产值较高,2011 年均在
100 亿美元以上。从走势上看,大多数省份的渔业总产值均表现为上升趋势,如
山东、江苏、广东、福建、浙江的渔业总产值分别从 1996 年的 37.15 亿、28.79
亿、36.63 亿、28.27 亿、24.49 亿美元上升到 2011 年的 156.03 亿、153.22 亿、
131.35 亿、122.22 亿和 101.87 亿美元。而台湾的渔业总产值则出现长期稳定
的状态。从两岸各省份的比较看,1996 年台湾的渔业总产值还排在前列,但由
于增长的长期停滞,排名一路下滑,2011 年排名下滑到第 7～8 位,与海南相当。

表 7-27   1996—2012 年两岸各省份渔业产值变动状况   (单位:亿美元)

省份	1996 年	2001 年	2008 年	2009 年	2010 年	2011 年	2012 年
山东	37.15	42.37	98.76	109.43	125.17	156.03	203.59
江苏	28.79	40.37	95.86	105.29	114.98	153.22	168.32
福建	28.27	39.93	79.10	82.80	99.59	122.22	143.11
广东	36.63	47.13	93.96	96.80	109.58	131.35	144.80
辽宁	13.48	22.92	54.64	65.12	76.01	92.09	102.93
浙江	24.49	37.93	61.63	63.75	77.14	101.87	108.84
海南	3.42	9.50	20.15	22.47	26.22	31.88	37.77
广西	11.55	19.58	29.80	31.76	36.51	47.38	52.55

续表

省份	1996 年	2001 年	2008 年	2009 年	2010 年	2011 年	2012 年
河北	4.14	7.39	14.80	15.87	21.05	25.74	28.16
上海	3.27	4.85	8.22	7.67	7.77	8.46	9.83
天津	1.46	2.48	6.31	6.96	7.42	9.09	9.77
内陆省份	59.86	79.33	188.52	156.39	240.47	239.84	342.55
台湾	35.44	25.06	28.04	26.89	30.46	35.10	36.44

7.4.2　海峡两岸渔业生产结构比较

按照渔业生产方式不同可将渔业分为海洋捕捞、淡水捕捞、海水养殖、淡水养殖和远洋渔业。

表 7-28 给出的是 1996—2012 年大陆与台湾渔业生产结构比较。从表可知，淡水养殖业占大陆渔业总产量的比重最高，2012 年比重为 44.76%，其次是海水养殖、海洋捕捞，2012 年这两个产业的产量占渔业总产量的比重分别为27.82%和 21.45%。在比重变动方面，大陆的养殖渔业的产量比重不断上升，海水养殖和淡水养殖业的产量比重分别从 1996 年的 15.56%和 38.88%上升到 2012 年的 27.82%和 44.76%，而捕捞业的比重则不断下降，海洋捕捞和淡水捕捞的比重分别从 1996 年的 36.60%和 5.67%下降到 2012 年的 21.45%和3.89%。大陆远洋捕捞所占比重较小，且维持恒定，17 年间始终维持在 3.5%～2.0%。

台湾以远洋捕捞业为主，2012 年该产业的产量比重为 57.86%，其次为淡水养殖和海洋捕捞，2012 年两者比重分别为 25.28%和 14.43%。在走势方面，随着 200 海里专属经济区的建立，受到公海渔业的管理和限制日趋严格的影响，台湾的远洋渔业比重表现出在波动中缓慢上升的走势，从 1996 年的53.97%上升到 2012 年的 57.86%。另外，淡水养殖比重也呈现上升的趋势，从1996 年的 19.17%上升到 2012 年的 25.28%。而随着沿海渔业资源的日渐匮乏，海洋捕捞业的比重不断下降，从 1996 年的 24.01%下降到 2012 年的14.43%。此外，淡水捕捞和海水养殖的比重较低，始终维持在低位。可见，台湾渔业存在着"荷兰病"①现象，生产结构调整势在必行。

---

① "荷兰病"是指一国（特别是中小国家）经济的某一初级产品部门异常繁荣而导致其他部门衰落的现象。

表 7-28　1996—2012 年海峡两岸渔业产业结构变动状况　　　（单位：%）

年份	大陆					台湾				
	海洋捕捞	淡水捕捞	海水养殖	淡水养殖	远洋渔业	海洋捕捞	淡水捕捞	海水养殖	淡水养殖	远洋渔业
1996	36.60	5.67	15.56	38.88	3.29	24.01	0.04	2.81	19.17	53.97
1997	35.58	5.24	21.96	34.33	2.88	23.03	0.03	2.51	19.10	55.33
1998	35.97	5.84	22.01	33.84	2.34	19.44	0.04	2.00	17.61	60.91
1999	34.15	5.54	23.63	34.49	2.18	18.48	0.04	1.80	17.90	61.77
2000	32.51	5.22	24.80	35.45	2.02	15.98	0.04	2.12	17.11	64.75
2001	30.86	4.91	25.82	36.40	2.02	16.16	0.05	2.09	22.07	59.64
2002	29.00	4.92	26.57	37.11	2.40	17.11	0.04	2.11	23.10	57.64
2003	27.98	5.23	26.63	37.70	2.46	17.42	0.03	2.35	22.38	57.81
2004	26.64	4.94	26.86	38.60	2.96	19.94	0.02	2.94	22.70	54.41
2005	25.67	5.00	27.14	39.37	2.82	19.66	0.02	2.70	21.04	56.59
2006	25.20	4.81	27.33	40.61	2.06	16.58	0.01	2.74	20.93	59.74
2007	23.93	4.75	27.54	41.52	2.26	12.62	0.02	2.33	19.29	65.75
2008	23.48	4.59	27.38	42.33	2.21	13.48	0.01	2.83	21.92	61.76
2009	23.04	4.27	27.47	43.32	1.91	17.66	0.01	2.48	23.42	56.43
2010	22.40	4.26	27.59	43.67	2.08	13.97	0.01	3.55	23.50	58.98
2011	22.16	3.98	27.69	44.12	2.05	16.45	0.01	3.12	23.00	57.43
2012	21.45	3.89	27.82	44.76	2.07	14.43	0.01	2.42	25.28	57.86

　　表 7-29 给出的是 1996 年和 2011 年海峡两岸各省份渔业生产结构的变动情况。从表中可知，除了浙江、海南的海洋捕捞业的比重较高外（2011 年该比重分别为 58.75% 和 65.54%），大陆其他省份的养殖业的比重很高，特别是江苏、辽宁、广东、天津以及内陆省份，2011 年养殖业比重分别达到 80.84%、71.90%、78.30%、89.76% 以及 91.37%。另外，从变化趋势上看，养殖业的比重也呈现上升的走势，如山东、江苏、福建和广东的养殖业比重从 1996 年的 53.01%、64.06%、37.27% 和 54.42% 上升到 2011 年的 67.47%、80.84%、63.82% 和 78.30%。其中，沿海省份海水养殖的比重上升尤为明显，如山东、江苏、福建和广东海水养殖比重分别从 1996 年的 38.41%、1.61%、25.25% 和 11.75% 上升到 2011 年的 50.81%、17.70%、52.37% 和 34.83%。而台湾方面的情况特殊，海洋捕捞的比重有所下降，而淡水养殖、远洋渔业的比重有所上升，而远洋产品始终处于水产品的统治性的地位。

表 7-29　海峡两岸各省份渔业产业生产结构变动状况

年份	1996 年					2011 年				
	海洋捕捞	淡水捕捞	海水养殖	淡水养殖	远洋渔业	海洋捕捞	淡水捕捞	海水养殖	淡水养殖	远洋渔业
山东	42.32	1.79	38.41	14.60	2.88	29.30	1.66	50.81	16.66	1.57
江苏	24.82	10.79	1.61	62.45	0.33	11.94	7.01	17.70	63.14	0.22
福建	59.08	1.72	25.25	12.02	1.93	31.74	1.40	52.37	11.45	3.04
广东	41.06	2.05	11.75	42.67	2.47	19.05	1.68	34.83	43.47	0.97
辽宁	40.05	0.46	43.51	9.34	6.65	23.51	1.02	53.94	17.96	3.57
浙江	73.11	1.75	10.17	10.98	3.98	58.75	1.91	16.38	18.41	4.55
海南	78.44	1.69	3.94	15.88	0.05	65.54	1.31	11.86	21.28	0.00
广西	48.67	5.08	9.92	36.21	0.13	23.00	1.26	31.94	40.65	0.14
河北	41.10	9.83	13.42	34.34	1.32	23.59	9.31	29.19	37.91	0.00
上海	32.62	2.25	0.24	46.05	18.84	7.47	1.97	0.00	55.71	34.85
天津	11.28	9.18	1.25	73.98	4.31	4.84	3.13	3.78	85.98	2.27
中水总公司	0.00	0.00	0.00	0.00	100.00	0.00	0.00	0.00	0.00	100.00
内陆省份	0.00	14.88	0.00	85.12	0.00	0.00	8.57	0.00	91.37	0.06
台湾	24.01	2.81	0.04	19.17	53.97	16.45	3.12	0.01	23.00	57.43

7.5　海峡两岸渔业国际竞争力内部影响因素的计量分析

由波特理论可知,"钻石体系中的每个关键要素都是相互依赖的,因为任何一项效果都是建立在其他条件的配合上面"(迈克尔·波特,2007)。为此,各因素的影响是综合的。然而,这些因素对海峡两岸渔业国际竞争力的影响强弱到底如何?这需要应用计量经济学模型加以考察。本书采用主成分回归的研究方法定量分析各内部因素对海峡两岸国际竞争力的影响。

7.5.1　代理变量的选择

本书根据第 4 章构建的评价指标来选择代理变量,构建计量模型。因变量是水产品出口总额(Y);自变量是人均水产养殖面积(X_1),渔业劳动力(X_2),机动渔船比重(X_3),日均冷藏能力(X_4),人力资本(大陆用渔业技术推广人数代表,台湾则用乙级会员数代表)(X_5),渔业劳动生产率(X_6),水产品人均消费量(X_7),鱼饲料产量(X_8),水产品加工度(X_9),水产养殖业比重(X_{10})。其中,X_1—X_6 代表渔业生产要素条件(X_1、X_2 代表初级生产要素,X_3—X_6 代表高级生产要素),X_7 代表内部需求条件,X_8、X_9 代表渔业的相关及支持性产业发展

<>

水平,X_{10}代表渔业发展战略的选择,详见表 7-30。

表 7-30　变量的选择

因变量	水产品出口总额(Y)		
自变量	生产要素条件	初级生产要素	人均水产养殖面积(X_1)
			渔业劳动力(X_2)
		高级生产要素	机动渔船比重(X_3)
			日均冷藏能力(X_4)
			人力资本(X_5)
			渔业劳动生产率(X_6)
	内部需求条件		水产品人均消费量(X_7)
	相关及支持性产业发展水平		鱼饲料产量(X_8)
			水产品加工度(X_9)
	产业发展战略		水产养殖业比重(X_{10})

7.5.2　计量模型选择

首先,对自变量和因变量进行无量纲化(标准化)处理,再通过方差扩大因子法(variance inflation factor,VIF)和特征根法(eigenvalue)对各变量进行多重共线性诊断,结果表明各变量间存在着严重的多重共线性[①]。为此,本研究应用主成分回归(principal components regression,PCR)的方法来消除变量的多重共线性。该方法的基本原理是:把一组具有多重共线性的变量转换为相互独立的变量,而后将因变量对新的自变量进行回归,从而达到消除自变量之间存在的共线性的目的。

7.5.3　实证分析结果

1.主成分分析

从各变量的主成分分析结果(表 7-31)可知,大陆前 2 个特征根的累计贡献率达到 89.286%,说明前 2 个主成分已反映原来 13 个指标 89.286%的信息,因此确定选择前两个主成分建立回归模型。而台湾方面,前 4 个特征根的累计贡

---

① 方差扩大因子法检验的结果表明,大陆方面有 9 个自变量的容许度接近于 0,VIF 值大于 10,且特征根法检验结果表明大陆有 8 个特征根接近于 0,最大条件指数为 78.609>10,可以判断大陆各自变量间存在多重共线性。台湾方面有 5 个自变量的容许度接近于 0,VIF 值大于 10,且有 6 个特征根接近于 0,最大条件指数为 19.380>10,可以判断台湾各自变量间同样存在多重共线性。

献率达到 92.127%，因此确定选择前 4 个主成分建立回归模型。

表 7-31　主成分分析结果

主成分	大陆			台湾		
	特征根	贡献率(%)	累计贡献率(%)	特征根	贡献率(%)	累计贡献率(%)
1	8.126	81.264	81.264	5.634	56.335	56.335
2	0.802	8.022	89.286	1.907	19.065	75.401
3	0.487	4.873	94.159	1.098	10.983	86.384
4	0.291	2.908	97.067	0.574	5.743	92.127

2. 主成分回归分析

用 $Z\ln Y$ 表示标准化并取对数后的因变量。以 $Z\ln Y$ 为因变量，对大陆前两个主成分 $Factor_1$ 和 $Factor_2$ 做逐步回归分析；而台湾方面，则对前 4 个主成分 $Factor_1$、$Factor_2$、$Factor_3$ 和 $Factor_4$ 做逐步回归分析。

从回归的结果（表 7-32）看，大陆方面，模型剔除了自变量 $Factor_2$ 后回归结果的决定系数 R^2 为 0.961，说明拟合回归的效果很好，且 F 统计量为 372.985，伴随概率 $P=0.000$，t 值为 $19.313(P=0.000)$，顺利通过检验，说明模型设定有意义。建立回归模型为

$$Z\ln Y = 0.980 Factor_1 \tag{7-3}$$

表 7-32　主成分逐步回归结果

大陆					台湾				
自变量	系数	标准差	t 值	P 值	自变量	系数	标准差	t 值	P 值
$Factor_1$	0.980	0.0517	19.313**	0.000	$Factor_1$	-0.539	0.160	-3.362**	0.005
					$Factor_2$	0.591	0.160	3.683**	0.002
R^2	0.961	F-statistic	372.985		R^2	0.760	F-statistic		12.432
D-W	0.738	Pro(F-statistic)	0.000		D-W	1.469	Pro(F-statistic)		0.001

台湾方面，模型剔除了自变量 $Factor_3$ 和 $Factor_4$，模型回归结果的决定系数 R^2 为 0.760，说明拟合回归的效果很好，且 F 统计量为 12.432，伴随概率 $P=0.001$，t 值分别为 $-3.362(P=0.005)$ 和 $3.683(P=0.002)$，顺利通过检验，说明模型设定有意义。建立回归模型为

$$Z\ln Y = -0.539 Factor_1 + 0.591 Factor_2 \tag{7-4}$$

3. 海峡两岸渔业国际竞争力影响因素比较分析

根据主成分与自变量的系数向量以及因变量与主成分的回归系数向量，还

原后的标准化回归方程如下。

大陆方面：

$$ZlnY=0.071X_1+0.099X_2+0.117X_3+0.114X_4-0.099X_5+0.114X_6$$
$$+0.117X_7+0.110X_8+0.117X_9+0.119X_{10} \tag{7-5}$$

台湾方面：

$$ZlnY=-0.127X_1+0.010X_2+0.047X_3+0.256X_4-0.068X_5+0.199X_6$$
$$-0.190X_7+0.119X_8+0.169X_9+0.166X_{10} \tag{7-6}$$

(1)大陆渔业国际竞争力影响因素分析

从式(7-5)看,有9项指标对大陆渔业国际竞争力有正向的促进作用。各项指标对大陆渔业国际竞争力正向促进效应排序如下:水产养殖业比重(X_{10})>机动渔船比重(X_3)=水产品人均消费量(X_7)=水产品加工度(X_9)>日均冷藏能力(X_4)=渔业劳动生产率(X_6)>鱼饲料产量(X_8)>渔业劳动力(X_2)>人均水产养殖面积(X_1)。

首先,渔业产业结构对大陆渔业竞争力的正向促进作用最大(贡献率达0.119);早在20世纪七八十年代,中国大陆就确立"以养为主"的渔业发展战略,这一战略得到了时间的检验,我国水产品总产量已跃居世界第一。其次,基础设施(机动渔船比重和日均冷藏能力两项指标的正向促进作用分别达0.117和0.114)和相关支持性产业(鱼饲料产量和水产品加工度的正向促进作用分别达0.110和0.117)对渔业国际竞争力的正向促进作用很大。而同时,渔业初级要素对渔业国际竞争力的提升作用则较小,人均水产养殖面积(X_1)和渔业劳动力(X_2)这两项指标对大陆渔业国际竞争力的正向促进作用分别为0.071和0.099。可见,正如上文分析,随着渔业现代化步伐的迈进,高级生产要素和上下游相关产业在大陆渔业国际竞争力中扮演越来越重要的角色,机械制造业和水产加工业对渔业竞争力的影响越来越大,而渔业初级要素的作用日益弱化。

人力资本(X_5)则对大陆渔业国际竞争力提升有负面影响。近几年,大陆渔业人才不断萎缩,渔业技术推广人数在渔业劳动力中的比重从1996年的0.33%下降到2011年的0.22%。这已成为阻碍大陆渔业可持续发展的原因之一。

(2)台湾渔业国际竞争力影响因素分析

从模型的最后结果看式(7-6),与大陆不同,仅有7项指标对台湾水产品国际竞争力有正向促进作用。各项指标对台湾渔业国际竞争力正向促进效应排序如下:日均冷藏能力(X_4)>渔业劳动生产率(X_6)>水产品加工度(X_9)>水产养殖业比重(X_{10})>鱼饲料产量(X_8)>机动渔船比重(X_3)>渔业劳动力(X_2)。

首先,与大陆的情况相同,台湾的渔业高级生产要素对渔业国际竞争力的推动作用最大,日均冷藏能力(X_4)和渔业劳动生产率(X_6)这两项指标的促进作用分别达到 0.256 和 0.199;但高级生产要素中机动渔船比重(X_3)的促进作用却不大(仅 0.047),这是由于台湾捕捞业高度发达,20 年前台湾机动渔船比重已经达到 90% 以上,渔船现代化水平已经很高,对渔业国际竞争力的推动作用有限。其次,相关和支持性产业以及渔业发展战略对渔业国际竞争力的提升作用明显,水产品加工度(X_9)、水产养殖业比重(X_{10})和鱼饲料产量(X_8)对台湾渔业国际竞争力的促进作用分别达到 0.169、0.166 和 0.119;而初级要素渔业劳动力(X_2)对台湾渔业国际竞争力的提升作用较小(仅 0.010)。

水产品人均消费量(X_7)、人均水产养殖面积(X_1)和人力资本(X_5)对台湾渔业国际竞争力的提升存在负面影响,负向作用分别达到 -0.190、-0.127 和 -0.068。正如前文所述,台湾水产品以远洋产品为主导,品种和风味无法满足台湾人民的需求,导致其消费水平下降,不利于其渔业国际竞争力的提升;另外,养殖环境的恶化、水产养殖面积的下降成为阻碍台湾水产养殖业发展的瓶颈,也成为其渔业产业结构调整的重要阻碍。此外,与大陆的情况相似,台湾也面临渔业人力资本匮乏的困境,正如前文所分析的,台湾乙级会员人数不断下降,城市化使得越来越少的台湾年轻人愿意从事渔业这项艰苦的产业。

7.6　本章小结

通过对海峡两岸渔业国际竞争力内部产业因素的分析,本章得出以下 6 个主要结论:

(1)总体上看,大陆在渔业初级要素(自然资源、劳动力资源)上较台湾有优势,而台湾在渔业高级要素(基础设施、人力资本和技术水平)上具备优势,但随着资源的开发,大陆也面临着初级要素匮乏的局面,而在高级要素上大陆较台湾有"量"上的优势,却缺乏"质"上的优势,特别是在渔业生产技术上,台湾远远领先于大陆各省份。

(2)从水产品内部市场需求上分析,大陆拥有人口数量上的优势,但在消费能力和消费水平上弱于台湾。另外,从水产品消费水平层面分析,大陆总体要低于台湾,但随着大陆经济的发展,福建、广东、浙江、上海、海南等省份的消费量已超过台湾。

(3)从两岸渔业相关与支持性产业比较看,台湾的鱼饲料业的发达程度要高于大陆,但近年来其水产加工业停滞不前,排在两岸沿海省份的末位。

（4）从渔业发展战略上看，台湾有着发达的远洋捕捞业，在沿海各省份中首屈一指，但随着200海里专属经济区的建立，受到公海渔业的管理和限制日趋严格的影响，台湾远洋渔业受到打击，而水产养殖业又由于自然资源匮乏等原因而发展受阻。大陆渔业一直奉行"以养为主"的发展战略，养殖业在大陆各省份中占据重要地位（浙江、海南除外）。

（5）从计量模型分析的结果看，随着养殖技术水平的进步、渔业自然资源的衰减以及渔业现代化步伐的加快，得益于渔业发展战略的正确选择，渔业高级生产要素、水产品消费、渔业的相关和支持性产业等因素对大陆渔业国际竞争力的提升作用明显，而初级生产要素的拉动作用则较小。此外，大陆面临着渔业人力资本匮乏的困境。

（6）与大陆情况相同，随着渔业现代化步伐的迈进、渔业资源的日益枯竭，高级生产要素、上下游相关产业以及养殖业所占比重对台湾渔业国际竞争力的促进作用越来越大，而渔业初级要素的作用日益弱化。同时，渔业人才的匮乏也成为阻碍台湾渔业国际竞争力不断提升的关键。但台湾渔业存在产业结构上的缺陷，这使得台湾水产品消费量不断下滑，而解决养殖资源的紧缺问题成为台湾渔业调整发展战略的关键。

第8章 海峡两岸渔业国际竞争力外部环境因素分析:竞争环境

在"国家钻石"模型中还有两个辅助的外部要素,即机遇与政府政策。波特认为"机会是一个重要角色……引发机会的事件很重要,因为它会打破原本的状态,提供新的竞争空间"。他还认为机会包括传统技术出现断层、全球或区域市场需求剧增以及外国政府的重大决策等(迈克尔·波特,2007)。在经济全球化迅速发展的今天,内部市场与外部市场紧密结合,2012 年大陆与台湾水产品对外贸易依存度分别达到 19.33%和 82.37%,鉴于此,本章主要考察国际市场环境因素对海峡两岸水产品国际竞争力的影响。但正如第 4 章(4.3.4)所分析的,机遇和政府的政策具有非连续性的特点,为此本书用案例研究的方法考察机遇和政府政策对两岸渔业国际竞争力的影响。由前文分析可知,东盟市场是近些年来出口增长最快的市场,为此,本研究以东盟市场为例考察两岸与东盟关系的变化对两岸水产品出口的影响。另外,波特认为"政府制订本地产品规格标准之后,必然会影响到客户的需求状况"。因此,本书将比较研究两岸水产品质量安全管理与法规体系,并以鱼药残留标准为例,比较两者的差距,借以分析政府政策对海峡两岸渔业国际竞争力的影响。

8.1 机会角色——以东盟市场为例

1996—2014 年两岸与东盟的关系大致经历了 4 个阶段(见表 8-1):第一阶段为 1996—2000 年,即两岸加入 WTO 之前的阶段;第二阶段是 2000—2004 年,大陆的代表性事件为加入 WTO,台湾同为加入 WTO;第三阶段是 2004—2009 年,代表性事件是受到日本"肯定列表制度"的影响,两岸水产品向东盟市场转移;第四阶段是 2009—2014 年,大陆的代表性事件是中国—东盟自由贸易区的正式成立以及南海争端的愈演愈烈，台湾的代表性事件是两岸 ECFA 的签署以及南海争端。

本书将利用 CMS 模型考察两岸水产品对东盟市场出口波动的影响因素。

表 8-1　影响两岸对东盟市场水产品出口的主要代表性事件

时间段	大陆	台湾
1996—2000 年	加入 WTO 以前	加入 WTO 以前
2001—2004 年	2001 年加入 WTO	2001 年加入 WTO
2005—2009 年	2006 年 5 月实施日本的"肯定列表制度"，水产品出口日本市场受阻	2006 年 5 月实施日本的"肯定列表制度"，水产品出口日本市场受阻
2010—2014 年	中国—东盟自由贸易区正式成立、南海争端	两岸 ECFA、南海争端

以下本书将利用 CMS 模型考察国际关系变化对两岸水产品对东盟市场竞争力的影响。

8.1.1　模型的构建与解释

根据捷普马（Catrinus J. Jepma）的研究 CMS 模型可分为 2 个层次的分解。第一层次分解为

$$\Delta q_{mt} = \sum_i \sum_j s_{ij}^0 \Delta Q_{ij} + \sum_i \sum_j Q_{ij}^0 \Delta s_{ij} + \sum_i \sum_j \Delta s_{ij} \Delta Q_{ij} \quad (8\text{-}1)$$

式中：Δq_{mt} 为大陆或台湾水产品对东盟市场的出口总额；s_i 为大陆或台湾第 i 类水产品在东盟市场全部 i 类产品进口中的份额；s_j 为大陆或台湾水产品对东盟市场 j 出口总额占该市场进口的份额；s_{ij} 为大陆或台湾的第 i 类水产品在东盟市场 j 全部 i 类水产品进口中的份额；Q 为所有东盟市场水产品的进口总额；Q_i 为所有东盟市场对 i 类水产品的进口额；Q_j 为东盟市场 j 的水产品进口总额；Q_{ij} 为东盟市场 j 对第 i 类水产品的进口额；$\triangle$ 表示 2 个时期之间水产品出口额的变化；上角标 0 表示起始年份；上角标 1 表示终止年份。

第一层次分解将水产品出口变动因素归结为以下 3 个方面：（1）东盟总需求的增长（需求效应）；（2）两岸能够同其他供给国进行有效的竞争（竞争效应）；（3）两岸的出口是否集中在那些东盟需求增长较快的产品或市场上，即出口变动与进口需求的吻合度（二阶效应）。式（8-1）中的 $\sum_i \sum_j s_{ij}^0 \Delta Q_{ij}$ 即表示需求效应，$\sum_i \sum_j Q_{ij}^0 \Delta s_{ij}$ 为竞争效应，$\sum_i \sum_j \Delta s_{ij} \Delta Q_{ij}$ 表示二阶效应。

第一层次分解式（8-1）中的需求结构效应、竞争效应和二阶效应可进一步

分解为增长效应、市场效应、商品效应、结构交互效应、总体竞争效应、具体竞争效应、净次结构效应和动态结构效应,即第二层次分解为

$$\Delta q_{mt} = s^0 \Delta Q + \left(\sum_i \sum_j s_{ij}^0 - \sum_i s_i^0 \Delta Q_i \right) + \left(\sum_i \sum_j s_{ij}^0 \Delta Q_{ij} - \sum_j s_j^0 \Delta Q_j \right)$$

$$+ \left[\left(\sum_i s_j^0 \Delta Q_i - s^0 \Delta Q \right) - \left(\sum_i \sum_j s_{ij}^0 \Delta Q_{ij} - \sum_j s_j^0 \Delta Q_j \right) \right] + \Delta s Q^0$$

$$+ \left(\sum_i \sum_j \Delta s_{ij} Q_{ij}^0 - \Delta s Q^0 \right) + \frac{Q^1}{Q^0 - 1} \sum_i \sum_j \Delta s_{ij} Q_{ij}^0$$

$$+ \left[\sum_i \sum_j \Delta s_{ij} \Delta Q_{ij} - \frac{Q^1}{Q^0 - 1} \sum_i \sum_j \Delta s_{ij} Q_{ij}^0 \right] \tag{8-2}$$

式中:$s^0 \Delta Q$ 表示增长效应; $\left(\sum_t \sum_j s_{ij}^0 - \sum_t s_i^0 \Delta Q_i \right)$ 表示市场效应; $\left(\sum_i \sum_j s_{ij}^0 \Delta Q_{ij} - \sum_j s_j^0 \Delta Q_j \right)$ 为商品效应; $\left[\left(\sum_i s_i^0 \Delta Q_i - s^0 \Delta Q \right) - \left(\sum_i \sum_j s_{ij}^0 \Delta Q_{ij} - \sum_j s_j^0 \Delta Q_j \right) \right]$ 为结构交互效应;$\Delta s Q^0$ 表示总体竞争效应; $\left(\sum_i \sum_j \Delta s_{ij} Q_{ij}^0 - \Delta s Q^0 \right)$ 表示具体竞争效应;$\frac{Q^1}{Q^0 - 1} \sum_i \sum_j \wedge s_{ij} Q_{ij}^0$ 为净次结构效应; $\left[\sum_i \sum_j \Delta s_{ij} \Delta Q_{ij} - \frac{Q^1}{Q^0 - 1} \sum_i \sum_j \Delta s_{ij} Q_{ij}^0 \right]$ 表示动态结构效应。

8.1.2　结果与分析

1. 第一层次分解

根据 CMS 模型的第一层次分解,得到出口额和出口比重的分解结果(见表 8-2)。

(1)第一阶段(1996—2000 年)

大陆水产品对东盟市场出口额增长了 2933.59 万美元,需求结构效应、竞争效应和二阶效应分别对大陆水产品对东盟市场的出口增长贡献 1315.63 万、1625.63 万和－7.68 万美元,贡献比例分别为 44.85%、55.41% 和－0.26%。可见,加入 WTO 前,大陆水产品对东盟市场出口增长主要是由增长效应和竞争效应引起。经历了东南亚经济危机,东盟水产品进口一度从 1996 年的 19.00 亿美元下降到 1998 年的 15.37 亿美元,但 2000 年恢复至 19.50 亿美元,水产品需求的复苏是拉动大陆水产品出口增长的重要动力之一。另外,得益于水产养殖业的发展,大陆水产品生产总量从 1996 年的 3601.78 万吨上升到 2000 年的 4279.00 万吨,年平均增长率达 11.05%。渔业竞争力的稳步提升是大陆水产品对东盟市场出口增长的原动力,贡献比最大(55.41%)。此外,二阶效应为负值,表明加入 WTO 前大陆水产品对东盟市场出口增长与东盟市场需求的吻合程度不高。

这一阶段,台湾水产品对东盟出口下降了 2772.43 万美元,其中需求结构效应、竞争效应和二阶效应分别对出口增长贡献 1570.18 万、-2819.71 万和 -1522.90 万美元,贡献比分别为 56.64%、-101.71% 和 -54.93%。可见,该阶段台湾水产品出口下降主要是由竞争效应引起的。20 世纪 90 年代末,受到渔业生产成本提高、养殖环境恶化等因素的影响,台湾水产养殖业面临发展瓶颈,产量由 27.26 万吨下降到 25.64 万吨。另外,由于过度捕捞造成渔业资源枯竭,台湾捕捞渔业发展同样受困,产量从 1996 年的 29.77 万吨下降到 2000 年的 21.31 万吨。可以说,该阶段台湾水产品对东盟市场出口的下降是由自身竞争力水平下降引起的。另外,与大陆的情况相同,二阶效应为负值,表明加入 WTO 前台湾水产品对东盟市场出口增长与东盟市场需求的吻合程度同样不高。

表 8-2　CMS 模型第一层次分解结果

时间段	效应类型	大陆		台湾	
		出口额/万美元	比重/%	出口额/万美元	比重/%
1996—2000 年	总效应	2933.59	100.00	-2772.43	-100.00
	结构效应	1315.63	44.85	1570.18	56.64
	竞争效应	1625.63	55.41	-2819.71	-101.71
	二阶效应	-7.68	-0.26	-1522.90	-54.93
2001—2004 年	总效应	19664.81	100.00	93.81	100.00
	结构效应	2281.22	11.60	7837.98	8355.17
	竞争效应	8411.40	42.77	-3646.16	-3886.75
	二阶效应	8972.20	45.63	-4098.01	-4368.41
2005—2009 年	总效应	22297.38	100.00	16954.96	100.00
	结构效应	7588.88	34.03	8537.14	50.35
	竞争效应	7172.81	32.17	5001.35	29.50
	二阶效应	7535.68	33.80	3416.47	20.15
2010—2014 年	总效应	63288.34	100.00	22241.15	100.00
	结构效应	34512.83	54.53	12031.72	54.10
	竞争效应	16864.84	26.65	7466.38	33.57
	二阶效应	11910.67	18.82	2743.04	12.33

(2)第二阶段(2000—2004 年)

该阶段代表性事件为两岸同时加入 WTO。表 8-2 显示,需求结构效应、竞争效应和二阶效应共同拉动了大陆水产品对东盟出口,其中贡献比最大的是二阶效应,达 45.63%。与上一阶段不同,该阶段二阶效应转为正值,表明随着市场的开放,大陆水产品出口与东盟水产品进口间的契合度越来越高,有效迎合了东盟水产品需求结构的变动。另外,值得关注的是,竞争效应起到了 42.77%的拉动作用。可见,随着东盟市场水产品需求量的上升、市场的开放,大陆水产品逐步向东盟市场倾斜,出口比重从 2000 年的 1.40%上升到 2004 年的5.14%,竞争力稳步提升。

　　这一阶段,台湾水产品对东盟出口仅增长 93.81 万美元,需求结构效应、竞争效应和二阶效应分别对台湾水产品的出口增长贡献 7837.98 万、-3646.16万 和 - 4098.01 万 美 元,贡 献 比 分 别 为 8355.17%、- 3886.75% 和-4368.41%。可见,该阶段,促进台湾水产品对东盟市场出口的是东盟市场的需求,而竞争效应和二阶效应阻碍其出口增长。这主要有两个方面的原因:(1)该阶段民进党上台后实行"烽火外交"策略,不断冲撞东盟国家"一个中国"政策底线,导致双方关系恶化,也造成双方部分经贸会议等经济合作机制中断。台湾对东盟水产品出口受阻,出口总额一度下滑到 2003 年的 8071.62 万美元,出口集中度也从 2000 年的 8.12%下降到 2004 年的 6.54%。(2)台湾水产品出口主要集中在日本市场,随着加入 WTO、市场逐步开放,台湾水产品出口进一步向日本市场倾斜,出口集中度从 1999 年的 60.77%上升到 2004 年的 68.63%。

　　(3)第三阶段(2004—2009 年)

　　该阶段大陆水产品对东盟市场出口额增长了 22297.38 万美元,年平均增长率高达 23.05%。2004 年年底,中国—东盟《货物贸易协议》和《争端解决机制协议》签署,标志着自贸区建设进入实质性执行阶段,降税计划全面实施。该阶段为中国—东盟自由贸易区实施的过渡阶段,大陆对东盟水产品出口的需求结构效应、竞争效应和二阶效应三项指标均为正值(分别为 7588.88 万、7172.81 万和 7535.68 万美元),且比重均衡(分别为 34.03%、32.17% 和33.80%),即东盟市场进口需求、大陆水产品出口竞争力以及东盟进口结构和大陆出口结构的匹配程度共同促进了大陆水产品对东盟出口的增长。

　　这一阶段,台湾水产品对东盟出口增长了 16954.96 万美元,与大陆相似,需求结构效应、竞争效应和二阶效应共同促进了台湾水产品对东盟市场的出口增长(贡献比分别是 50.35%、29.50% 和 20.15%)。其中,增长效应的贡献比最大,超过 50%。可见,东盟水产品需求增长是台湾出口该市场的重要原因。另外,受到日本"肯定列表制度"的影响,台湾对日本市场出口下降,由 2004 年的 10.45 亿美元下降到 2009 年的 3.84 亿美元,下滑超过一半,这进一步促使台湾水产品出口导向东盟市场,在东盟市场的竞争力陡然上升,贡献比从上一阶段的－3886.75％上升到该阶段的29.50％。

(4)第四阶段(2009—2014年)

2010年1月1日,发展中国家间最大的自由贸易区——中国—东盟自由贸易区正式建立,标志着中国—东盟自由贸易区建设进入稳定阶段。CMS模型的分析结果(表8-2)显示,该阶段需求效应是拉动大陆水产品对东盟市场出口增长的主要动力,贡献比高达54.53％。另外,竞争效应的贡献比虽然下降到26.65％,但贡献值却较第三阶段上升了16864.84万美元,可见,大陆水产品在东盟市场的竞争力仍然很强。此外,值得注意的是,二阶效应仍然为正值,贡献值达11910.67万美元,表明东盟水产品需求和大陆水产品出口之间仍然处在磨合期,有进一步调整的空间。

这一阶段,台湾水产品出口增长了22241.15万美元,需求结构效应、竞争和二阶效应对台湾水产品对东盟市场的出口增长的贡献比分别为54.10％、33.57％和12.33％。该阶段,受到东盟市场需求的引导,台湾水产品出口市场全面向东盟倾斜,出口比重从2009年的26.69％上升到2014年的26.93％,超过日本,成为台湾水产品出口第一大市场,台湾水产品在东盟市场的竞争力持续提升(贡献值达7466.38万美元)。

可见,两岸和东盟关系进入相对稳定阶段后,促进水产品出口增长的主要因素仍然是东盟市场水产品的进口需求结构的变化。

2.第二层次分解

对CMS模型第二层次分解的结果进行分析,进一步揭示两岸水产品对东盟出口波动的更深层次原因。第二层次分解的结果见表8-3。

表8-3　CMS模型第二层次分解结果

时间段	第一层次分解效应	第二层次分解效应	大陆		台湾	
			出口额/万美元	比重/％	出口额/万美元	比重/％
1996—2000年	总效应		2933.59	100.00	－2772.43	－100.00
	结构效应	增长效应	106.13	3.62	323.00	11.65
		市场效应	700.54	23.88	1393.45	50.26
		商品效应	706.37	24.08	1349.84	48.69
		结构交互效应	－197.41	－6.73	－1496.10	－53.96
	竞争效应	总体竞争效应	2755.94	93.94	－3026.57	－109.17
		具体竞争效应	－1130.30	－38.53	206.86	7.46
	二阶效应	净次二阶效应	42.19	1.44	－73.17	－2.64
		动态结构效应	－49.87	－1.70	－1449.73	－52.29

续表

时间段	第一层次分解效应	第二层次分解效应	大陆		台湾	
			出口额/万美元	比重/%	出口额/万美元	比重/%
2000—2004年		总效应	19664.81	100.00	93.81	100.00
	结构效应	增长效应	3981.96	20.25	5479.37	5840.92
		市场效应	−528.57	−2.69	1029.95	1097.91
		商品效应	−1634.41	−8.31	3725.82	3971.66
		结构交互效应	462.24	2.35	−2397.15	−2555.33
	竞争效应	总体竞争效应	10008.43	50.90	−3436.94	−3663.72
		具体竞争效应	−1597.03	−8.12	−209.23	−223.03
	二阶效应	净次二阶效应	4768.97	24.25	−2067.25	−2203.65
		动态结构效应	4203.23	21.37	−2030.76	−2164.76
2004—2009年		总效应	22297.38	100.00	16954.96	100.00
	结构效应	增长效应	11734.83	52.63	4290.70	25.31
		市场效应	1104.79	4.95	1725.51	10.18
		商品效应	5236.10	23.48	3089.19	18.22
		结构交互效应	−10486.83	−47.03	−568.27	−3.35
	竞争效应	总体竞争效应	7336.62	32.90	8796.48	51.88
		具体竞争效应	−163.81	−0.73	−3795.13	−22.38
	二阶效应	净次二阶效应	3153.90	14.14	2199.11	12.97
		动态结构效应	4381.78	19.65	1217.36	7.18
2009—2014年		总效应	63288.34	100.00	22241.15	100.00
	结构效应	增长效应	29955.94	47.33	16335.85	73.45
		市场效应	−3792.40	−5.99	1306.15	5.87
		商品效应	30337.68	47.94	−2882.72	−12.96
		结构交互效应	−21988.39	−34.74	−2727.55	−12.26
	竞争效应	总体竞争效应	20683.73	32.68	3664.37	16.48
		具体竞争效应	−3818.89	−6.03	3802.01	17.09
	二阶效应	净次二阶效应	10313.31	16.30	4565.89	20.53
		动态结构效应	1597.36	2.52	−1822.85	−8.20

（1）需求结构效应

需求结构效应在第二层次又可分为增长效应、市场效应、商品效应和结构交互效应。

大陆方面，增长效应呈现不断上升的态势，4个阶段的贡献比分别为3.62％、20.25％、52.63％和47.33％，可见，东盟市场水产品整体需求增长是大陆水产品在东盟市场出口的主要推动力。在市场效应方面，大陆4个阶段的贡献值分别为700.54万、－528.57万、1104.79万和－3792.40万美元，贡献比分别为23.88％、－2.69％、4.95％和－5.99％，表明在第二阶段和第四阶段，大陆水产品对东盟市场出口并非集中在需求增长较快的市场上。例如，在第四阶段，水产品消费小国柬埔寨、缅甸和文莱消费增长迅速，年平均增长率高达24.40％、14.24％和34.08％，但大陆水产品出口仍然集中在马来西亚、泰国、新加坡等消费大国。在商品效应方面，大陆4个阶段的贡献值分别为706.37万、－1634.41万、5236.10万和30337.68万美元，贡献比分别为24.08％、－8.31％、23.48％和47.94％。其中，第二阶段的贡献值为负，这主要是由于在该阶段东盟进口最为迅速的水产品包括"珊瑚贝壳和海绵"、"鲜活冷藏冻鱼"、"鲜冷等甲壳软体类"和"鱼油脂"，而该阶段大陆对东盟市场主要出口产品为"甲壳软体制品"（2004年出口集中度为44.14％），与进口需求相背离。但到第三、第四两个阶段，该指数由负转正，这主要是由于这个阶段东盟进口产品中增长最快的为"鲜冷等甲壳软体类"、"鱼制品"、"甲壳软体制品"和"水生植物及产品"，而这4类产品占大陆对东盟水产品出口的60％以上，有效迎合了东盟市场的需求。

与大陆情况相似，东盟市场的需求增长是台湾水产品出口向该市场倾斜的动力，4个阶段需求效应的贡献比重分别为11.65％、5840.92％、25.31％和73.45％。进一步分解可知，受到加入WTO以及"南向政策"的影响，2000—2004年和2004—2009年这两个阶段台湾的市场效应和商品效应均为正值，分别贡献了增长的1097.91％、3971.66％和10.18％、18.22％。但第四阶段，台湾的商品效应由正转负，贡献增长－12.96％，这主要是由于台湾水产品出口过度集中于"鲜活冷藏冻鱼"类水产品（2014年市场占有率为87.96％），产品结构比较单一，而随着东盟各国经济水平的提高，其对水产品的风味和品种的多元化要求越来越高，导致台湾水产品出口商品结构与东盟进口结构的匹配度下降。

（2）竞争效应

竞争效应在第二层次又可分为总体竞争效应和具体竞争效应。

大陆方面，4个阶段的总体竞争效应值分别为2755.94万、10008.43万、7336.62万和20683.73万美元，保持整体上升趋势，但具体竞争效应均为负值（分别为－1130.30万、－1597.03万、－163.81万和－3818.89万美元），表明虽然大陆水产品对东盟市场具备竞争优势,且竞争力不断增强,但在需求量较大的市场上占有率提升较慢。如在 2009—2014 年间越南市场水产品需求量增长迅速,进口额从占东盟的 9.85% 上升到 18.21%,逐步成为东盟第二大水产品进口市场,而大陆对该市场的占有率却从 2009 年的 7.76% 下降到 2014 年的 7.33%。

台湾方面,第一阶段的总体竞争效应和具体竞争效应数值分别为 —3026.57 万和 206.86 万美元,贡献比分别为 —109.17% 和 7.46%,可见,总体竞争力的匮乏是这一阶段台湾水产品出口下降的重要原因。第二阶段,台湾水产品对东盟市场的总体竞争效应和具体竞争效应由正转负(数值分别为 —3436.94万和—209.23万美元),主要原因是加入 WTO 后台湾水产品出口更加便利,台湾将高附加值水产品转向需求更加旺盛的日本市场,因此其在东盟市场上的竞争力有所下降,(对东盟市场的出口集中度则从 2000 年的 8.12% 下降到 2004 年的 6.54%)。到了第三阶段,受到日本"肯定列表制度"的影响,台湾水产品开始向东盟市场转移,总体竞争效应由负转正(贡献值为 8796.48 万美元,贡献比为 51.88%)。第四阶段,东盟市场的需求量增加,东盟市场逐渐成为台湾水产品的重要出口市场,竞争力在出口增长中的作用也均为正值,总体竞争效应和具体竞争效应的贡献比分别为 16.48% 和 17.09%。

(3)二阶效应

二阶效应在第二层次又可分为净次二阶效应和动态结构效应。

大陆方面,其净次二阶效应的变化表现出上升—下降—平稳的过程,贡献比先从第一阶段的 1.44% 上升到第二阶段的 24.25%,后卜降到第三阶段的 14.14%,并在第四阶段稳定在 16.30%。可见,经过两个阶段的降税计划,大陆水产品对东盟市场出口的提升速度与东盟市场水产品进口提升速度正逐步趋同。另外,随着降税计划的实施,大陆的动态结构效应也呈现不断上升直至稳定的过程,4 个阶段的贡献值分别为 —49.87 万、4203.23 万、4381.78 万和 1597.36 万美元,可见,随着市场的不断融合,大陆开始有意识地提高在东盟增长较快的市场上的水产品市场份额。

与大陆情况不同,第一阶段,台湾的净次二阶效应和动态结构效应的贡献比重分别为 —2.64% 和 —52.29%,到了第二阶段则下降为 —2203.65% 和 —2164.76%,可见,在加入 WTO 后的前几年,台湾并没有过多地将水产品的出口市场集中在东盟,市场匹配度不高,而是更加关注需求量更大的日本市场。到第三阶段,随着日本市场的萎靡,台湾水产品逐渐向东盟市场倾斜,这两个效应的贡献由负转正,分别达到 12.97% 和 7.18%。第四阶段,净次二阶效应的贡献比进一步上升到 20.53%,但动态结构效应却下降到—8.20%,这主要还是由于台湾水产品出口结构越来越集中于"鲜活冷藏冻鱼"类,不能满足东盟各国日益增长的水产品多元化需求。

由以上分析可知,国际关系对两岸水产品对东盟市场出口影响巨大,总的来看两岸在东盟市场的竞争力不断增强,但东盟市场需求增长仍然是两岸对东盟市场出口增长的主要原因。

以上分析可知,两岸水产品对东盟市场出口增长受到国际市场贸易政策变化的影响。加入 WTO、日本的"肯定列表制度"、中国—东盟自由贸易区的建立均对两岸水产品对东盟市场出口起重要作用。

8.2　政策作用

政府作用是波特的"国家钻石"模型中的最后一个影响因素。波特认为,政府可以为企业创造一个优良的竞争环境,通过制订本地标准和采购行为影响需求。正如本书第 4 章 4.3.4 节分析的,渔业方面的政府政策主要表现在对渔船的燃油补贴问题,以及对水产品质量安全管理体系的建设和对水产品质量安全法规标准体系的制定。前者的情况比较复杂,而后者更为重要,因为其不仅影响到客户的需求状况,更能提升水产品的质量,从而提升渔业的国际竞争力。为此,本研究以两岸水产品质量安全管理体系的建设和对水产品质量安全法规标准体系为例,考察政府政策对渔业国际竞争力的影响。

8.2.1　我国国家水产品质量安全管理体系和法规体系建设

大体上我国水产品安全监管主要涉及农业农村部、卫生健康委员会和国家质量监督检验检疫总局这三大部门。《食品安全法》规定了各部门的权责关系。

农业农村部负责水产品生产过程中的鱼药和鱼饲料的生产与使用监管,渔业生态环境的监测,水产品质量安全标准的制订,鲜活水产品质量监督管理以及养殖许可证的发放。

国家质量监督检验检疫总局统一管理全国质量安全工作,包括制定水产品质量安全监管的规章,受理、审查和办理食品生产许可证以及国家检验监督抽查等。

国家卫生健康委员会负责颁布有关食品(包含水产品)卫生法规,水产品加工、运输、储藏及销售过程中需要遵守的卫生标准和操作规范,颁发水产品卫生许可证及进行卫生的监督检查等。

另外,水产品是食品的一种,因此食品的法律法规文件涵盖了对水产品的要求。我国现行的关于水产品的法律法规有《中华人民共和国渔业法》、《中华人民共和国进出口商品检验法》、《中华人民共和国食品卫生法》、《兽药管理条例》、《中华人民共和国产品质量法》以及《饲料和饲料添加剂管理条例》等。农业农村部、国家质量监督检验检疫总局与国家卫生健康委员会都拥有各自的部门法规和管理办法，详见表 8-4。

表 8-4　我国国家各部门水产品法规与管理办法

部门	部门法规和管理办法
农业农村部	渔业法实施细则 食品动物禁用的兽药及其他化合物清单 饲料药物添加剂使用规范 进出境装载容器、包装物动植物检疫管理试行方法 出口鳗鱼养殖禁用兽药品目录 出口鳗鱼养殖禁用药规定 水产养殖质量安全管理规定
国家质监总局	进出境水产品检验检疫管理办法 出口食品生产企业卫生注册登记管理规定 食品生产加工企业质量安全监督管理办法 出境水产品追溯规程 出境养殖水产品检验检疫和监管要求 出口淡水小龙虾及其制品检验检疫管理规范
卫健委	国境卫生检疫法实施细则 水产品卫生管理办法

此外，《食品安全法》将水产品从养殖场所到餐桌的整个过程分成了四个环节，即农业生产、加工、流通和餐饮服务，这四个环节分别由农业部门、质监部门、工商部门和卫生部门对相关生产者进行食品安全的监管。部门间关系详见图 8-1（刘亚平，2011）。

总的来看，我国对水产品质量安全采取多部门、分段式的监管模式，各部门的工作职责的重点和法规制定还是有所不同的。但各部门也存在职能重叠的地方，比如，质监部门亦可以对市场上流通的产品进行抽检，工商局、农业部门则均可以对市场的初级农产品食品进行监管。但这种分段式监管所导致的"碎片化"问题所造成的部门之间的（利益）争夺和（责任）推诿成为该种监管的一大特色（颜海娜，2010；刘亚平，2011）。实践中，食品安全监管各环节之间的职责很难彻底划分清楚。食品监管链条客观上的连续性，使得实际监管中各个部门之间的职能相互交叠，你中有我，我中有你。分段监管未能解决利益争夺问题，但却使得责任推诿有了依据。

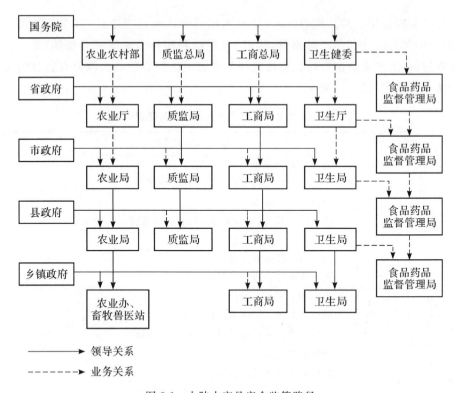

图 8-1　大陆水产品安全监管路径

8.2.2　台湾地区水产品质量安全管理体系和法规体系建设

我国台湾地区水产品质量安全管理体系由"农业委员会(农委会)"、"卫生署"和"经济部"的"标准检验局"三个部门负责(见表 8-5)。这三个部门的职责分别为:"农委会"负责水产品进入岛内市场销售之前的检验检疫工作;"卫生署"负责在市场中销售的水产品的监管工作;"标准检验局"负责进口水产品的检验工作。可见,台湾三个部门之间职责范围明确,分别负责进入市场前的检验工作、进入市场后的检验工作以及进口产品的检验检疫工作。

表 8-5　台湾地区食品质量安全法规体系

机构	法规
"农委会"	"农产品生产及验证管理法"
"卫生署"	"食品卫生管理法" "健康食品管理法"
"经济部"	"食品检验法"

同时,台湾地区水产食品质量安全管理体系以"食品安全卫生管理法"为基准,由以上提到的"农委会"、"卫生署"和"经济部"标准检验局分别负责制定(见表 8-5)。各部门则在"食品安全卫生管理法"的基础上严格按照各自的法规体系实行水产品质量安全监管工作(见图 8-2)。

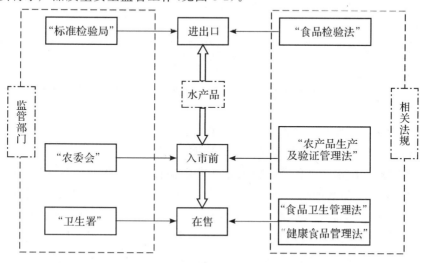

图 8-2　台湾水产品质量安全管理框架

8.2.3　海峡两岸水产品限量标准与国际标准比较——以水产品兽药残留限量标准为例

上文的研究表明,区域内部完善的检验检疫制度和标准体系对本地区水产品国际竞争力的提升起着至关重要的作用。因此,比较研究海峡两岸与主要出口目标市场的水产品限量标准有着重要的意义。

在大陆与台湾水产品出口受阻的事件中兽药残留超标是出现频次最高的。从表 8-6 中可以看出,2012 年大陆对日本、美国和欧盟 3 大出口市场水产品出口受阻事件共 313 件,其中因兽药残留超标而受阻的为 115 件,占到受阻事件的 36.74%;而台湾的受阻事件为 10 件,其中有 9 件为兽药残留事件,占受阻事件的 90%。因此,本书以兽药残留标准为例,深入研究两岸及其水产品主要出口目标市场水产品限量标准的差异,以探明水产品质量安全法规标准体系的制定对两岸渔业国际竞争力的影响。

表 8-6　2012 年两岸水产品对主要出口目标市场出口受阻事件

市场	大陆		台湾	
	受阻事件	因渔药残留而受阻事件	受阻事件	因渔药残留而受阻事件
日本	72	32	10	9
美国	212	72	0	0
欧盟	11	29	0	0
总计	313	115	10	9

资料来源:中国技术性贸易措施网

1.海峡两岸现行的水产品兽药残留限量标准

(1)我国国家水产品兽药残留限量标准

我国现行的水产品兽药残留限量标准主要有 2 套(见表 8-7):1)农业行业标准《无公害食品水产品中渔药残留限量》(NY 5070—2002);2)农业部公告第 235 号《动物性食品中兽药最高残留限量》(2002 年 12 月),该标准在农业部公告 193 号《食品动物禁用的兽药及其他化合物清单》(2002 年 4 月)的基础上增加了允许使用兽药的 MRLs 标准。而农业部公告第 560 号(2005 年 10 月)又进一步增列了呋喃西林(nitrofurazone)、呋喃妥因(nitrofurantoin)及其盐、酯及制剂,替硝唑(tinidazole)及其盐、酯及制剂,卡巴氧(carbadox)及其盐、酯及制剂,万古霉素(vancomycin)及其盐、酯及制剂等 5 种兽药为"禁用兽药"。

(2)台湾地区水产品中兽药残留限量标准

台湾地区现行的有关水产品中兽药残留的限量标准仅 1 套,即台湾地区"卫生署"颁布的"动物用药残留标准"(台湾"卫生署",2011)。

表 8-7　海峡两岸现行的水产品中兽药残留限量标准

大陆地区	台湾地区
《无公害食品水产品中渔药残留限量》 (NY 5070—2002) 《动物性食品中兽药最高残留限量》 (农业部公告第 235 号)(2002 年 12 月)	"动物用药残留标准" (台湾地区"卫生署"颁布)

2.海峡两岸水产品中兽药残留限量标准比较

(1)我国农业部公告第 235 号制订的限量标准更科学

在目前颁布的 2 套水产品兽药残留限量标准中,以农业部公告第 235 号的规定更为科学,主要表现在以下 3 个方面:1)从"禁用兽药"种类看,NY 5070—2002 标准仅限定了呋喃唑酮、己烯雌酚、氯霉素和喹乙醇 4 种兽药为"禁用药",

而农业部公告第 235 号则限定了包含氯霉素、呋喃唑酮、己烯雌酚及孔雀石绿等在内的 43 种高毒兽药为"禁用兽药"(其中农业部公告第 560 号增补了 5 种兽药)(见表 8-8)。2)从"限用兽药"比较看,NY 5070—2002 标准对 8 种兽药制订了 MRLs 要求,而农业部公告第 235 号则对 24 种药品制订了 MRLs 标准(见表 8-9)。3)农业部公告第 235 号制订的限量标准也最为细致,如该公告分别制订了达氟沙星和二氟沙星 2 种兽药在肌肉和脂肪中的不同 MRLs 标准(见表 8-9)。MRLs(maximum residue limits)的意思是最大允许残留限量。

表 8-8　海峡两岸水产品兽药"禁用药"比较

标准制订方	标准来源	"禁止使用"或"不得检出"的兽药
大陆地区	NY 5070—2002	呋喃唑酮(furazolidone)、己烯雌酚(diethylstilbestrol)、氯霉素(chloramphenicol)、喹乙醇(olaquindox)
	农业部第 235 号公告	氯丙嗪(chlorpromazine)、地西泮(安定)(diazepam)、地美硝唑(dimetridazole)、苯甲酸雌二醇(estradiol benzoate)、甲硝唑(metronidazole)、苯丙酸诺龙(nadrolone phenylpropionate)、丙酸睾酮(testosterone propinate)、氯霉素及其盐、酯(chloramphcnicol and its salt and cster)、克伦特罗及其盐、酯(clenbuterol and its salt and ester)、沙丁胺醇及其盐、酯(salbutamol and its salt and ester)、西马特罗及其盐、酯(cimaterol and its salt and ester)、氨苯砜(dapsone)、己烯雌酚及其盐、酯(diethylstilbestrol and its salt and ester)、呋喃它酮(furaltadone)、呋喃唑酮(furazolidone)、林丹(lindane)、呋喃苯烯酸钠(nifurstyrenate sodium)、安眠酮(methaqualone)、洛硝达唑(ronidazole)、玉米赤霉醇(zeranol)、去甲雄三烯醇酮(trenbolone)、醋酸甲孕酮(mengestrol acetate)、硝基酚钠(sodium nitrophenolate)、硝呋烯腙(nitrovin)、毒杀芬(氯化烯)(camahechlor)、呋喃丹(克百威)(carbofuran)、杀虫脒(克死螨)(chlordimeform)、双甲脒(amitraz)、酒石酸锑钾(antimony potassium tartrate)、锥虫砷胺(tryparsamile)、孔雀石绿(malachite green)、五氯酚酸钠(pentachlorophenol sodium)、氯化亚汞(甘汞)(calomel)、硝酸亚汞(mercurous nitrate)、醋酸汞(mercurous acetate)、吡啶基醋酸汞(pyridyl mercurous acetate)、甲基睾丸酮(methyltestosterone)、群勃龙(trenbolone)、呋喃西林(nitrofurazone)*、呋喃妥因及其盐、酯和制剂(nitrofurantoin and its salt, ester, preparation)*、替硝唑及其盐、酯和制剂(tinidazole and its salt, ester, preparation)*、卡巴氧及其盐、酯和制剂(carbadox and its salt, ester, preparation)*、万古霉素及其盐、酯和制剂(vancomycin and its salt, ester,preparation)*

续表

标准制订方	标准来源	"禁止使用"或"不得检出"兽药
台湾地区	"动物用药残留限量标准"	除阿莫西林(amoxicillin),氨苄西林(ampicillin),金霉素(chlortetracyline),多西环素(doxycycline),氟苯尼考(florfenicol),甲砜霉素(thiamphenicol),噁喹酸(oxolinic acid),红霉素(erythromycin),螺旋霉素(spiramycin),林可霉素(lincomycin),吉他霉素(kitasamycin),磺胺甲基嘧啶(sulfamcrazine),磺胺二甲氧嘧啶(sulfadimidine),氟甲喹(flumequine),奥美普林(ormetoprim),三氯磷酸酯(trichlorfon)这16种兽药外的所有物质均为禁用兽药

注:＊为农业部公告第560号补充的水产品中禁用兽药。

(2)台湾地区水产品兽药"禁用药"种类比大陆多

与大陆地区的2套标准相比,台湾地区"动物用药残留标准"中规定了水产品中16种兽药的MRLs值(见表8-9),且规定除这16种制订了限量标准的药品外其余均为"禁用药"(见表8-8)。可见台湾地区水产品中禁用兽药的种类远远多于大陆地区。

表8-9　海峡两岸水产品中兽药残留限量MRLs标准比较　(单位:μg/kg)

兽药类别	中文通用名	英文通用名	大陆地区		台湾地区
			NY 5070—2002	农业部第235号公告	"动物用药残留标准"
青霉素类 penicillins	阿莫西林	amoxicillin		50	50
	氨苄西林	ampicillin		50	50
	苄星青霉素	benzathine penicillin		50	不得检出
	普鲁卡因青霉素	procain penicillin		50	不得检出
	氯唑西林	cloxacillin		300	不得检出
	苯唑西林	oxacillin		300	不得检出
四环素类 tetracycline	金霉素	chlortetracycline	100	100	200
	土霉素	oxytetracycline	100	100	不得检出
	四环素	tetracycline	100	100	不得检出
	多西环素	doxycycline			10
氯霉素类 chloramphenicols	氟苯尼考	florfenicol-amine		1000	1000
	甲砜霉素	thiamphenicol		50	50

续表

| 兽药类别 | 中文通用名 | 英文通用名 | 大陆地区 | | 台湾地区 |
			NY 5070 —2002	农业部 第 235 号公告	"动物用药 残留标准"
喹诺酮类 quinolones	达氟沙星	danofloxacin		100(肌肉); 50(脂肪)	不得检出
	沙拉沙星	sarafloxacin		30	不得检出
	二氟沙星	difloxacin		300(肌肉); 100(脂肪)	不得检出
	恩诺沙星	enrofloxacin		100	不得检出
	噁喹酸	oxolinic acid	300	300	50
大环内酯类 macrolides	红霉素	erythromycin		200	200
	螺旋霉素	spiramycin			200
	林可霉素	lincomycin			100
	吉他霉素	kitasamycin			50
磺胺类 sulfanilamide grous	磺胺嘧啶	sulfadiazine	100	100	不得检出
	磺胺甲基嘧啶	sulfamcrazine	100	100	100
	磺胺二甲基嘧啶	sulfadimidine	100	100	100
	磺胺甲噁唑	sulfamethoxazole	100	100	不得检出
	甲氧苄啶	trimethoprim	50	50	不得检出
呋喃类 furan	呋喃唑酮	furazolidone	不得检出	不得检出	不得检出
其他 others	氟甲喹	flumequine		500	500
	溴氰菊酯	deltamethrin		30	不得检出
	氟胺氰菊酯	fluvalinate		10	不得检出
	己烯雌酚	diethylstilbestrol	不得检出	不得检出	不得检出
	孔雀石绿	malachite green		不得检出	不得检出
	奥美普林	ormetoprim			100
	三氯磷酸酯	trichlorfon			10

(3)台湾地区水产品中兽药限量标准严于大陆地区

比较大陆地区与台湾地区水产品中兽药 MRLs 值(见表 8-9)可以看出,台湾地区制订的限量标准总体上严于大陆地区,主要表现在两个方面:1)大陆地区仅金霉素的 MRLs 标准严于台湾地区,此外,除在阿莫西林、氨苄西林、氟苯尼考、甲砜霉素、红霉素、磺胺甲基嘧啶、磺胺二甲基嘧啶和氟甲喹这 8 种药品上制订了与台湾地区相同的 MRLs 标准外,其他 17 种兽药的 MRLs 标准均低于台湾地区;2)台湾地区在多西环素、螺旋霉素、林可霉素、吉他霉素、奥美普林和三氯磷酸酯这 6 种兽药上制订了 MRLs 标准,而大陆则没有。

　　3.海峡两岸水产品中兽药残留限量标准与国际标准比较

　　《国务院关于印发深化标准化工作改革方案的通知》明确指出,要"提高标准的国际化水平"。为此,笔者拟对海峡两岸水产品中兽药残留限量标准与国际组织和水产品重要进口市场(日本、美国和欧盟)的兽药残留限量标准进行比较分析,以期为完善中国大陆地区兽药残留限量标准体系提供参考。另外,鉴于中国大陆地区农业部公告第 235 号规定的限量值较为细致和科学,因此以下分析均以该套标准为比较研究的对象。

　　(1)主要国际组织及国家水产品中兽药残留限量标准

　　1)国际食品法典委员会对水产品中兽药残留限量的规定

　　由联合国粮农组织(FAO)和世界卫生组织(WHO)共同建立的食品法典委员会(Codex Alimentarius Commission,CAC)成立于 1962 年,拥有成员单位160 多个,是世界上唯一具备协调国际食品标准法规职能的国际组织。CAC 所制订的食品法典标准是各国进行食品安全管理、食品生产经营以及国际食品贸易的重要依据(CAC,2011)。

　　CAC 未规定禁用兽药,仅对 5 种兽药制订了 MRLs 标准(CAC,2011),分别是:丙硫咪唑,100μg/kg(肌肉、脂肪、肝、肾);土霉素、金霉素和四环素 3 种四环素类,200μg/kg(肌肉);磺胺二甲基嘧啶,100μg/kg(肌肉、脂肪)和 5000μg/kg(肝、肾)。

　　2)日本对水产品中兽药残留限量的规定

　　由本书第 3 章分析可知,日本是中国大陆和台湾地区水产品重要的出口市场。自 2006 年 5 月 29 日起,日本开始实施食品中化学品(农药、兽药及化学添加剂等)残留"肯定列表制度",并执行新的化学品残留限量标准,其中涉及水产品的标准共 651 个。其《水产养殖用药第 22 号通报》规定了当前日本允许使用的兽药及其限量,其中允许用于水产养殖的兽药共 53 种,包括杀菌剂 24 种、杀虫药 5 种、麻醉剂 1 种、消毒剂 2 种、保健兽药 11 种、疫苗 10 种(日本劳动厚生省,2009;日本农林水产省,2009)。

①日本水产养殖"禁用药"

目前,日本水产养殖中禁用的兽药有杀草强、敌菌丹、卡巴氧、库马福司/蝇毒磷、氯霉素及氯丙嗪等 22 种(见表 8-10)。且日本对进口动物性食品重点监控的兽药种类经常变化,如 2006—2009 年,日本对"肯定列表制度"(日本劳动厚生省,2009)中的一些残留限量标准进行了修改,增加了孔雀石绿,并将"呋喃类抗生素"调整为 4 种呋喃类(呋喃西林、呋喃妥因、呋喃它酮、呋喃唑酮)。

②日本水产养殖"限用药"

除上述禁用的兽药品种外,目前"肯定列表制度"中有关水产品中兽药残留限量的"暂定标准"(不包括"不得检出标准")共有 757 个,与最初的 651 个相比,增加了 106 个,并针对尚未制订残留限量的兽药制订了"统一标准",即残留量不得超过 $10\mu g/kg$ 的规定。同时,日本还针对不同类别水产品制订了相应的 MRLs 标准,如规定氟苯尼考在鲈形目鱼类中的 MRLs 值为 $30\mu g/kg$,在鳗鲡目鱼类、鲑鱼目鱼类等其他鱼类中为 $200\mu g/kg$,在贝类、甲壳类及其他水产品中为 $100\mu g/kg$ 等。

表 8-10　主要发达国家及经济体水产品中兽药"禁用药"品种

标准制订方	"禁止使用"或"不得检出"兽药
日本	杀草强(amitrole),敌菌丹(captafol),卡巴氧(carbadox),库马福司/蝇毒磷(coumafos/coumaphos),2,4,5-三氯苯氧乙酸(2,4,5-T),环己锡(cyhexatin),三唑锡(azocyclotin),氯霉素(chloramphenicol),氯丙嗪(chlorpromazine),己烯雌酚(diethylstilbestrol),地美硝唑(dimetridazole),丁酰肼(daminozide),呋喃西林(nitrofurazone),呋喃妥因(nitrofurantoin),呋喃唑酮(furazolidone),呋喃它酮(furaltadone),苯胺灵(propham),孔雀石绿(malachite green),甲硝唑(metronidazole),洛硝达唑(ronidazole),克仑特罗(clenbuterol),乙酸去甲雄三烯醇酮(trenbolone acetate),地塞米松(dwxamethasone)
美国	氯霉素(chloramphenicol),克仑特罗(clenbuterol),己烯雌酚[diethylstilbestrol(DES)],地美硝唑(dimetridazole),异丙硝唑(ipronidazole),其他硝基咪唑类(other nitroimidazoles),呋喃唑酮(furazolidone),呋喃西林(nitrofurazone),氟喹诺酮类(fluoroquinolones)(沙星类),磺胺甲基嘧啶(sulfamerazine),糖肽类抗生素(glycopeptides)

续表

标准制订方	"禁止使用"或"不得检出"兽药
欧盟	阿伏霉素(avoparcin),洛硝达唑(ronidazole),卡巴氧(carbadox),喹乙醇(olaquindox),杆菌肽锌(bacitracin zinc),螺旋霉素(spiramycin),维吉尼亚霉素(virginiamycin),磷酸泰乐菌素(tylosin phosphate),阿普西特(arprinocide),二硝托胺(dinitolmide),异丙硝唑(ipronidazole),氯羟吡啶(meticlopidol),氯羟吡啶/苄氧喹甲酯(meticlopidol /mehtylbenzoquate),氨丙啉(amprolium),氨丙啉/乙氧酰胺苯甲酯(amprolium/ ethopabate),地美硝唑(dimetridazole),尼卡巴嗪(nicarbazin),二苯乙烯类及其衍生物(stilbenes and its derivatives),抗甲状腺类药物(antithyroid agent),类固醇类(steroids),二羟基苯甲酸内酯(resorcylic acid lactones),b-兴奋剂类如克仑特罗等(b-agonists such as clenbutero, etc),马兜铃属植物及其制剂(aristolochia spp. and its preparation),氯霉素(chloramphenicol),氯仿(chloroform),氯丙嗪(chlorpromazine),秋水仙碱(colchicine),氨苯砜(dapsone),甲硝咪唑(metronidazole),硝基呋喃类(nitrofurans)

3)美国对水产品中兽药残留限量的规定

美国食品药品监督管理局(FDA)对水产品中兽药残留限量制订了详细的标准(America,2012)。

①美国水产养殖"禁用兽药"

美国对 11 种兽药做出了禁止在水产养殖中使用的规定,分别为氯霉素、克仑特罗、己烯雌酚、地美硝唑、异丙硝唑及其他硝基咪唑类、呋喃唑酮、呋喃西林、氟喹诺酮类、磺胺甲基嘧啶以及糖肽类抗生素(见表 8-10)。

②美国水产养殖"限用兽药"

FDA 对 10 种兽药在水产品中的残留提出了限量要求:土霉素 10 μg/kg,磺胺甲噁唑 100μg/kg,奥美普林 100μg/kg,多氯联苯(PCBs)2000μg/kg,组氨(histamine)50000μg/kg,氯丹(chlordane)300μg/kg,阿特灵及地特灵(aldrin and dieldrin)300μg/kg,十氯酮(chlordecone)400μg/kg(甲壳类),胺甲萘(carbaryl)250μg/kg(牡蛎),氟啶酮(fluridone)500μg/kg。

4)欧盟对水产品中兽药残留限量的规定

①欧盟水产养殖"禁用兽药"

《欧盟食品及饲料安全管理法规》(EEC) No2377/90(European commission,1990)规定水产养殖中禁用的兽药品种包括氯霉素、类固醇类及硝基呋喃类等 30 种(见表 8-10)。

②欧盟水产养殖"限用兽药"

欧盟允许在水产养殖中使用并规定了 MRLs 标准的兽药有 26 种,分别为:金霉素 100μg/kg(肌肉),土霉素 100μg/kg,四环素 100μg/kg(肌肉),氯霉素 0.3μg/kg,阿莫西林 50μg/kg,氨苄西林 50μg/kg,苄星青霉素 50μg/kg,氯唑西林 300μg/kg,双氯青霉素(dicloxacillin)300μg/kg,苯唑西林 300μg/kg,磺胺类 100μg/kg(4 种),呋喃唑酮 1μg/kg,氟甲喹 600μg/kg(鳍鱼),沙拉氟沙星 30μg/kg(鲑鱼),红霉素 200μg/kg,泰乐菌素 a(tylosin a)100μg/kg,氟苯尼考 100μg/kg(鳍鱼),溴氢菊酯 10μg/kg(鳍鱼),氯氰菊酯(异构体总量)(cypermethrin)50μg/kg(鲑鱼),双氟苯隆(dillubcazaron)1000μg/kg(鲑鱼),特氟苯剂(teflubenzuron)500μg/kg(鲑鱼),依马菌素(emamectin)100μg/kg(鲑鱼)。

(2)海峡两岸水产养殖兽药残留限量标准与国际标准比较

为了清晰了解海峡两岸水产品中兽药残留限量标准与国际标准的差异,笔者拟从"禁用兽药"和"限用兽药"两个层面分别进行深入的比较分析。

1)海峡两岸水产品中兽药残留限量标准与 CAC 标准比较

①"禁用兽药"比较

CAC 并未明确列出在水产养殖中"禁止使用"和"不得检出"的兽药种类,而中国的大陆地区和台湾地区均明确列出了禁用的兽药品种,因此,在水产养殖"禁用药"规定方面,海峡两岸的标准要严于 CAC。

②"限用兽药"比较

综合表 8-9 可看出:CAC 规定的 5 种水产养殖"限用兽药"中,大陆地区针对 3 种四环素类药剂制订的标准均高于 CAC,磺胺二甲基嘧啶的 MLRs 值与 CAC 一致,而对阿苯达唑则尚未制订相应的 MRLs 标准;另外,大陆地区针对 16 种 CAC 未制订标准的兽药制订了 MRLs 标准。中国台湾地区除金霉素和磺胺二甲基嘧啶的 MRLs 值与 CAC 一致外,其余限量标准均高于 CAC 标准。

综上可见,大陆与台湾地区关于水产品中兽药残留的限量标准较 CAC 标准更加严格与细致。

2)海峡两岸水产品中兽药残留限量标准与日本标准比较

①"禁用兽药"比较

比较中国大陆地区与日本水产养殖禁用兽药规定可看出,日本的"禁用兽药"品种为 22 种,而中国大陆地区为 43 种,其中有 12 种"禁用兽药"两国相同。由于日本是中国大陆地区水产品重要的出口市场,因此大陆地区在制订相关标准时一定程度上会参考日本的标准。从中国台湾地区与日本的水产养殖禁用兽药比较看,中国台湾地区将所有未制订残留限量标准的兽药统一定为"禁用兽药",而日本则对"禁用兽药"进行了更为严格的考察与研究。总体来看,中国大陆与台湾地区水产养殖中禁用兽药品种多于日本。

②"限用兽药"比较

自 2006 年以来,日本不断对其"肯定列表制度"中的一些残留限量标准进行研究和修订。与中国大陆和台湾地区相比,日本"肯定列表制度"中规定的水产养殖中的"限用兽药"种类远远多于前两者。此外,日本还针对不同的水产养殖品种和检测部位分别制订了 MLRs 值,因此其标准远比中国大陆与台湾地区的更详细。比如,日本规定氟苯尼考在鲈形目鱼类中的 MLRs 值为 30μg/kg,在鲑鱼目、鳗鲡目等其他鱼类中为 200 μg/kg,在贝类、甲壳类及其他水产品中为 100 μg/kg,而中国大陆与台湾地区则分别将氟苯尼考在水产品中的 MLRs 值统一规定为 1000μg/kg 和 500μg/kg(见表 8-9)。可见,相对于中国大陆和台湾地区,日本的标准都更加详细和科学。

以上分析表明,虽然日本水产养殖禁用兽药的种类少于中国大陆和台湾地区,但其相关残留限量标准更加详细和科学。日本是海峡两岸水产品第一大出口市场,自 2006 年其"肯定列表制度"实施以来,中国大陆与台湾地区对日本的水产品出口一直呈下降趋势(郑思宁等,2013b),因此可以推测,日本"肯定列表制度"对海峡两岸水产品的国际竞争力造成了较大的影响。

3)海峡两岸水产品中兽药残留限量标准与美国标准比较

①"禁用兽药"比较

从表 8-10 中可看出,美国水产养殖中禁用的兽药种类仅 11 种,少于中国大陆与台湾地区,表明在水产养殖"禁用兽药"指标上海峡两岸标准均严于美国。

②"限用兽药"比较

比较海峡两岸水产品中兽药残留限量标准与美国的标准(见表 8-9)可看出,中国大陆与台湾地区制订的 MLRs 标准与美国相关标准的一致程度不高,主要表现为:第一,中国大陆地区与美国仅针对磺胺甲噁唑制订了相同的 MLRs 值(100μg/kg);第二,中国台湾地区与美国仅在磺胺甲噁唑和奥美普林上制订了相同的 MLRs 值(均为 100μg/kg)。

或许正是由于海峡两岸残留限量标准与美国标准的一致程度不高,因此近几年中国大陆和台湾地区水产品出口美国的受阻事件位列所有食品的首位,仅 2012 年大陆地区水产品出口美国市场的受阻事件就达 181 批次,占食品受阻事件的 23.94%(刘小丽,2014)。

4)海峡两岸水产品中兽药残留限量标准与欧盟标准比较

①"禁用兽药"比较

从表 8-8 和表 8-10 中可知,欧盟水产养殖中禁用的兽药种类为 30 种,中国大陆地区为 43 种,且两者的一致程度不高,仅 7 种"禁用药"相同。

②"限用兽药"比较

比较海峡两岸与欧盟制订的水产品中兽药 MLRs 标准可以看出:第一,中国大陆和台湾地区的 MLRs 标准与欧盟相关标准的一致程度均不高。大陆地区共有 11 种兽药的 MLRs 值与欧盟相同,包括金霉素、土霉素、四环素、阿莫西林、苄星青霉素、红霉素、沙拉氟沙星以及 4 种磺胺类,表明中国大陆地区在制订 MLRs 标准时部分参考了欧盟的标准,但一致程度仍不够高;而中国台湾地区与欧盟仅针对 4 种兽药制订了相同的 MLRs 标准,包括阿莫西林、红霉素及 2 种磺胺环胺类(磺胺甲基嘧啶和磺胺二甲基嘧啶)。第二,欧盟的 MLRs 标准比中国大陆和台湾地区的更为详细与科学。与日本的情况相似,欧盟针对不同的水产品种类和部位分别制订了不同的 MLRs 标准,如金霉素针对肌肉的限量值为 $100\mu g/kg$,鳍鱼中溴氢菊酯的限量为 $10\mu g/kg$,鲑鱼中氯氰菊酯的限量为 $50\mu g/kg$ 等(European commission,1990)。另外,近年来欧盟对进口水产品质量和卫生的要求越来越严格,比如要求从原料生产开始建立一套完整的质量保证体系,同时其残留限量指标也趋于严格,新的指令中进一步增加了有关动物福利的规定等条款(Wikins,2014),这些因素都有可能进一步增大海峡两岸水产品出口欧盟的难度。

总之,目前中国大陆和台湾地区水产品中兽药残留限量标准与欧盟标准的一致程度均不高,欧盟的相关标准比海峡两岸标准更加详细和科学。

8.3　本章小结

通过对海峡两岸渔业国际竞争力外部影响因素的分析,本章得出以下 2 个主要结论:

(1)国际关系对两岸水产品对东盟市场出口影响巨大。总的看,由于两岸与东盟市场的贸易一体化程度越来越高以及日本市场检验检疫标准的提高,两岸在东盟市场的竞争力不断增强,但东盟市场需求增长仍然是两岸对东盟市场出口增长的主要原因。

(2)由于西方发达国家有着完善的检验检疫体制以及先进的检验检疫技术,为此两岸水产品出口受阻主要原因在于发达国家;另外,随着养殖技术的进步及水产养殖业在渔业中的地位越来越重要,鱼药残留超标成为两岸水产品出口受阻频次最高的事件。从两岸与世界鱼药残留标准的比较看,台湾对鱼药最高残留量和"不得检出"品的限定标准要高于大陆,台湾与大陆的鱼药残留标准较 CAC 要更加完善,但较日本的"肯定列表制度"和欧盟标准相比则不如其详细和科学。另外,两岸水产品鱼药限量在很大程度上和美国相一致,特别是台湾在制订水产品药物最大残留限量时参考了美国的标准。虽然中国大陆对某些药物的限量要高于美国,但在检验检疫技术上落后于美国,导致中国大陆水产品出口受阻。

第9章　两岸合作提升渔业国际竞争力的政策思考

在以上各章中,本研究在经验事实和相关理论的基础上,构建了渔业国际竞争力的理论分析框架和评价指标,并以此为分析范式实证分析了海峡两岸及各省渔业国际竞争力状况。本章将在新的时代背景下,提出大陆、台湾以及两岸合作提升渔业国际竞争力的政策思考。

9.1　两岸渔业合作的背景

9.1.1　ECFA 与两岸渔业合作

2010 年 6 月 29 日《海峡两岸经济合作框架协议》(ECFA)的签署掀开了两岸经贸合作崭新的一页,这无疑将进一步促进海峡两岸在渔业领域的合作,对进一步提升两岸渔业国际竞争力起到强有力的推动作用。ECFA 旨在加强和增进海峡两岸之间的经贸和投资合作,促进海峡两岸货物贸易和服务贸易进一步自由化,扩大经济合作领域以建立合作机制。合作措施包括逐步减少或消除海峡两岸货物贸易和服务贸易的限制性措施、提供投资保护以促进双向投资以及促进产业交流与合作等。其中,货物贸易的磋商包括但不限于关税减让或消除模式、海关程序、原产地规则、非关税措施及贸易救济措施;服务贸易的磋商包括逐步减少并消除双方涵盖众多部门的服务贸易的限制性措施、增进双方在该领域的合作、扩展服务贸易的深度与广度等;投资合作包括建立保障机制、提高透明度、减少相互投资的限制以及促进投资便利化等;经济合作包括金融合作、知识产权保护与合作、海关合作、电子商务合作、贸易促进及便利化、研究两岸产业布局和重点领域以推动在重大项目合作、协调双方在产业领域合作出现的问题、推动中小企业合作以提升竞争力以及推动两岸经贸社团互设办事机构等。其中涉及渔业的条款包括以下三个方面。

1. ECFA 与两岸水产品贸易

ECFA 在水产品贸易领域的合作协议较少,主要体现在附件一中列出的大陆方面早期收获产品清单中,该清单共 539 种商品,其中水产品仅 4 种(见表 9-1),而台湾方面的早期收获清单中则无水产品。

表 9-1　ECFA 早期收获清单中的水产品

序号	HS 编号	产品名称(简称)	2009 年进口税率(%)
1	03019999	其他活鱼	10.5
2	03026990	其他鲜、冷鱼	12.0
3	03037990	其他未列名冻鱼	10.0
4	03042990	其他冻鱼片	10.0

由表 9-1 可知,这 4 种产品均属于"鲜活冷藏冻鱼"类水产品,其中"其他活鱼"主要包括石斑鱼,"其他鲜、冷鱼"主要包括乌鱼,"其他未列名冻鱼"主要包括秋刀鱼,而"其他冻鱼片"则主要包括虱目鱼。石斑鱼、乌鱼和虱目鱼是台湾主要养殖水产品,而秋刀鱼则为台湾主要的远洋捕捞产品。这 4 种产品 2009 年的关税分别为 10.5%、12.0%、10.0%、10.0%,根据大陆的早期收获产品降税安排,4 类产品在 2012 年实现了零关税,这无疑是对海峡两岸水产品贸易乃至两岸渔业合作的又一大促进。

2. ECFA 与两岸渔业技术交流

ECFA 还列出了海峡两岸在服务贸易方面的开放承诺,包括金融服务业和非金融服务业。经过研究认为,在非金融服务业中的商业服务下的研究与发展服务业(大陆方面为 CPC851、852、853,台湾方面为 CPC8510)(见表 9-2)的早期收获部门计划将为两岸渔业在人力资源方面的合作提供支持。

从第 7 章的分析可知,台湾无论在单位渔船捕捞量、养殖单产还是在渔业劳动生产率方面都要高于大陆,台湾整体渔业技术水平要优于大陆,台湾科技人才在大陆开设这些领域的企业无疑对大陆渔业国际竞争力的提升起到了促进作用。另外,两岸渔业都面临着人才匮乏的困境,这阻碍了双方水产品国际竞争力的提升。在 ECFA 的带动下,两岸渔业科技人才的相互交流无疑可以对两岸渔业国际竞争力的提升起到促进作用。

表 9-2　与渔业有关的 ECFA 服务贸易早期收获清单

大陆方面		台湾方面	
部门或分部门	市场开放承诺	部门或分部门	市场开放承诺
研究和开发服务中的自然科学和工程学的研究和实验开发服务（CPC8510）	（1）没有限制 （2）没有限制 （3）允许台湾服务提供者在大陆设立合资、合作或独资企业,提供自然科学和工程学的研究和实验开发服务	研究与发展服务业（CPC851、852、853）	（1）没有限制 （2）没有限制 （3）允许大陆服务提供者在台湾以独资、合资、合伙及设立分公司等形式设立商业据点,提供研究与发展服务

服务提供模式:(1)跨境交付;(2)境外消费;(3)商业存在

3.ECFA 与两岸渔业投资

约翰·邓宁(J. H. Dunning)认为,外商直接投资对提升一国或地区的产业国际竞争力有重要的作用。渔业投资是两岸经贸关系中最重要的组成部分之一。ECFA 就建立投资保障机制、逐步减少双方相互投资的限制、提高投资相关规定的透明度以及促进投资便利化等事项进行了规定。

第 7 章的分析结果告诉我们,两岸在要素禀赋上互补:在初级生产要素上,如渔业自然资源和渔业劳动力资源上,大陆较台湾具有优势,而台湾则在渔业高级生产要素,如基础设施、人力资本和技术水平上较有优势。两岸之间的投资自由化是实现生产要素自由流动的重要方式之一。可见,虽然 ECFA 下两岸经贸合作的前景非常广阔,但在渔业领域的合作空间却不大。

9.1.2　两岸水产品贸易与两岸渔业合作

1.融合是第 3 章两岸水产品贸易的合作背景

从本书第 3 章 3.3.1 节的分析可知,两岸水产品贸易规模不断扩大,贸易结构不断分散,贸易依存度不断上升,表明两岸水产品贸易出现相互依赖的状况,逐步表现出"你中有我、我中有你"的融合态势。两岸水产品贸易的发展为两岸渔业进一步合作奠定了基础。

2.两岸水产品贸易的互补性

通过第 3 章 3.3.2 节对两岸水产品竞争与互补的研究可知,两岸水产品存在着很强的互补关系,主要表现为产业间互补:大陆的水产品种类主要集中在养殖鱼类产品、甲壳软体类动物以及水产品的深加工品,而台湾则以远洋捕捞的生鲜鱼产品为主。可见两岸水产品间存在着很强的互补性。另外,大陆的渔业以水产养殖业为主,主要的鲜活水产品有鳗鲡鱼、黄花鱼、克氏原螯虾、大闸蟹、海参、锯缘青蟹及甲壳软体动物等,而台湾则以远洋捕捞的剑鱼、鲣鱼、鲔鱼、鱿鱼等产品为主。为此,从鲜活类产品考察,两岸之间也存在着很大的互补空间。

9.1.3 内部产业因素与两岸渔业合作

从影响两岸水产品国际竞争力的内部产业因素分析,两岸仍然存在着巨大的合作空间。

1. 生产要素的优势互补

根据区位经济理论,区位因素可通过生产因素的流动来推动区域经济的发展,在生产要素自由流动的情况下,生产要素往往流向区位因素优越的地区,从而实现资源的优化配置。从第 7 章生产要素对两岸水产品国际竞争力的影响分析可以看出,大陆在渔业初级要素(自然资源、劳动力资源)上较台湾有优势,而台湾在渔业高级要素(基础设施、人力资本和技术水平)上具备优势,而在高级要素上大陆较台湾有"量"上的优势,却缺乏"质"上的优势,特别在渔业生产技术上,台湾要远远领先于大陆各省。两岸存在生产要素的上下游互补,具有广泛的合作空间。

2. 内部需求环境的互补

从本书第 7 章 7.2 节的分析可知,两岸内部需求环境的差异性归根结底是由经济发展水平的不同引起的。台湾在沿海各省份中人均 GDP 排名第一,这使得台湾水产品的消费量始终大于大陆。大陆虽然拥有人口数量上的优势,但在消费能力和消费水平上弱于台湾。另外,从水产品消费水平层面分析,大陆总体要低于台湾,但随着大陆经济的发展,福建、广东、浙江、上海、海南等省份的水产品消费量已超过台湾。大陆水产品消费更加关注数量上的满足,而台湾消费者更注重水产品的质量与风味,两者在水产品消费需求上互补。

3. 相关及支持性产业的互补

从相关及支持性产业角度分析,两岸在鱼饲料业上都拥有竞争优势,但从各省份的比较情况看,台湾地区的饲料业仍然名列前茅。台湾鱼饲料主要来源于远洋捕捞的加工品,两者存在互补。此外,得益于水产养殖业的快速发展,大陆水产品加工业发展快速,较台湾有优势,台湾水产加工品则以远洋速冻产品为主,两者存在互补。

4. 渔业发展战略的不同

从渔业发展战略上看(见本书第 7 章 7.4 节的分析),台湾有着发达的远洋捕捞业,在沿海各省份首屈一指,而水产养殖业又由于自然资源匮乏等原因而发展受阻。20 世纪 80 年代以来,大陆渔业一直奉行"以养为主"的发展战略,养殖业在大陆各省份的渔业发展中占据重要地位（浙江、海南除外），两者有着很强的互补性。这种渔业发展战略的不同是产品结构互补的源泉。台湾水产品主要以远洋捕捞产品为主，主要的水产加工品也主要以远洋捕捞产品的初加工和深加工品为主，如大西洋鲔鱼、鳕鱼、鬼头刀、比目鱼及曼波鱼等，而大陆水产品则来源于水产养殖产品及其加工品，主要以淡水产品、浅近海鱼类以及甲壳软体动物为主，如四大家鱼、黄花鱼、鳗鲡鱼、斑点叉尾鲴、武昌鱼等以及锯缘青蟹、南美白对虾、斑节对虾、克氏原螯虾、大闸蟹、牡蛎、文蛤、牛蛙等。产业结构的不同为两岸渔业合作提供基础。

9.1.4　外部环境因素与两岸渔业合作

1.国际市场机遇与两岸渔业合作

近年来，东盟市场成为两岸出口增长最快的市场，从本书第 8 章 8.1 节构建的 CMS 模型的结果看，国际关系对两岸水产品对东盟市场的出口影响巨大，两岸在东盟市场上的竞争力不断增强，但东盟市场需求的增长仍然是两岸对东盟市场出口增长的主要原因。两岸与东盟市场一体化程度的不断加深，为两岸在东盟市场进行渔业领域的合作奠定基础。

2.两岸渔业优势互补

两岸渔业主要是以水产养殖业为主，这有利于降低水产品深加工成本，提高深加工品产量，更有利于提高甲壳、软体类产品的产量。同时，养殖渔业较捕捞渔业在生产上具有更强的可控性，能根据市场需求快速地调整产品结构。然而，这种生产方式势必影响水产品的品质，同时容易引起药物残留超标等水产品质量安全问题。从第 8 章 8.2 节的分析可知，2012 年大陆对日本、美国和欧盟 3 大出口市场的水产品出口受阻事件高达 115 件，而台湾的受阻事件仅为 9件。水产品质量安全问题是大陆渔业面临的重要问题。

而台湾则以远洋捕捞业为主，对产品的可控性相对较差，很难对市场需求结构的变化做出及时调整。此外，随着公海渔业的管理和限制日趋严格，远洋渔业将面临新的挑战。在水产养殖方面，由于自然资源环境的制约，台湾水产养殖面积持续下降，这严重制约了该产业的发展。

大陆的优势正好是台湾的劣势，而大陆的劣势正好是台湾的优势，两者优势可以互补。

9.2　两岸合作提升渔业国际竞争力的政策思考

以上分析可知，两岸渔业的发展均存在问题，且存在优势互补，有着广阔的合作空间。以下本书将提出提升两岸渔业国际竞争力的政策思考,包括提升各自竞争力的思考,以及通过合作提升渔业国际竞争力的思考。

9.2.1 提升大陆渔业国际竞争力的政策思考

1.进一步实施水产品市场多元化的营销策略,开辟新的出口目标市场

第3章的分析表明,随着世界水产品需求市场的进口集中度不断下降,需求市场呈现多元化的特征。从出口分散度指数的分析结果可知,大陆水产品出口呈现多元化的特征,这也是大陆水产品提高市场竞争力、规避市场风险的保证。为此,进一步加强水产品多元化的营销策略,开辟新的出口目标市场,成为大陆进一步提升渔业竞争力的关键。如东盟市场的需求正逐步上升,大陆可利用东盟各国对水产品的不同消费偏好,向东盟各国出口种类多样、独具风味的水产品种类。

2.根据各目标市场的需求,展开水产品种类多元化的营销策略

由于大陆渔业以水产养殖业为主,能够根据市场需求的变化调整产品结构,因此,应时时把握各目标市场对水产品的消费需求,根据市场需求调整产品结构以满足目标市场需求。如美国市场偏好甲壳软体类动物,大陆可根据美国市场需求养殖南美白对虾等产品来迎合美国市场需求。

3.提升水产品的保鲜技术

生鲜水产品在世界市场的地位以及水产品深加工品在国际市场上的地位在不断提升,因此有必要加大对水产加工产业的科技投入,力求在水产品保鲜、深加工水产品风味保持等方面有新的突破,以提升竞争力,并降低成本。同时,国家应该鼓励高校食品加工学科与水产品加工企业建立长效的技术对接和人才对接机制,加快技术创新和人才培养。

4.加大对渔业人才的培养力度

本书第6章的研究结果表明,人力资本的匮乏是制约大陆渔业国际竞争力提升的主要原因。由于渔业是个艰苦的行业,大量东南沿海城市的年轻人不愿意从事这样一个艰苦而利润微薄的行业,从而导致渔业人力资本短缺。为此,加大对海洋类院校的投入力度,鼓励年轻人从事渔业生产活动成为我国渔业国际竞争力提升的关键。在机制设计方面,应该扩大渔业技术与管理专业的招生规模,提高渔业高水平技术与管理人员的工资水平,提高渔业专家的地位和收入水平。

5.加大渔业高级生产要素的投入力度

随着渔业资源的开发殆尽以及劳动力成本的不断上升,基础设施、人力资本、技术水平等渔业高级生产要素在渔业国际竞争力提升中的作用越来越重

要。为此,加大对渔业高级生产要素的投入是大陆未来渔业发展的关键。特别是远洋捕捞技术,目前我国远洋捕捞技术还相对落后,捕捞产量占渔业总产量的比重还很小。伴随着国家海洋战略的提出,我国渔业走向深海,着力开发国际渔业资源,是我国渔业未来发展的关键。远洋捕捞需要海洋渔业监测、海洋捕捞、水产品速冻、水产品加工等一系列先进技术的配套。因此,着力促进远洋捕捞配套技术的发展是提升我国远洋捕捞业竞争力的关键。

6.提高渔业组织化水平,形成渔业产业集群

渔业的相关与支持性产业对促进渔业国际竞争力的提升作用很大,特别是水产加工业,它是提高水产品附加值、延长水产品保鲜期的关键。为此,鼓励水产品加工业的发展,形成合理、高效的水产品加工业空间格局,形成渔业产业集群,是大陆渔业未来的发展方向。具体的对策包括:在水产养殖聚集区建立若干个水产品加工企业,保证原材料的来源,并构建养殖业专业合作组织,以合作组织为纽带与水产加工企业保持长效合作,保证生鲜产品从养殖户到加工工厂的流通效率。以加工业为核心,带动水产养殖业发展,是渔业竞争力进一步提升的关键。

7.加大水产品质量安全的监管力度,形成有效的水产品监管体系

由于水产品的主要进口市场是发达国家,并有着很高的准入门槛,而大陆分段式监管所导致的"碎片化"问题造成部门之间的(利益)争夺和(责任)推诿,食品安全监管各环节之间的职责很难彻底划分清楚。这已成为大陆提升水产品安全水平的重要阻碍。因此,加大水产品质量安全的监管力度、形成有效的监管体系成为未来政府的工作重点。这一点可以向台湾的监管体系学习,精简监管部门,明确各部门的职责范围,让各部门在《食品安全法》的基础上严格按照各自的法规体系实行水产品质量安全监管。

8.各省份根据自身渔业发展特点制定不同的渔业发展战略

由上文分析可知,由于大陆地域辽阔,气候多样,各省份的自然资源、劳动力资源、特色水产品种类不同,造成其渔业发展状况也不同。因此,各省份可根据自身特点,制定不同的渔业发展战略,提升渔业国际竞争力水平。

山东和福建由于其海岸线弯曲,海水养殖条件优越,海水养殖业发达,其海水养殖在渔业中的比重占到 50% 以上。因此,两省要着力发展海水养殖业,生产有地方特色的海参、鲍鱼、黄花鱼、锯缘青蟹等产品。而江苏、天津和内陆省份得益于其丰富的淡水资源,淡水养殖业较为发达(淡水养殖产量分别占到渔业总产量的 63.14%、85.98% 和 91.37%),因此,这些省份应大力发展淡水养殖业,可根据各省自身特点生产独具特色的水产品。如江苏水资源丰富,可大力生产大闸蟹、鳙鱼、青鱼等淡水产品;而新疆则可充分利用其火山冷水鱼资源

丰富的特点,生产风味独特的淡水鱼产品,并着力发展休闲渔业。另外,上海市捕捞技术先进,其远洋捕捞业发达,但作为"寸土寸金"的大都市,自然资源是其渔业发展的短板,因此,可考虑大力发展远洋捕捞渔业。浙江得益于舟山渔场,海水渔业资源丰富,但近些年舟山渔场由于过度捕捞,渔业资源枯竭,因此,保护舟山渔业资源,开发海洋休闲渔业是浙江省提升渔业竞争力的关键。另外,辽宁、天津、河北和山东等环渤海省份可充分利用渤海湾渔业资源,大力发展"海洋牧场",保护和开发渤海湾水产资源。

9.2.2　提升台湾渔业国际竞争力的政策思考

1. 加大对渔业人力资本的投入

与大陆相同,人力资本的匮乏是制约台湾渔业国际竞争力提升的重要因素。由于渔业是个艰苦的行业,许多台湾年轻人不愿意从事这个艰苦的行业,因此,加大对渔业人才的投入力度,鼓励年轻人从事渔业生产活动成为台湾渔业国际竞争力提升的关键。

2. 积极与大陆合作,加大对渔业产业结构的调整力度

台湾渔业的发展瓶颈归根结底还是在于自然资源枯竭所引起的渔业产业结构发展不平衡,因此,调整产业结构成为台湾渔业未来发展的关键。但渔业资源的短缺、水产养殖环境的恶化等问题,导致台湾渔业产业结构调整空间有限。因此,建议台湾方面积极与大陆合作。大陆发达的水产养殖业、丰富的渔业资源以及公海的捕捞配额优势可为台湾渔业发展带来新机遇。

9.2.3　两岸渔业合作提升竞争力的政策思考

伴随着《海峡两岸经济合作框架协议》(ECFA)的签署,两岸水产品贸易呈现出爆发性增长的势头。因此,探讨如何通过合作提升两岸渔业国际竞争力成为亟待解决的问题。本书在研究海峡两岸渔业国际竞争力的基础上提出ECFA框架下两岸渔业合作的若干思考。

1. 海峡两岸在水产品贸易领域合作的思考

(1)扩大 ECFA 早期收获清单的水产品范围

从对水产品消费对海峡两岸渔业国际竞争力影响的分析可知,大陆更注重水产品消费的绝对数量,而台湾则注重水产品的质量和风味。大陆发达的水产养殖业正好可以满足台湾消费者对水产品风味的需求;台湾也可通过向大陆销售远洋捕捞产品,解决其水产品滞销问题。而目前 ECFA 台湾方面的早期收获

清单没有涵盖水产品①。因此,扩大 ECFA 早期收获清单的水产品范围成为两岸共同提升渔业国际竞争力的关键。台湾方面的早期收获清单应涉及黄花鱼、斑点叉尾鮰、翘嘴红鲌、海蛎、海蛏、花蛤等养殖类水产品,以满足台湾岛内的消费需求;而大陆方面的清单应包含乌鱼、旗鱼、鲔鱼、剑鱼、鱿鱼等远洋捕捞产品以及石斑鱼、虱目鱼等台湾特色养殖产品,在满足大陆民众日益增长的水产品需求的同时也解决台湾远洋捕捞产品的滞销问题。

(2)加强双方在检验检疫领域的合作

从第 8 章的分析结果可知,大陆在水产品监管体系和限量标准方面都低于台湾和其他出口目标市场。而"非关税措施"是 ECFA"货物贸易的磋商"的重要内容之一。双方应在 ECFA 框架下加强在这一领域的磋商,制订单项协议,从水产品检验检疫领域实施便捷有效的监管措施并简化检验程序开始,而后建立一致的水产品质量安全限量标准,最后建立统一的质量安全监管体系以最终消除内部贸易壁垒,为水产品自由贸易区的建设奠定基础。同时,大陆可通过"干中学"提升水产品质量安全监管水平,这对于提升大陆渔业国际竞争力将有巨大的推动作用。另外,由第 8 章分析可知,国际市场需求对两岸双方水产品出口均呈现长期的拉动作用,因此,在制订统一标准时应更加注重参考主要出口市场水产品的相关标准,如日本、美国和欧盟的水产品限量标准。

2. 海峡两岸在渔业投资领域合作的思考

从以上分析可知,大陆在渔业自然资源等初级生产要素上较台湾有优势,而台湾则在技术水平上远优于大陆各省份,两岸渔业合作还存在规模较小的问题。因此,两岸应继续拓宽与加强在渔业投资领域的合作,从所谓的"台湾接单、大陆生产、互利共荣"(黄炳文、施孟隆,2004)的全球布局基本理念出发,在ECFA"建立保障机制、提高透明度、减少相互投资的限制"的总目标的基础上,发挥台湾在种苗研发、养殖技术和水产品品牌方面的优势,获取国际订单,再利用大陆丰富的劳动力资源和水产养殖资源,生产品质优良、价格低廉、独具风味的产品,销售至全球各地。另外,模型的研究结果表明,渔业相关与支持性产业的发展对两岸渔业国际竞争力提升均起到重要的推动作用。因此,以台资企业为核心,利用其技术溢出效应,横向和纵向拓展产业链,加强产业链分工和整合,促进产销联盟,形成渔业产业集群成为两岸渔业国际竞争力提升的关键。

3. 海峡两岸在渔业人力资本领域合作的思考

从第 7 章的分析可知,两岸双方均面临着渔业人力资本匮乏、人才短缺的问题,这阻碍了两岸渔业国际竞争力的进一步提升。ECFA 规定了研究与开发

---

① 参见 ECFA"早期收获清单"http://www.gov.cn/jrzg/2010-06/29/content_1640769.htm。

服务的开放措施,但该协议仅停留在人力资本的自由流动上,且台湾民进党还想方设法阻碍两岸服务贸易协定的签署,这显然不利于台湾渔业的发展。因此,应在 ECFA 框架下进一步简化人才流动程序,在加强人力资本自由流动的同时,两岸双方应加强水产院校的交流与合作,在双方政府的牵头下,签订渔业人才共同培养的单项合作协议,共同培育两岸渔业科技与管理人才,这才是两岸渔业长远发展的需要。

4.海峡两岸在水产养殖业领域合作的思考

目前,两岸水产养殖业方面的合作主要为在吸引台商在大陆投资的基础上,经过消化、吸收、创新和推广,提升大陆水产养殖业的国际竞争力。虽然台湾的养殖业技术水平要远高于两岸其他省份,但受到自然资源、渔业劳动力短缺的限制,其技术优势难以充分发挥,而通过对大陆直接投资台湾可发挥在技术水平上的优势。但目前由于投资环境问题,台湾向大陆的水产养殖业投资还存在规模小的现状。因此,大陆应加强对渔业外部经济环境的管理,改善渔业产业链整合的环境,从而诱导微观经济主体进行自主性的创新活动。具体的措施有:通过建立渔业合作社,规范水产养殖业的管理,并着力扶持一批有实力的龙头企业,带动水产养殖业国际竞争力的提升。另外,从第8章的研究可知,大陆水产品质量安全存在多头管理的监管体制,质量安全法规标准体系上则出现制定部门分散、政出多门,在技术指标上难以协调统一的现象,这给两岸渔业合作带来了一个不良的外部环境。因此,实施渔业标准化管理,完善监管机制,并在此基础上建立完善的水产品质量安全法律、法规与标准体系已成为大陆吸引台商投资、提升自身竞争力的关键。而台湾应从自身渔业发展的实际情况出发,在 ECFA"建立保障机制、提高透明度、减少相互投资的限制"的总目标的基础上,适当缩减不允许对大陆投资的特别技术项目,鼓励台商对大陆的投资以提升水产养殖业的国际竞争力。

5.海峡两岸在沿、近海捕捞渔业领域合作的思考

从第7章的分析可知,海峡两岸都存在环境污染和过渡捕捞等问题,造成了近海渔业资源的衰退。另外,两岸还共同面临着东海和南海的渔业争端。为此,保护台湾海峡、东海和南海的渔业资源、制定渔业资源保护和开发方案成为双方沿近海渔业可持续发展、共同应对危机的关键。而目前两岸在这方面的合作仅体现在民间和科研院校之间的交流与合作,缺乏官方领域的合作,从而不能有效地保护台湾海峡的渔业资源。为此,本书在 ECFA 第三章第六条"研究两岸产业布局和重点领域以推动在重大项目合作"的总目标的指导下提出如下思考。

（1）两岸应共同调查台湾海峡、东海和南海的渔业资源

双方科研机构可联合展开对台湾海峡两岸渔场和海盆地区生态环境、渔业资源、各种海洋动植物的种群动态、群落变动特征的调查工作，为建立台湾海峡、东海和南海渔业资源的保护政策奠定坚实的生物、生态学基础。这方面的工作已初步展开，还需进一步深入。

（2）两岸可建立双方渔业管理执法人员的互访机制

建立双方渔业管理执法人员的互访机制和海上执法的互信机制是解决渔业纠纷的最佳途径，同时也为共同保护两岸渔业资源、共同应对海洋争端打下基础。

（3）联合展开海洋生态环境的监测和预警工作

双方可合作展开重要经济种苗的放流与管理工作，如大黄鱼、虻目鱼、石斑鱼以及锯缘青蟹等，保护双方共同的渔业资源，并在此基础上联合展开台湾海峡、东海和南海的海洋生态环境的监测和预警工作。

（4）共同制定长效的渔业资源的保护方案，应对渔业争端

在共同调查渔业资源、建立互信互访机制以及海洋放流和海洋污染的检测预警工作的基础上，双方可共同制定长远的海峡两岸渔业资源保护方案，并在ECFA框架下共同制定长期有效的台湾海峡、东海和南海渔业资源监测、监管、管理以及共同应对周边国家海洋渔业争端的单项协议，并建立相应的监管机制。

6. 海峡两岸在远洋捕捞渔业领域合作的思考

从上文分析可知，远洋捕捞业是台湾渔业的支柱，无论在生产规模还是在技术水平上均处在世界领先的水平。另外，从第 7 章的研究结果可知，虽然大陆在渔船拥有量上要优于台湾，但渔船的现代化水平要远低于台湾。可见，大陆的远洋捕捞业还处在起步阶段，但其优势在于其为许多渔业组织的成员，拥有广阔的国际政治空间和丰富的劳动力资源。目前，大陆对台远洋渔工的输出是两岸远洋渔业领域现有的主要合作方式。但长期以来，大陆赴台劳工面临着权益得不到有效保障的问题，如基本生活得不到保障，工资偏低，劳保、卫生条件缺失，以及虐待、打骂等恶性事件时有发生等。产生这些问题的主要原因是，《海峡两岸渔船船员劳务合作协议》中没有指导性的工资条款，更没有具体规定渔工医疗保险实施的方式等。另外，为了保证大陆渔工的权益，目前商务部对对台劳工输出公司有严格的规定，仅规定了 11 家公司有权从事对台渔工输出业务。虽然该规定的出发点是好的，但负面效应同样显而易见：一些想赴台的渔工只好通过非法的中介机构赴台，从而导致渔工权益受损。这就需要两岸进一步签署服务贸易协议予以解决。但两岸服务贸易协议签署陷入了僵局，这不

利于两岸在该领域进行深入的合作。因此,在 ECFA 时代,为了进一步提升两岸远洋渔业的国际竞争力,本书提出以下两条建议。

(1)尽快签署两岸服务贸易协议,完善大陆赴台渔工的社会保障制度

两岸双方应加紧步伐,打破服务贸易协议谈判的僵局,并修改、完善《海峡两岸渔船船员劳务合作协议》,补充该领域的单项合作协议,从而提高大陆赴台渔工的人身和社会保障。为此,大陆可从实际情况出发,允许有权从事对台渔工输出业务的公司以委托关系的形式委托经办公司具体操办此项业务,但责任仍由原公司承担。这样既可使两类公司共赢,又解决了从事该项业务的公司数量太少的问题。

(2)鼓励台商投资大陆远洋渔业

从第 7 章的分析可知,大陆远洋渔业发展水平相对滞后,而台湾该产业则相当发达,但缺少国际政治空间,此外,台商在该领域的投资相对较少。因此,在后 ECFA 时代,两岸可创新在该领域的合作,吸引台湾在大陆投资,利用大陆在公海的捕捞配额优势和劳动力资源的优势,加上台湾先进的远洋捕捞的技术优势,联手开发国际资源,共同提升在该产业的国际竞争力。

7.各省份可根据自身情况开展对台渔业合作

大陆沿海各省份的渔业国际竞争力状况不同,可根据本地区的优势和劣势开展对台渔业合作。

福建海洋养殖业较为发达且与台湾共同拥有台湾海峡,因此,可根据水产养殖业的合作策略以及台湾海峡的渔业合作策略开展对台渔业合作;另外,还可以沿近海渔业领域的合作策略为指导,开展在台湾海峡渔业资源保护和利用上的合作。浙江沿近海渔业较为发达,可根据沿近海渔业领域的合作策略开展对台东海渔业合作,共同保护东海,乃至钓鱼岛的渔业资源。上海的远洋渔业较为发达,可重点开展对台远洋渔业合作,具体可利用其经济和地理上的优势,通过吸引内陆其他省份的廉价劳动力资源来沪从事远洋渔业工作,降低劳动力成本;采用入股的方式,积极和台湾远洋渔业公司合作,充分吸收台湾在远洋捕捞技术和管理上的经验,提升远洋渔业竞争力水平。广西、广东和内陆省份由于劳动力资源丰富,可根据自身优势,鼓励台商在省内投资,引进台湾先进的养殖和捕捞技术,利用其劳动力优势,发挥台资企业的技术溢出效应,实现互利共赢,具体的合作方式可参考两岸渔业投资领域的合作策略。海南省有着独特的旅游资源,并有着广阔的南海资源,积极开展与台湾在南海海域的合作是其提升竞争力的关键。具体可先以共同保护南海渔业资源为出发点进行合作;再以在南沙群岛建立共同渔港的方式进行渔业合作,共同开发南海渔业资源;发展休闲渔业活动,保护南海渔业资源;建立南海渔业产品集散中心,以该中心为平

台,将水产品销售到东南亚以及全球市场。

8.海峡两岸在国际市场上的渔业合作策略

(1)两岸合作共同投资开发第三方市场

上文分析表明,随着世界水产品出口新兴市场的逐步形成,海峡两岸均面临着激烈的市场竞争,这也是两者出口市场结构日益均匀化的重要原因之一。然而,这在带来挑战的同时也带来了机遇,世界水产品出口新兴市场大多为发展中国家(如东盟和南美各国),有着吸引外资的需求。另外,邓宁认为,人均GDP 超过 4750 美元的国家或地区,对外直接投资的力度明显加强。2012 年大陆与台湾的人均 GDP 分别达到 6075.88 和 20670.56 美元,均超过邓宁 4750美元的标准,都有着对外投资的需求。因此,两岸可联手投资开发境外渔业资源,在 ECFA 经济合作框架下补充"联合开发国际渔业市场"的单项协议,协议的具体内容可包括设立"两岸渔业共同基金"、投资第三方渔业基础设施、在境外建立共同的渔业贸易合作区等。

(2)根据国际市场需求制定差异性的营销策略

虽然两岸水产品在出口市场结构上表现出很强的相似性,然而产品结构的互补使得市场结构相似这一不利条件转化成双方可以合作共同开发海外市场的有利契机。以上研究表明,两岸的出口目标市场日趋多元化,台湾正逐步开发那些处于较快发展阶段但尚未被开发或未被充分开发的市场,大陆也致力于开拓诸如欧盟、东盟等市场,这一状况使得两岸可以以全球布局的眼光展开水产品贸易领域的合作,在 ECFA 第三章第六条"推动中小企业合作以提升竞争力以及推动两岸经贸社团互设办事机构"经济合作框架卜升展国际市场营销领域的合作协议的磋商,协议应着眼于国际市场需求结构,根据两岸水产品结构互补的特点进行合作,根据不同市场的需求状况合作展开差异性的营销。

为了深入考察双方在各细分市场的合作方式,本研究将以两岸主要出口市场(日本、美国、韩国、东盟和欧盟以及我国香港地区)为例,探讨两岸在各个市场上的具体营销策略。

1)日本市场的营销策略

上文分析表明,日本市场是两岸水产品重要的出口目标市场,但 2006 年日本出台"肯定列表制度",提高了准入门槛,导致两岸对日出口额下滑。从表 9-3可知,日本市场进口比重最高的两类产品为"鲜活冷藏冻鱼"和"鲜冷等甲壳软体类",2012 年这两类产品占到日本水产品进口总额的 74.29%,其中以"鲜活冷藏冻鱼"的需求量最大,占到日本水产品进口额的 48.02%。另外,"甲壳软体制品"的比重也表现为上升状态,从 2010 年的 8.66% 上升到 2012 年的 9.22%。因此,为了扭转对日出口颓势,两岸应加强对这 3 类水产品的出口,特别是加大对正处于需求上升期的"甲壳软体制品"的出口。另外,日本对烤鳗的需求量很大,大陆又在该产品对日出口中处于卖方垄断地位,两岸可根据自身优势加强该产品对日出口合作,例如,台湾可培育优良的鳗鲡鱼种苗,而大陆负责生产和加工等。同时双方应加强检验检疫领域的合作,共同应对日本的"肯定列表制度"。

表 9-3   2012 年两岸主要出口目标市场水产品进口结构(%)

国家和地区	鲜活冷藏冻鱼	干熏腌鱼	鲜冷等甲壳软体类	鱼制品	甲壳软体制品	鱼油脂	鱼粉浆渣	珊瑚贝壳和海绵	水生植物及产品	不可食用品
日本	48.02	1.64	26.27	10.39	9.22	0.50	1.94	0.05	1.57	0.39
美国	39.33	1.62	34.26	10.32	12.43	0.66	0.34	0.10	0.71	0.23
韩国	53.68	1.76	29.86	2.79	8.52	0.66	1.82	0.10	0.66	0.14
中国香港	23.87	12.02	49.17	5.58	9.22	0.02	0.02	0.05	0.08	0.09
东盟	62.00	1.91	18.40	6.19	3.20	1.48	4.63	0.12	1.21	0.85
欧盟	47.32	3.96	23.23	13.96	6.25	1.94	2.51	0.11	0.41	0.30

2)美国市场的营销策略

与日本市场相同,美国水产品进口同样以鲜活产品为主,曾一度占到水产品进口总额的80%以上。然而不同的是,甲壳软体动物及制品的需求更加旺盛。2012 年,"鲜冷等甲壳软体类"和"甲壳软体制品"两类产品占到美国市场进口总额的46.69%,这也是以生鲜鱼产品为出口导向的台湾对美出口额呈现不断下滑态势的重要原因,而在甲壳软体类产品上有竞争优势的大陆对美出口额不断上升。为此,台湾应发挥其在贝苗上的育种能力,在大陆进行生产加工,而后出口到美国市场。

3)韩国市场的营销策略

在韩国市场,"鲜活冷藏冻鱼"和"鲜冷等甲壳软体类"两类鲜活产品的进口占绝对优势,2012 年占到进口额的83.54%,其中"鲜活冷藏冻鱼"的比重最大,占到进口额的53.68%。生鲜鱼类产品为两岸共同的出口优势产品。为此,在韩国市场,两岸应该在产品结构上进行有效的调整,避免内部竞争。例如,大陆可向韩国市场提供黄花鱼、罗非鱼、海蜇、文蛤、锯缘青蟹等优势养殖产品,而台湾可向韩国出口其优势远洋捕捞产品鱿鱼、大目鲔等,以及优势养殖产品虱目鱼、石斑鱼等。

4)我国香港地区市场的营销策略

与其他市场不同,"鲜冷等甲壳软体类"产品在香港市场的进口比重最大,2012 年占到水产品进口总额的49.17%,占据绝对优势。而大陆在该类水产品的出口上较具优势。因此,大陆可利用台湾先进的水产养殖和育苗技术开拓香港市场。另外,相比其他市场,香港市场进口需求还有其独特性,即初级加工品"干熏腌鱼"的进口比重较大,2012 年的比重为 12.02%,香港市场是世界该类水产品的主要进口市场。为此,两岸可将国际市场需求量相对较低的该类产品出口到香港市场,同时可根据各自优势,出口品种不同的产品。

5)东盟市场的营销策略

前文的分析表明,随着东南亚经济的不断发展,以及地缘、政治等因素的影响,东盟正逐步取代日本,成为两岸水产品最重要的出口目标市场。因此,两者在该市场的合作是未来工作的重点。由表 9-3 可知,东盟市场"鲜活冷藏冻鱼"的进口占绝对优势,2012 年占到进口总额的 62.00%;另外,与其他市场不同的是,东盟市场对水产品深加工品的需求不旺盛,2012 年"鱼制品"和"甲壳软体制品"两类深加工品仅占进口总额的 9.39%。总的来看,东盟各国对"鲜活冷藏冻鱼"类水产品的需求较大。上文分析表明,由于产业结构的差异,两岸在该类水产品上存在产品结构的互补,大陆在鳗鲡鱼、黄花鱼等养殖水产品上有比较优势,而台湾则在大西洋大目鲔鱼、鱿鱼和剑鱼等远洋捕捞产品上表现出竞争优势。两岸可根据自身优势加强内部合作共同开发东盟市场。另外,大陆对东盟各国出口的主要目标市场为印尼、马来西亚和新加坡,而台湾则为越南、泰国与马来西亚。因此,两岸在东盟市场上,无论是在产品结构还是市场结构上都存在互补。两岸可根据自身优势加强内部合作共同开发东盟市场。

6)欧盟市场的营销策略

与其他市场相同,生鲜水产品在欧盟市场的进口中占有绝对优势,2012 年比重达 70.55%。在深加工品方面,"鱼制品"的比重要高于"甲壳软体制品",2012 年两类产品比重分别为 13.96%和 6.25%。虽然欧盟是全球最大的水产品进口市场,然而由于地理位置阻隔,两岸对欧盟市场的水产品出口额较低。近些年,台湾对欧盟市场的出口额出现下滑是因为台湾远洋渔业受到大西洋鲔鱼国际保育委员会(ICCAT)的制裁,大西洋大目鲔的配额由 2001 年的 16500 吨删减为 2006 年的 4600 吨,这使台湾大目鲔产量减少 10%,从而导致台湾从大西洋出口到欧盟的水产品数量急剧减少。反观大陆,由于欧盟对生鲜水产品需求增加、水产品保鲜技术进步等因素,大陆水产品对欧盟市场的出口额出现快速增长的势头,从 2001 年的 0.06 亿美元攀升到 2013 年的 1.95 亿美元,后者是前者的 32.5 倍。可见,与香港市场的营销策略类似,大陆可利用台湾先进的水产养殖和育苗技术开拓欧盟市场。然而,由于运输成本及市场准入门槛较高等问题,两岸可不必率先开发该市场。

9.3　本章小结

　　本部分在上文研究的基础上,基于两岸渔业合作的背景,提出了提升两岸渔业国际竞争力的政策思考,包括提升大陆与台湾渔业国际竞争力的政策思考以及两岸渔业合作的政策思考。两岸渔业合作的开展(如劳工合作、投资合作、国际市场合作等)有很大部分需要依赖于两岸服贸协议的签署。为此,希望两岸服贸协议的僵局能早日被打破。

第10章 主要结论与展望

10.1 主要结论

通过本书的系统研究,得出以下结论:

(1)无论从哪个角度分析,大陆渔业国际市场竞争力均表现为上升趋势,具备竞争力的水产品种类越来越多,而台湾的竞争力则有所下降,且具备竞争力的产品种类较少,主要集中在鱼类产品上。从两岸各省份的情况比较来看,台湾渔业国际竞争力在沿海各省份中的排名不断下降,列沿海各省份的7~8位,与河北省相当。

(2)从渔业国际竞争实力的分析结果可知,大陆较台湾具备价格优势的水产品种类要多,但一些水产品的价格优势正逐步丧失,而台湾水产品的价格优势则在不断增强,具备价格优势的水产品种类也不断增加;另外,从各省的比较看,台湾水产品出口均价最低,较具价格优势。但从质量竞争力层面考察,大陆在国际市场上质量升级指数上升的产品种类要多于台湾,上升的幅度也大于台湾,从两岸各省份来分析,除海南和广西外,其他各省份(包括台湾省)水产品的质量优势均在不断增强,而台湾水产品质量优势提升速度不如大陆绝大多数省份。可见,大陆水产品在国际市场上较台湾拥有更强的质量竞争优势。

(3)从渔业国际竞争力的内部产业因素的比较看,大陆在初级生产要素上较台湾有优势,但随着资源的开发,大陆也面临着资源匮乏的局面,而大陆各省份在渔业高级生产要素上要远落后于台湾;大陆在水产品的消费能力上要弱于台湾,大陆消费者注重水产品的消费数量,而台湾消费者则关注消费质量;从相关和支持性产业比较上看,台湾的饲料业要发达于大陆,但水产加工业停滞不前,排在各省份的末位;从渔业发展战略上考察,大陆"以养为主"的发展战略使得大陆成为世界渔业产量最高的地区,而台湾的远洋捕捞业则受到公海管制和渔业资源贫乏的限制。

(4)从计量模型分析的结果看,随着养殖技术水平的进步、渔业自然资源的衰减以及渔业现代化步伐的加快,得益于渔业发展战略的正确选择,渔业高级生产要素、水产品消费、渔业的相关和支持性产业等因素对大陆渔业国际竞争力的提升作用明显,而初级生产要素的拉动作用则较小。此外,大陆面临着渔业人力资本匮乏的困境。与大陆情况相同,随着渔业现代化步伐的迈进,渔业资源日益枯竭,高级生产要素、上下游相关产业以及养殖业所占比重对台湾渔业国际竞争力的作用越来越大,而渔业初级要素的作用日益弱化,同时,渔业人才的匮乏也成为阻碍台湾渔业国际竞争力不断提升的关键因素。但由于台湾在产业结构上的缺陷,台湾水产品消费量不断下滑,而养殖资源的紧缺成为台湾渔业发展战略调整的关键。

(5)国际关系对两岸水产品出口的影响巨大。实证研究表明,日本市场提高检验检疫标准会使两岸水产品出口向东盟市场转移,东盟市场需求的增长和关税的减让也会使得大陆水产品在该市场的竞争力增强,但影响渔业国际竞争力的主要因素还是内部产业因素。大陆对水产品质量安全采取多部门分段式的监管模式,各部门的水产品质量安全标准也不尽相同。该模式所导致的"碎片化"问题造成部门之间的(利益)争夺和(责任)推诿,这也成为阻碍其水产品国际竞争力提升的关键因素。而台湾监管部门则权责明确,部门法规制定有序,保证了水产食品的质量安全。

(6)根据资源禀赋理论、区域经济一体化理论及农业区位理论,结合前文的分析结果可知,两岸渔业存在广泛的合作空间。为此,本书提出两岸渔业合作的对策,包括扩大 ECFA 早期收获清单的水产品范围、检验检疫领域的合作、渔业投资领域的合作、人力资本领域合作、水产养殖领域的合作、渔业资源与环境领域的合作、渔业劳工领域的合作、在国际市场上的合作等。

10.2　展望

鉴于两岸渔业的发展背景,笔者认为,未来两岸渔业合作研究中,存在三个需重点关注、深入研究的问题。

10.2.1　两岸政策对海峡两岸渔业交流与合作的影响

两岸政策深刻影响着两岸渔业的交流与合作。近年来,两岸的政治和经济关系发展不稳定,ECFA 的早期收获清单和 ECFA 渔业领域的单项合作协议没有及时展开,"反服贸抗争"事件使得两岸服务贸易协议签署搁置;特别是民进党成为台湾地区"执政党"以来,原本积极的两岸关系发展受阻,ECFA 的推动作用大打折扣。为此,两岸政策、两岸政治、经济关系的走向将深刻影响两岸渔业合作。

10.2.2　海峡两岸休闲渔业的交流与合作

两岸均拥有美丽的沿海和海岛风光,有着丰富的观赏鱼资源,台湾在基隆、澎湖、兰屿、绿岛等地均建立了集生产、旅游、观光于一体的渔港旅游休闲区,以活跃渔区经济,使原本已近黄昏的台湾沿近海渔业起死回生。而大陆则在这方面落后于台湾。在两岸深化融合背景下,如果两岸能充分利用投资与经贸合作,共同发展休闲渔业,横向拓展渔业产业链,那么无疑是对渔业经济的又一大促进。深入研究休闲渔业对渔业发展的影响是两岸渔业国际竞争力问题研究的一个关注点。

10.2.3　海峡两岸渔业组织的交流与合作

台湾渔业的组织方式是以渔业协会(简称"渔会")为生产经营组织单位。渔会是以保障渔业权益和渔民利益为目标的非官方性渔业自律组织。台湾渔会有着近百年的发展历史,制定了较为完善的渔会法律法规,建立了系统的组织体系和健全的组织职能。台湾渔会的会员包括甲类会员、乙类会员和赞助会员,组织职能包括金融职能、服务职能、经济职能等。大陆渔业组织起步较晚,但发展较为迅速。然而,相比于较为成熟的台湾渔业协会,大陆的渔业组织还存在一定的差距。因此,在供给侧结构性改革背景下,两岸渔业组织的交流与合作是未来两岸渔业合作的研究热点之一。

参考文献

Abd-El-Rahman K. Firms' competitive and national comparative advantages as joint determinants of trade composition [J]. Weltwirtschaftliches Archive, 1991,127(1): 83-97.

America. CFR/2012/title21/ChapterI, subchapter E-Animal drugs, feeds and related products[M]. Washington: United States Government Printing Office, 2012.

Ark B V. Productivity and competitiveness in manufacturing: A comparison of Europe, Japan and the United States [M]// Wagner K, Ark B V. International Productivity Difference: Measurement and Explanations, Contributions to Economic Analysis. 23-52. Amsterdam: Elsevier,1996.

Asche F, Tveteras S. On the relationship between aquaculture and reduction fisheries [J]. Journal of Agricultural Economics, 2010, 55(2): 245-265.

CAC. Codex Alimentarius Commission Maximum Residue Limits for Veterinary Drugs in Foods[S]. CAC/MRL, 2011 (2): 1-36.

Cai J, Leung P. A Review of Comparative Advantage Assessment Approaches in Relation to Aquaculture Development[M]. Oxford: Blackwell Publishing, 2007.

Carmichael E A. Canada's Manufacturing Sector: Performance in the 1970s [R]. Ottawa: Conference Board in Canada, Canadian study, No. 51. 1978.

Cho D S. A dynamic approach to international competitiveness: the case of Korea [J]. Journal of Far Eastern Business, 1994, 1(1): 17-36.

Drysdale P. Japan's approach to Asia Pacific economic cooperation [J]. Journal of Asian Economics, 1998, 9 (4): 547-554.

Dunning J H. The competitive advantage of countries and the activities of transnational corporations[D]. Newark: Rutgers University, 1992.

Duren E, Martin L, Westgren R. Assessing the Competitiveness of Canada's Agrifood Industry[J]. Canadian Journal of Agricultural Economics/revue Canadienne Dagroeconomie, 2010, 39(4): 727-738.

European Commission. COUNCIL REGULATION(E)EC No 2377/90 of 26 June 1990 [S]. Official Journal of the European Union, 1990 (224): 1-8.

Fischer C, Schornberg S. The competitiveness situation of the EU meat processing and beverage manufacturing sectors [J]. Acta Agriculturae Scandinavica, 2007, 4 (3): 148-158.

Fontagné L, Freudenberg M. Intra-industry trade: Methodological issues reconsidered [D]. CEPII Working Paper, 1997.

Greenway D. The competitive advantage of nations by Michael E. Porter [J]. Kyklos, 1993, 46(1): 145-146.

Greenaway D, Hine R. Milner C. Country-Specific factors and the pattern of horizontal and vertical intra-industry trade in the UK [J]. Weltwirtschaftliches Archive, 1994, 130(1): 77-100.

Hart J A. Rival Capitalists. International Competitiveness in the United States, Japan and Western Europe [M]. London: Cornell University press, 1992.

Hayenga M, Seim D, Jane M, et al. Global competitiveness of the U. S. pork sector [C]. Staff General Research Papers Archive. Ames: Department of economics Iowa State University, 1998.

Hong H P, Kim B T. Industrial competitiveness analysis among major aquaculture products and farming types in Korea[J]. Kmi International Journal of Maritime Affairs & Fisheries, 2010,2(1): 23-39.

Jorgenson D, Kuroda M. Productivity and international competitiveness in Japan and the United States, 1960-1985 [M]// Hickman B G. International Productivity and Competitiveness. 210-211. New York: Oxford, 1992.

Josupeit H, Lem A, Lupin H. Aquaculture Products: Quality, Safety, Marketing and Trade[C]. NACA/FAO Book of Synopses. International Conference on Aquaculture in the Third Millenium, February: 20-25, 2000, Bangkok, Thailand.

Leamer E E. Source of International Comparative Advantage, Theory and Evidence [M]. Cambridge: The MIT press, 1984.

Lem A, Marzio M D. The world market for salmon[J]. FAO/Globefish Research Programme, Rome, 1996, 44: 71.

Love G, Langenkamp D. Import Competitiveness of Australian Aquaculture[R], Canberra: ABARE Report to the Fisheries Resources Research Fund, 2002.

Lundberg L. Technology, Factor Proportions and Competitiveness[J]. Scandinavian Journal of Economics, 1988, 90(2): 173-188.

Metcalfe M R. Environmental regulation and implications for competitiveness in international pork trade[J]. Journal of Clinical Hypertension, 2009, 11 (3) : 153-154.

Pavlovich K, Akoorie M. Cluster analysis: Mapping the Nelson seafood industry[J]. University of Auckland Business Review, 2005, 7(2): 55-63.

Rugman A M, D'Cruz J R. The Double Model of International Comprtiveness[J]. Management International Review, 1993, 33(2):17-39.

Salvacruz J C. Competitiveness of the United States and the ASEAN in the International

Agricultural Market[J]. Journal of Food Distribution Research，2009，27(1)：81-89.

Spencer Henson，Mohammed Saqib，Rajasenan D. Impact of Sanitary Measures on Exports of Fishery Products [R]. India：The Case of Kerala，RGICS Paper. No. 50.

Sproul J T，Queirolo L E. Trade and Management：Exclusive economics zone and the changing Japanese Surimi market[J]. Marine Fisheries Review，1994，56(1)：31-39.

Stiglitz J E. The causes and consequences of the dependence of quality on price [J]. Journal of Economic Literature，1987，25(1)：1-48.

Teweldemedhin M. The fish industry in Eritrea：From comparative to competitive advantage[J]. African Journal of Agricultural Research，2008，3(5)：327-333.

Wesley E，Peterson F，Valluru S R K. Agricultural comparative advantage and government policy interventions [J]. Journal of agricultural economics，2000，51 (3)：371-387.

Wijnands J H M，Bremmers H J，Meulen B M J V D, et al. An economic and legal assessment of the EU food industry's competitiveness[J]. Agribusiness，2008，24 (4)：417-439.

Wikins D. 2014. Animal welfare in Europe[M]. London：Academic Press Limited：175-176.

Anderson James L. 水产品[M]. 刘鹏俊,等译. 北京：中国海关出版社，2004.

陈卫平. 中国农业国际竞争力——理论、方法与实证研究[M]. 北京：中国人民大学出版社,2005.

程国强. 中国农业面对的国际环境及其趋势[J]. 中国农村经济，2005 (1)：4-10,25.

狄昂照，吴明录，韩松，等. 国际竞争力[M]. 北京：改革出版社，1992.

董楠楠. 世界水产品贸易竞争力与产业内贸易分析[J]. 渔业经济研究，2005，(6)：2-7.

郭淼. 中美水产品贸易特征及其比较分析[J]. 上海水产大学学报，2008 (2)：233-237.

胡非凡，施国庆. 世界主要粮食贸易国粮食国际竞争力对比分析——基于进出口数据的指标分析[J]. 求索，2007 (1)：30-33,36.

胡海燕. 我国农业竞争力建设的战略关键与对策[J]. 农业技术经济，2003(5)：1-5.

胡求光，霍学喜. 基于比较优势的水产品贸易结构分析[J]. 农业经济问题，2007 (12)：20-26.

胡求光，邱晓红. 中国水产品出口增长因素的恒定市场模型分析[J]. 财经论丛，2008，138(4)：8-14.

胡笑波. 渔业经济学[M]. 北京：中国农业出版社，1995.

黄炳文，施孟隆. 两岸农产贸易与台商赴大陆地区农业投资之研究——兼论两岸农业交流之全球布局[C],第二届海峡两岸（泉州）农业合作交流论坛论文，2004.

黄季焜，ScottRozelle，解玉平，等. 从农产品价格保护程度和市场整合看入世对中国农业的影响[J]. 管理世界，2002 (9)：84-94.

黄祖辉，张昱，蒋文华. 竞争力理论与农业竞争力[M]// 杨雍哲. 论提高农产品国. 97-112. 北京：中国农业出版社，2003.

金碚.中国工业国际竞争力——理论、方法和实证研究[M].北京：经济管理出版社,1997.

金碚.中国企业竞争力[M].北京:社会科学文献出版社,2003.

金碚,等.竞争力经济学[M].广州：广东经济出版社,2003.

李崇光,于爱芝.农产品比较优势与对外贸易整合研究[M].北京：中国农业出版社,2004.

李非,吴凤娇.台湾渔业竞争力影响因子与两岸渔业合作前景[J].台湾农业探索,2009(8):1-6.

李梨梨.从出口相似程度分析中韩水产品的竞争性[J].商业经济,2009,337(11):60-61.

李双元,王征兵.我国农业国际竞争力研究观点综述[J].经济纵横,2005(12):50,76-78.

李晓娜,包特力根白乙.中国对EU水产品出口贸易的SWOT分析[J].渔业经济研究,2009(1):25-31.

李彦亮.中国水产品消费市场分析[J].中国水产,1996(11),6-7.

黎元生.闽台渔业产业链分工和整合及竞争力提升[J].农业现代化研究,2011 32(6):717-720.

林毅夫,李永军.比较优势、竞争优势与发展中国家的经济发展[J].管理世界,2003(3):21-28,66.

刘小丽.SPS措施对中国出口美国水产品的影响研究[D].无锡:江南大学硕士学位论文,2014.

刘雪.中国蔬菜产业的国际竞争力研究[D].北京:中国农业大学博士学位论文,2002.

刘学思,陈晓明,盖明娟.世界主要水产品出口国水产业国际竞争力比较[J].世界农业,2008(5):28-31.

刘雅丹.全球水产品利用及贸易回顾[J].中国水产,2003(11):34-35.

刘亚平.中国式"监管国家"的问题与反思:以食品安全为例[J].政治学研究,2011(2):69-79.

卢振彬,戴泉水,颜尤明.台湾海峡及其邻近海域渔业资源的管理[J].台湾海峡,2000,19(2):249-253.

骆乐,李婷,姚震.我国水产品比较优势分析[J].生态经济,2004(4),26-29.

潘伟光.中韩两国水果业生产成本及价格竞争力的比较——基于苹果、柑橘的分析[J].国际贸易问题,2005(10):49-53.

钱志林,吴万夫,王家森.九十年代以来世界渔业的回顾及主要趋势[J].中国渔业经济研究,1996(5):9-12.

乔娟.中国主要肉类产品国际竞争力分析[D].北京:中国农业大学博士学位论文,2002.

乔娟.中国大豆国际竞争力研究[D].中国农业科学院科技文献信息中心博士后科学基金资助项目,2004.

秦泰.中国苹果汁国际竞争力研究[D].杨凌:西北农林科技大学博士学位论文,2007.

清光照夫,岩崎寿男.水产经济学[M].北京:海洋出版社,1996.

邱晓红,胡求光.中国对日本水产品出口变动的CMS模型分析[J].经济论坛,2008(14):54-57.

屈小博,霍学喜.我国农产品出口结构与竞争力的实证分析[J].国际贸易问题,2007(3):9-15.

任若恩.关于中国制造业国际竞争力的初步研究[J].中国软科学,1996(9):74-82.

任若恩.关于中国制造业国际竞争力的进一步研究[J].经济研究,1998(2):3-13.

日本劳动厚生省.食品残留农业化学品肯定列表制度[EB/OL].(2009-01-01)[2016-12-12]http://baike.baidu.com/view/568256.htm?fromId=135344.

日本农林水产省.水产养殖用药第22号通报[EB/OL].(2009-01-01)[2016-12-12]http://e-nw.shac.gov.cn/wmfw/scfx/jsbl/200905/t20090511_1243506.htm

山世英,姜爱萍.中国水产品的比较优势和出口竞争力分析[J].国际贸易问题,2005(5):20-24.

山世英,杨学成.中国水产品产业的国际地位及对外开放态势评析[J].农业经济问题,2004(7):8-11.

孙琛,车斌.中国与欧盟水产品贸易关系分析[J].水产科学,2007(2):113-114.

孙琛.加入自由贸易区后中国与东盟水产品贸易关系的变化趋势[J].农业经济问题,2008(2):60-64.

孙琛,谭向勇.加入WTO对中国水产品贸易的影响[J].农业经济问题,2001(7):48-51.

台湾"卫生署".动物用药残留标准[S].2011.

唐仁健.从根本上提升我国农业竞争力——中国农业应对WTO的宏观思考[J].农业经济问题,2001(1):25-34.

王德芬.两岸渔业合作现状与发展趋势[J].中国水产,2009(12):3-5.

王健,王友丽.闽台水产品贸易互补性研究[J].中国流通经济,2011(5):87-91.

王晶.我国农产品产业内贸易研究[M].北京:中国农业出版社,2010.

王静,陆迁.我国水产品出口贸易的CMS分析[J].生态经济(学术版),2010(1):148-150.

王士刚.未来世界水产品供求关系及渔业发展对策[J].水产科技,2002(3):32-34.

王秀清,李德发.生猪生产的国际环境与竞争力研究[J].中国农村经济,1998(8):48-55.

翁鸣,陈劲松,等.中国农业竞争力研究[M].北京:中国农业出版社,2003.

吴迪.我国水产品国际竞争力的实证分析[J].渔业经济研究,2007(3):4-8.

谢静华,高健.中国养殖水产品供给特征分析[J].上海水产大学学报[J].2006(2):222-227.

辛毅,李宁.加入WTO以来中国主要土地密集型农产品的国际竞争力分析[J].价格理论与实践,2007(2):32-33.

许安心.基于地理集中度的中国水产品出口不稳定性研究[J].国际贸易问题,2009(6):30-36.

徐春祥,李梨梨.基于双视角的中韩水产品贸易互补性研究[J].商业研究,2010,393(1):201-205.

许咏梅.中国制茶业国际竞争力影响因素的实证研究[J].中国农村观察,2005(3):19-24.

颜海娜.我国食品安全监管体制改革——基于整体政府理论的分析[J].学术研究,2010(5):43-52,160.

尹成杰.农业产业化经营是提高农业竞争力的重要途径[J].农业经济问题,2001(2):2-7.

尹成杰.农业国际化竞争与提高我国农业国际竞争力[J].农业经济问题,2003(1):5-10.

余子鹏.中美农产品国际竞争力比较[J].改革,2006,143(1):66-70.

张玫.中国水产品国际竞争力研究[D].武汉:华中农业大学,2007.

张玫,霍增辉,易法海.中国水产品出口贸易结构性风险分析[J].中国渔业经济,2006(6):34-36.

张玫,霍增辉,易法海.加入WTO前后我国水产品出口变化及其影响因素的实证分析[J].中国农业大学学报(社会科学版),2007(3):165-171.

赵海燕.中国蔬菜产业国际竞争力研究[M].北京:中国农业出版社,2004.

赵洪斌.论产业竞争力——一个理论综述[J].当代财经,2004(12):67-70.

赵美玲,王述英.世界农业发展新特点与提高我国农业国际竞争力[J].南开学报(哲学社会科学版),2002(2):65-71.

赵美玲,王述英.农业国际竞争力评价指标体系与评价模型研究[J].南开经济评论,2005(6):39-44.

赵玉榕.台湾渔业的困境与出路[J].两岸关系,2006(10):15-17.

赵玉榕.台湾渔业产能与两岸整合[J].台湾研究集刊,2007(4):33-40.

郑思宁,蔡贤恩.闽台水产品出口种类结构比较研究[J].国际经贸探索,2012,28(4):79-89.

郑思宁,冯亮明,孙骏.闽台水产品国际市场竞争力比较研究[J].农业现代化研究,2012,33(5):607-611.

郑思宁.闽台水产品国际竞争力比较研究[D].福州:福建农林大学,2012.

郑思宁.闽台水产品贸易竞争与互补关系研究[J].国际经贸探索,2013,29(1):103-112.

郑思宁,廖润雪,冯亮明.技术性贸易措施对水产品出口影响的实证研究——以福建与台湾对日本市场出口为例[J].中国渔业经济,2013,31(3):109-115.

郑思宁,黄祖辉.加入WTO对海峡两岸水产品出口波动影响的实证研究——基于福建与台湾的恒定市场分析[J].经济地理,2013,33(9):107-114.

郑思宁,廖润雪,冯亮明.技术性贸易措施对水产品出口影响的实证研究——以福建与台湾对日本市场出口为例[J].中国渔业经济,2013,31(3):109-115.

钟甫宁,徐志刚,傅龙波.中国粮食生产的地区比较优势及其对结构调整政策的涵义[J].南京农业大学学报(社会科学版),2001,1(1):38-52.

钟甫宁,羊文辉.中国对欧盟主要农产品比较优势变动分析[J].中国农村经济,2000(2):68-73.

中华人民共和国农业部. NY 5070－2002 无公害食品水产品中渔药残留限量[S].北京:中国标准出版社,2002.

中华人民共和国农业部.动物性食品中兽药最高残留限量[EB].中华人民共和国农业部第 235 号公告,2002.

中华人民共和国农业部.兽药地方标准废止目录[EB].中华人民共和国农业部第 560 号公告,2005.

中华人民共和国中央人民政府.海峡两岸经济合作框架协议(ECFA)[EB/OL].(2011-06-29)[2015-04-17] http://www.gov.cn/jrzg/2010-06/29/content_1640769.htm.

庄丽娟.比较优势、竞争优势与农业国际竞争力分析框架[J].农业经济问题,2004.(3):59-61.

索　引